U0594863

图书馆全民阅读与智慧服务研究

张会芳　齐燕　刘江丽　著

中国商务出版社

·北京·

图书在版编目（CIP）数据

图书馆全民阅读与智慧服务研究 / 张会芳，齐燕，刘江丽著 . -- 北京：中国商务出版社，2024.9.

ISBN 978-7-5103-5389-5

Ⅰ . G252.17；G259.252

中国国家版本馆 CIP 数据核字第 20247WJ741 号

图书馆全民阅读与智慧服务研究

TUSHUGUAN QUANMIN YUEDU YU ZHIHUI FUWU YANJIU

张会芳　齐燕　刘江丽　著

出版发行：中国商务出版社有限公司

地　　址：北京市东城区安定门外大街东后巷 28 号　　邮编：100710

网　　址：http://www.cctpress.com

联系电话：010-64515150（发行部）　　010-64212247（总编室）

　　　　　010-64269744（事业部）　　010-64248236（印制部）

责任编辑：李　阳

排　　版：廊坊市展博印刷设计有限公司

印　　刷：北京九州迅驰传媒文化有限公司

开　　本：787 毫米×1092 毫米　1/16

印　　张：13　　　　　　　　　字　　数：245 千字

版　　次：2024 年 9 月第 1 版　　印　　次：2024 年 9 月第 1 次印刷

书　　号：ISBN 978-7-5103-5389-5

定　　价：78.00 元

凡所购本版图书如有印装质量问题，请与本社印制部联系

版权所有　翻印必究（盗版侵权举报请与本社总编室联系）

目　录

前　言

随着信息技术、网络技术、数字技术的发展，计算机网络正在向着高速化、多媒体化、以宽带网为基础的多网融合方向发展。网络技术与数字技术的发展使智慧图书馆的产生具备了基本条件，即网络平台和数字资源。智慧图书馆的建设不仅给图书馆业带来了一场革命，而且为文化在电子时代的传播打开了一扇新的大门。智慧图书馆是社会信息化的必然产物，因此对智慧图书馆进行研究十分必要。

为了让更多的人了解和使用图书馆的资源，享受信息共享空间，本书通过整合图书馆经典文献和现代图书馆的新观念，对智慧图书馆的基础理论和实际工作进行了详细论述。图书馆学是研究图书馆的发生、发展，组织管理及图书馆工作规律的科学。其目的是总结图书馆工作和事业的实践经验，建立科学的图书馆学理论体系，以推动图书馆事业整体发展，提升和发挥图书馆在社会发展与进步中的地位和作用。鉴于图书馆学是一门正在发展中的科学，现代图书馆学融入了多种属性的科学内容，且图书馆学理论也需要及时更新和发展交流，因此，有必要为读者和图书馆馆员推出新的理论。

本书由张会芳、齐燕、刘江丽负责编写。侯婷、安磊对整理本书亦有贡献。

在本书写作的过程中，笔者查阅了大量文献资料，借鉴了部分专家学者的研究成果，在此谨向有关专家学者表示衷心的感谢！由于作者的水平有限，书中难免会存在不足，恳请专家、同行和广大读者提出宝贵意见。

笔　者

2024 年 8 月

第一章 图书馆服务概述

第一节 图书馆服务的概念

一、服务

服务是一种社会现象，其表现形式多种多样，涉及范围很广，因此，至今人们对服务都没有一个非常权威的定义。《现代汉语词典》（第七版）对"服务"的释义："为集体（或别人的）利益或为某种事业而工作。"《牛津英语词典》将"服务"解释为："Work done for another or others"（为他人工作），"System or arrangement that meets public needs"（满足公共需求的系统或机构）。中外学者根据自己的观点，提出过一些普遍性的定义。美国市场营销协会（american marketing association，AMA）将"服务"定义为：用于出售或者是同产品连在一起进行出售的活动、利益和满足感。科特勒（P.Kotler）等对"服务"的定义为：服务是一方向另一方所提供的一种活动或利益，它通常是无形的，而且不牵涉所有权的变化。服务的生产既可以与有形的产品有关，也可以无关。格罗鲁斯（C.Gronroos）认为：服务是由一系列或多或少具有无形性的活动所构成的一种过程，这个过程是在顾客与服务员工、有形资源的互动关系中进行的，这些有形资源是作为顾客问题的解决方案提供给顾客的。除以上较为有影响的学者对"服务"的定义外，《质量管理体系基础和术语》（GB/T 19000—2016）中对"服务"的解释为：服务的主要要素是无形的，包含与顾客在接触面的活动，除了确定顾客的要求以提供服务，可能还包括与顾客建立持续的关系，如银行、会计师事务所或公共组织（如学校或医院）等。换句话说，服务的概念至少应包括四个方面的内容：其一，服务是一种无形的活动过程，它能给予服务对象以利益和满足感；其二，服务是与有形资源、商品或实体产品有关或相互联系的商品，具有价值并可以出售；其三，服务是一种行为或过程，它的产生由需求开始，结果是满足需求；其四，服务双方有一定交互关系，可以通过一定的媒介传递服务。

二、图书馆服务

（一）图书馆服务的内涵

那么，什么是图书馆服务？美国图书馆学大师谢拉（J.H.Shera）认为："服务，这是图书馆的基本宗旨。"《中国大百科全书（第三版）·图书馆学》中将图书馆服务定义为：图书馆为履行其职能，围绕文献与读者而开展的一系列工作，是图书馆活动的组成部分。特指根据读者需求提供各种信息服务。图书馆服务的原则是"读者第一，用户至上"，一切从方便读者出发，对不同类型的读者提供相对应的服务。随着社会的发展，图书馆服务的内容也在不断扩展。当前，图书馆服务已经突破了传统的借阅服务，向立体化服务转变。这些服务既包括传统的流通服务、阅览服务、参考咨询服务、文献传递服务等，也包括新兴的信息共享空间服务、电子借阅服务、资源发现服务、移动服务、云服务等，阅读推广、真人图书馆等也由概念变为了行动。

毕九江认为：图书馆服务是为满足读者的信息需求而开展的各项工作，服务可以划分为信息资源服务、信息咨询服务两类，图书馆服务的内涵并不单单是指为满足读者的信息需求而开展的各项工作，还应包括图书馆的服务理念、服务质量、服务环境，以及在图书馆服务过程中工作人员的业务能力、服务态度等。

王世伟认为：图书馆服务是图书馆人以建筑设施、技术设备、文献资源为依托，以真挚的情感、聪明的才智和自觉的行动为代价，提供满足读者对知识、信息需求的劳动活动过程及活动所产生的结晶。鲁黎明将图书馆服务定义为：图书馆为了满足社会和用户的文献信息等多方面需求，利用自身的资源，运用多种方法所开展的一系列服务活动。

柯平认为：图书馆服务是为满足读者和社会需求，利用图书馆的文献信息及其他各种资源，实现图书馆使用价值的全部活动。这一概念包括三个要素：一是对象，即读者与社会；二是内容，即利用图书馆资源；三是目标，即实现图书馆使用价值。刘昆雄认为：现代图书馆服务包括四个层次：第一层是作为休闲场所的图书馆服务，第二层是作为学习场所的图书馆服务，第三层是作为文化和信息中心的图书馆服务，第四层是作为营销机构的图书馆服务。而图书馆每一个服务层次都是由许多具体的服务项目来实现的。总之，图书馆服务是指图书馆面向读者所开展的服务活动或服务项目的总称。随着社会的发展和科技的进步，图书馆服务的内容和模式将不断变化，其内涵也在不断延伸。

（二）图书馆服务的基本特征

与有形商品不同，图书馆服务具有四个基本特征。

1.无形性

图书馆服务的无形性又称为服务的抽象性和不可触知性。服务是抽象、无形和不可触知的，是无法以质量、形状、大小等标准来衡量的。图书馆服务的无形性表现在以下方面：服务的很多元素都是看不见、摸不到的，无形无质；读者在接受服务之前，往往不能确定能得到什么样的服务，因为大多数服务都是非常抽象的，很难描述；读者在接受服务之后，难以对服务质量作出客观的评价。图书馆服务虽然是无形的，但读者通常会借助有形的人或物来对服务作出相应的认识和评价——大到图书馆的整体服务环境，小到检索机及馆员的服饰、仪表等，都是读者判断服务优劣的依据。

2.异质性

图书馆服务的异质性又称为服务的可变性。即使同一服务，由于提供者、时间、地点、环境等不同，读者感知的服务质量也会有差异。图书馆服务异质性产生的根源如下：馆员原因，即馆员的态度、技能、技巧、知识、素质等影响服务的效果。读者原因，即读者的知识、经验和动机影响服务的进程。馆员和读者间相互作用的原因，对于读者而言，服务在很大程度上依赖于读者与馆员之间的相互作用，尤其是在接触性较强的服务中，表现得更为明显。例如，读者感知图书馆的服务，受许多因素（如馆员、时间、地点、环境，甚至读者心情）的影响，这些因素不同，读者的感受也会有所不同。

3.同步性

图书馆服务的同步性又称为服务的不可分割性，即服务的生产过程与消费过程在空间和时间上是同时存在的。一般而言，提供服务与接受服务是同时发生的，可以说在时间和空间上服务是单向性的、不可逆的。这一特征表明，读者只有且需要加入服务的生产过程之中，才能享受到服务，例如，读者到图书馆阅览室阅读图书。

4.易逝性

图书馆服务的易逝性又称为服务的不可储存性，即服务不能被储存，容易消失。服务只存在于产生的那个时间点，一经产生，就需要被消费掉，否则毫无用处。例如，图书馆的空座位、闲置的空间等。

第二节 图书馆服务的特征和原则

一、图书馆服务的特征

图书馆服务是一种特殊商品，除具有一般服务产品的特征外，与其他行业的服务相比，图书馆服务还具有以下特征。

（一）公益性

我国图书馆主要由政府、社会团体、学校设立，其藏书设施是公有的，工作人员的劳动报酬和购书经费、活动经费由政府、社会团体、学校提供，政府或单位出资雇人为公众或单位所属人员服务，这就决定了我国图书馆的公益性。2008年，中国图书馆学会通过的《图书馆服务宣言》就明确了公共图书馆"对社区的所有成员免费开放"的服务原则，这体现了图书馆服务的公益性。

（二）公平性

公平性要求图书馆以博爱精神关爱每一位公民，尊重每一位公民，坚决维护公民的合法权益。《公共图书馆宣言》指出："每一个人都有平等享受公共图书馆的权利，而不受年龄、性别、宗教信仰、语言和社会地位的限制。"2008年，中国图书馆学会通过的《图书馆服务宣言》明确了公共图书馆"对社区的所有成员免费开放，不分职业、信仰、阶层与种族"的服务原则，这体现了图书馆服务的公平性。图书馆服务的公平性主要体现在：公民平等享有利用图书馆的权利，平等享有参与和监督图书馆管理的权利，平等享有对图书馆工作进行评价的权利，平等享有图书馆设施和服务的权利，平等享有遵守图书馆规章制度的权利和义务，平等享有图书馆服务资源的权利，等等。

（三）针对性

不同类型的图书馆，可根据各自的性质和任务，确定服务目标，制定服务策略，针对不同读者开展特色服务，满足读者需求。例如：针对儿童，除提供少儿读物外，还可提供讲故事、录像放映等服务；针对大学生、中学生、小学生提供满足他们学习和成长需要的知识信息服务；针对专家学者，根据其研究方向，提供适合的知识信息服务，如定题跟踪、科技查新等服务；针对老年人，提供消遣性资料与卫生保健书刊资料；等等。

（四）读者参与性

读者参与性也是图书馆服务的一个重要特征。图书馆服务是通过馆员和读者

之间的互动完成的，没有读者参与是无法进行的。因此，高水平的图书馆服务，不仅是图书馆的责任，也是读者的责任，读者需要遵守社会公认的行为准则和图书馆合理的规章制度，并为馆员提供必要的信息，配合馆员工作，这样才能获得更优质的服务。

二、图书馆服务的原则

图书馆服务所遵循的原则可概括为五大方面：开放原则、方便原则、平等原则、创新原则和满意原则。

（一）开放原则

图书馆自诞生之日起，从封闭到局部开放再到全面开放，经历了漫长的演变过程。开放服务已成为现代图书馆的重要特征。开放原则是图书馆服务的首要原则，开放是服务的前提，没有开放便无服务可言。现代图书馆的开放，是一种全面开放，包括资源开放、时间开放、人员开放和馆务公开。

（二）方便原则

图书馆服务中的方便原则亦可称作简便原则、便利原则或省力原则。为服务对象提供方便，是每一种服务共同追求的目标。不能提供方便的服务注定不会受到人们的欢迎，甚至会被抛弃。方便既是服务的本质，又是服务的核心。图书馆服务中的方便原则主要体现在馆舍位置要方便读者、资源组织要方便读者、服务设施要方便读者、服务方式要方便读者等方面。

（三）平等原则

"图书馆面前人人平等"是图书馆界的"人权宣言"。图书馆服务中的平等原则，要求图书馆以博爱精神关爱每一位读者，尊重每一位读者，坚决维护读者的合法权益。在图书馆服务中贯彻平等原则，主要表现为充分维护读者的权利。

（四）创新原则

创新原则包括理念创新、内容创新、方式方法创新等多方面的内容。先进的服务理念是创新的基础，服务是一种品牌、一种文化。从图书馆服务的发展趋势来看，图书馆服务的内容亟须拓展，其主要趋势是增加信息服务和便民服务的内容。方式方法创新就是改变以往单一的借阅服务模式，利用现代网络平台，提供各种数据库服务、知识库服务以及多种在线或离线信息服务。

（五）满意原则

读者是否满意、满意程度如何，是衡量图书馆服务质量的最终标准。满意原则是图书馆服务诸原则中的核心原则。满意原则包括三个方面：图书馆理念满意、图书馆行为满意和图书馆视觉满意。

在上述图书馆服务五原则中，开放原则是其他四项原则的基础或平台，它体现的是现代图书馆服务的基本方向；方便原则体现的是现代图书馆服务的内在品质；平等原则体现的是现代图书馆服务的人性化方向；创新原则体现的是现代图书馆服务的发展方向；满意原则体现的是现代图书馆服务的终极目标。

第三节　图书馆服务的沿革

图书馆自出现以来已有几千年的历史，其具体的服务演变过程可分为三个阶段：古代图书馆服务（从文献整理活动的出现，经中世纪和文艺复兴再到1850年）、近代图书馆服务（从1850年到1945年）和现代图书馆服务（1945年至今）。在不同的发展阶段，图书馆服务均具备鲜明的时代特色。

一、古代图书馆服务

古代图书馆经历了一个缓慢的发展过程。由于当时的小生产经济具有封闭性，古代图书馆不可避免地具有封闭性和保守性，这也决定了古代图书馆只能被少数统治阶级及其附庸垄断，主要为社会上层提供服务。古代西方国家的图书馆，主要是神庙图书馆、修道院图书馆和王室图书馆。神庙图书馆为人们信仰神、祭祀神服务，修道院图书馆为神学、哲学的学者及其信徒服务，王室图书馆为统治者、贵族服务。我国古代的图书馆，主要有皇家藏书楼、书院藏书楼、宗教藏书楼、士大夫藏书楼，它们分别为皇家服务、为教育服务、为宗教服务、为士大夫服务。古代图书馆的记录方式以手抄、雕版印刷为主，生产文献的技术落后，图书载体也较为笨重，文献数量较少。这一时期的图书馆服务以保存和收藏文献为主旨，重藏轻用，其主要特征表现在以下方面。首先，在管理方式上，对读者的信任度较低。例如，中世纪巴黎大学图书馆盛行的阅览图书方法是珍贵图书都用锁链牵在书桌上，即"锁藏图书"，锁链较长，可以让读者把书拿到桌面上阅读。其次，在服务对象上，主要为少数统治阶级和知识分子服务。最后，在服务制度上，对图书的借阅规定比较严格。例如，古代罗马公共图书馆的书籍一般只能在馆内阅读，并需要提前把自己的要求告诉图书馆，然后办理一定的借书手续，借书的时间也很有限。在雅典出土的一个图书馆墙壁上曾刻有："本馆任何书籍不得携出馆外，吾人曾宣誓，坚决执行此条规则。"

二、近代图书馆服务

古代图书馆演变成近代图书馆的标志是公共图书馆的成立。在这一时期，国家图书馆、大学图书馆、专业图书馆有了长足进步，图书馆行业组织、图书馆学教育、图书馆立法等也有了相当的发展。1904年湖北省图书馆和湖南省图书馆的建立，是我国图书馆摆脱藏书楼的里程碑，它确立了面向公众服务的原则。图书馆的功能由藏书楼的保存书籍发展为借阅书刊。图书分类法（如十进分类法）的发明与广泛应用，为读者带来了极大的便利，此外随着出版业的兴起，图书副本量增加，为图书馆图书外借和知识交流创造了条件。这一时期图书馆服务的特点主要为：在服务对象上，面向大众；在服务方式上，由封闭服务转变为开放服务；在服务内容上，涌现出一些新的服务内容，如参考咨询服务。

三、现代图书馆服务

1945年至今，世界图书馆事业进入了现代时期。随着各国科学技术突飞猛进，图书馆事业也得到了前所未有的重视和发展。特别是联合国教科文组织的《公共图书馆宣言》的问世，使图书馆存在的意义超越了以往只关注收藏和利用文献这一单纯的图书馆内部活动的范畴，使人们认识到图书馆活动在维护个人自由权利、实现个人自我教育、促进民主政治等方面所具有的重要价值。这些都使现代图书馆事业面临前所未有的挑战。

四、图书馆服务面临的挑战及发展趋势

（一）图书馆服务面临的挑战

美国学者伯克兰德（M.K.Buckland）在其《图书馆服务的再设计：宣言》一书中曾预言，"未来一百年将是图书馆馆员需要重新构筑图书馆服务架构的时代"。高速发展的计算机网络技术、多媒体技术和通信技术的广泛应用，将人类社会推进到了数字时代，全方位地改变了人们的生活方式，为图书馆改进服务手段、提高服务水平提供了广阔的发展空间，同时也给传统图书馆服务带来了前所未有的冲击，图书馆服务正面临着越来越多的挑战。

1.当今的图书馆行业正面临挑战

谷歌等搜索引擎成为用户获取信息的"第一站"，动摇了图书馆一直以来作为信息中心的地位；网络资源高速增长，但资源参差不齐且生命周期不稳定的特点，给信息资源的筛选和长期保存带来了困难；一些专业公司因其具备成本低、效率高、专业化程度高等优势，削弱了图书馆传统的编目工作，图书馆的文献检索优势丧失；读者的阅读习惯正在发生变化，到访图书馆的读者正在减少。

2.读者对图书馆服务的期望越来越高

最大限度地满足读者需求，始终是图书馆服务的出发点和落脚点，也是图书

馆赖以生存的生命线。社会发展、科技进步、经济增长引起人们需求的变化，也使读者对图书馆服务产生了更高的期望。（1）对服务内容、服务层次的期望。读者已不满足于图书馆的传统服务（如图书借阅、参考咨询），对服务的个性化、知识化、专业化提出了更高的要求。（2）对图书馆服务环境的期望。图书馆已不仅仅是读者学习的场所，更是读者放松心情、调整心态、愉悦心灵的精神乐园，是读者娱乐、交流、沟通的休闲空间。（3）对服务获取渠道的期望。科技在引发媒体形态变革的同时，也改变了人们获取信息的方式及阅读习惯，读者不再满足于传统的信息获取方式，对图书馆提供更多的信息获取渠道提出了更高的要求。（4）对图书馆信息检索的期望。谷歌、百度等搜索引擎的强大搜索功能，使读者自然也期望图书馆具备类似的功能，他们往往将图书馆服务与现代网络搜索引擎进行对比，要求图书馆提供同样效果的信息搜索服务。

3.网络时代的新形式、新特点、新要求

互联网的出现使信息传播形式发生了革命性的变化。在互联网环境下长大的一代逐渐成为社会的主流，在他们眼中，数字化已经成为一种工作环境、学习环境和科研环境。获取信息渠道的多样化，使读者不再需要像以前那样必须到图书馆才能获取所需要的资料，读者也不再满足于普通纸本文献，提出电子数字资源的需求。随着信息资源的海量增长，读者对信息服务质量提出了新的要求，如何获得既全面又准确的信息已成为读者的迫切需求。

4.科学技术的发展

科学技术已成为图书馆发展的直接推动力，数字技术、网络技术以前所未有的速度和广度改造着现代图书馆，高科技服务、计算机服务、智能服务已成为图书馆服务新的组成部分。云计算、虚拟现实、挖掘工具、开放内容、开源软件、社会网络工具等将影响图书馆的服务质量。如何利用科学技术更好地为读者服务，并不断开拓新的服务，对图书馆无疑是一个严峻的挑战。在上述背景下，读者对图书馆服务提出了更高的要求。图书馆应顺应时代潮流，不断探索新的服务模式、服务内容，以满足读者的需求。

（二）图书馆服务的发展趋势

社会发展、科技进步、经济增长引起人们需求的变化是图书馆服务不断变化的主要影响因素。随着新思想、新技术的不断出现，图书馆服务的发展趋势主要表现在以下方面。

1.服务的个性化、人性化

个性化与人性化服务是未来图书馆服务的主题。读者的个性化、人性化服务需求体现在以下方面：首先是时空服务的个性化，使读者在指定的时间和地点得到服务；其次是服务方式的个性化，根据读者的个人爱好或特点进行服务；最后是服务内容的个性化，图书馆提供的服务不再千篇一律，而是使读者各取所需。未来的图书馆将继续秉承以"读者为中心"的服务模式和理念，更多地关注读者的个性化需要，关注读者个体及其所在群体的特殊情况和环境，开发出各种各样的系统，满足读者需求。

2.服务的泛在化、嵌入化

服务的泛在化、嵌入化是图书馆服务未来发展的必然趋势，它将图书馆服务无缝地、动态地、交互地融入读者的生活、工作之中，将服务的触角延伸到一切有读者活动的地方——读者在哪里，服务就在哪里。在这种服务模式下，图书馆能随时随地为读者提供服务，拉近与读者的距离，消除与读者之间的隔阂，图书馆和读者的边界逐渐模糊。图书馆服务的泛在化、嵌入化能创造一种图书馆服务与读者活动有机结合的平衡状态，满足读者随时随地获得图书馆服务的需求，因此必然成为图书馆服务未来的趋势。

3.服务的专业化、知识化

提供学科化、知识化、专业化服务是图书馆满足读者深层次服务需求的重要手段。随着时代的发展和社会的进步，图书馆服务的知识性、学术性、专业性将日益增强，并在内涵、层次上不断深入拓展。

4.服务的体验化

体验经济的发展预示着体验服务的兴起，也必然对图书馆服务带来深远影响。服务是无形的，而体验是难忘的，如何关注读者体验，如何根据读者体验效果不断调整服务策略和服务方式，如何让美好的服务体验在读者脑海中留下难忘的印象，这些都是未来图书馆服务创新的着眼点。

5.服务自助化

自助服务是图书馆服务的一种新趋势，并在未来日趋流行：自动借还机、自动复印机、自助扫描仪等自助设备设施将成为未来图书馆必不可少的一部分。

6.服务的绿色化

随着全球范围内的生态环保和低碳浪潮的高涨，绿色服务已走进图书馆，科技、人文、生态在图书馆服务中汇聚成一体，并逐渐成为图书馆服务的重要组成部分和主流发展趋势。绿色服务强调采用绿色技术和绿色管理手段，尽可能减少服务过程中对环境及人体健康的负面影响，最大限度地保护环境，满足读者的实际需求。

7.服务的网络化、移动化

服务的网络化、移动化成为图书馆未来服务发展的主流方向。智能手机、电子书阅读器以及手持阅读器的广泛应用，可极大地满足读者阅读的随意性，使之不受设备、场地的制约，并逐渐改变读者的阅读习惯。尽管技术进步、社会发展对图书馆服务提出了更高的要求，但图书馆只要把握时机，顺应时代潮流，秉承"基于读者需求，实现读者满意"的服务理念，从细节做起，不断创新，提供更加人性化的服务，就仍能得到读者青睐。

第二章 图书馆服务的内容

第一节 外借与阅览服务

一、外借与阅览服务的特点

外借与阅览服务是图书馆最基本、最直接的服务方式。图书馆的外借与阅览服务通常称为图书流通，是根据读者的阅读需要，直接将馆藏文献提供给读者利用的服务活动。外借服务是指通过外借手续让读者将少量的藏书借出馆外自由阅读；阅览服务是指设置各种阅览室，配置相应的书刊和设备，定时开放，供读者在阅览室内利用藏书。图书馆为读者提供的外借与阅览服务，统称为借阅服务。外借服务，又称为馆外流通服务，是为读者提供在馆外利用文献的服务；阅览服务，又称为阅览，是利用图书馆的空间、设施，为读者提供在阅览室内阅读文献的服务。

（一）外借服务的特点

第一，服务性。外借服务是图书馆工作人员的主要工作，也是图书馆服务的窗口，图书馆工作人员的服务态度和工作水平直接影响着整个图书馆的馆风、馆貌。第二，交流性。外借服务的目的是最大限度地为读者提供利用馆藏文献信息的机会，充分发挥图书馆的社会效益。外借服务部门的工作人员既要管理文献资料，又要直接面对读者，是文献资料和读者之间的桥梁。外借服务的特殊性，要求工作人员具备相关的文化知识、专业技能、工作经验和社会阅历等，以便适应新形势，与不同类型的读者交流，不断提高图书馆的服务水平。

（二）阅览服务的特点

阅览服务是图书馆为读者提供的基本服务之一，与其他图书馆服务相比，阅览服务有以下特点：第一，阅览室等场所较为安静、设施齐全，如宽敞的空间、舒适的桌椅、适用的设备等。在众多的学习场所中，图书馆阅览室最受读者的喜爱，浓厚的学习氛围能感染每一个进入阅览室的人。第二，阅览室等场所配备了种类齐全、利用价值较高的文献资料，包括许多图书馆不能外借的图书文献，如二次文献、珍本善本、手稿典籍等。这对渴求知识的读者来说，具有极强的吸引力。第三，图书馆的阅览室大多实行开架阅览，读者可以同时接触室内大量的文献资料，能自主地查阅自己所需要的资料，按专业、课题需要，自由地选择文献中的篇章、段落、数据、图表。有时读者只需要查阅文献中的一个段落、一个数据、一张图表或报刊中的一篇文章，如果全部采用外借方法，就会浪费大量的时间和精力，而在阅览室查阅，会更加方便快捷。第四，很多读者会花大量的时间在阅览室阅读，有的读者甚至利用阅览室进行学习。因此，馆员有较多的机会接触他们，这便于其了解读者的阅读需求、阅读倾向和阅读效果，有利于图书馆有针对性地提供文献推荐、指导阅读等服务，也便于馆员征求读者的意见和建议。

二、外借与阅览服务存在的问题

（一）基础设施未彻底更新换代

一些图书馆成立时间较早，因此馆内的基础设施较为陈旧。一些图书馆的新馆投入使用后，引入了大量的先进设备，但一些基础设施多年来并未及时更换，导致馆内的基础设施存在两极分化现象，部分基础设施紧随时代潮流，部分基础设施已与时代脱节。例如，图书馆中阅览室、自习室桌椅数量不足，桌椅质量不高，阅览室展台比较凌乱，部分吊灯有损坏现象，等等。

（二）图书馆藏书更新太慢

当今时代，很多年轻人偏爱阅读电子图书，这给图书馆的借阅服务带来了一定的冲击。为了促进图书馆可持续发展，迎合读者的喜好，一些图书馆购置了很多年轻人喜欢的休闲刊物与读物。很多图书馆在更新藏书的过程中，虽然购买了大量书籍，但是并未对这些藏书进行详细分类，也未更新藏书结构，导致藏书品质跟不上读者的实际需求。另外，在知识经济时代背景下，知识的更新速度非常快，很多书籍可能在前些年备受读者欢迎，到现在却无人问津。但是，管理者并未认识到这一问题，依然购置大量类似书籍，导致一些书籍无人阅读，造成图书馆资金浪费。虽然一些图书馆积极开展"你读书，我买单"活动，但依然满足不了广大读者的实际需求。

（三）图书放置随意

图书馆是为广大读者提供服务的公共场所，为方便人们寻找、阅读书籍，图书馆提供了开架式借阅服务，读者可以在馆内寻找自己想要的书籍，并在图书馆的阅读区进行阅读。但是很多读者并未牢记图书的原本摆放位置，在阅读完书籍后，急于离开或是找不到图书的原有位置，因此将图书随意放置，这一情况导致图书馆书架存在书籍错乱的现象，严重影响其他读者寻找图书、阅读图书的效率。另外，图书放置随意与图书馆图书结构不清也存在一定关系，一些图书馆并未将各种图书一一细分，部分图书可能同时具有两个不同类型的标签，图书馆工作人员在摆放时分不清书籍的标签，从而导致书籍摆放错乱。

（四）缺乏书籍保护意识

部分读者缺乏书籍保护意识，未主动保护图书馆中的书籍，会对书籍本身、图书馆造成不良影响。图书馆面向的是所有群体，因此读者的素质也参差不齐。有些高素质读者在阅读过程中会小心翻阅书籍，十分爱护，阅读后的书籍与阅读前没有什么区别。但是有些读者素质低下，在阅读过程中不能主动保护书籍，也未考虑到保护书籍的重要性。一些读者在损伤书籍后毫不在意，直接将书籍放回原位，转身离去。部分读者在读到精彩片段时，甚至会在图书上随意涂画，更有甚者会将书籍的某一部分撕下。一些图书馆工作人员较少，无法实时监控每一位读者的行为，导致损害图书的不良现象难以控制。另外，部分图书馆工作人员缺乏图书保护意识，没有认识到保护书籍的重要性，对图书疏于保护，甚至对损坏图书的现象视而不见，导致图书损坏现象愈演愈烈。

三、改进外借与阅览服务的策略

（一）健全图书馆管理机制

图书馆管理机制是图书馆借阅服务工作顺利开展的基础，也是保证图书馆有序运行的基础。良好的管理机制既够保证图书馆借阅工作始终有序、顺利地进行，又能全面提高图书馆借阅服务工作的效率。但是，部分图书馆的管理机制过于陈旧，因此需要结合图书馆的实际管理制度与管理情况，健全图书馆的管理机制，继而达到优化图书馆管理工作的目的。管理者要推动图书馆管理制度改革，建立一套科学、高效的评价体系，及时评价图书馆现阶段的管理情况和分析管理工作中存在的问题，并及时制定解决方案，解决图书馆管理问题，促进图书馆良性发展。管理者还需建立一套相对理想的反馈机制，鼓励读者参与反馈工作，主动评价图书馆的借阅服务，阐述个人意见。管理者要听取读者的意见，积极建立评估图书馆借阅服务的指标或体系，在了解读者借阅需求的同时，不断提高图书馆借阅服务的质量。此外，管理者还需建立激励制度，激发工作人员的工作热情，促使工作人员积极主动地为读者提供相应的服务，提高借阅服务的效率与质量。

（二）优化图书馆人力资源配置

图书馆工作人员数量不多，工作人员的整体专业素质不高，是导致图书馆借阅服务管理工作效率始终难以实现预期目标的重要原因。基于此，图书馆应积极解决这一问题，在社会上寻求相应的帮助，积极引导社会力量参与图书馆建设和图书馆管理工作。图书馆可积极与政府、社区、学校、企业等进行合作，长期提供志愿者岗位和实习生岗位，在各方力量的帮助下开发图书馆的人力资源，以更好地管理图书馆。在实习生、志愿者参与相关工作之前，管理者可带领相关人员参加相应的培训工作，明确工作内容、工作制度，避免实习生和志愿者因不懂图书馆操作规范而造成不良事件。图书馆可积极利用这些人力资源，加强图书馆的书籍放置、阅读区巡逻、读者素养规范等工作。要求工作人员及时将不同标签的书籍放入不同的区域，整理好书架，发现损坏书籍及时做好登记，并将登记结果上报阅读区管理者，或将损坏书籍单独取出，方便对损坏书籍进行修复。此外，图书馆管理者要认识到提升工作人员综合素养的必要性，结合图书馆工作人员的实际情况，制定相应的专业素质培训方案；要组织工作人员参加相关职业培训，提高工作人员的综合素养，促使工作人员积极主动地参与图书馆工作，从而提高图书馆借阅服务质量。

（三）提供多样化的借阅服务

要积极完成图书馆的数字化建设，将图书馆内的纸质资源转化为电子资源，并在图书馆内建立相应的电子书刊平台，方便读者通过互联网获取相应的电子资源。图书馆需要在读者、管理员之间建立一个方便、快捷的信息联通渠道，方便读者与管理员之间的沟通交流。为帮助读者尽快完成借阅，图书馆还需在图书馆网站上提供相应的导读服务，让读者在图书馆的帮助下及时获取自己需要的书籍资源，及时进入阅读状态。为此，图书馆应积极通过计算机技术、互联网技术、云储存技术建设相应的数据库。在图书馆的网络平台上，还需及时上传图书馆开放时间、图书馆服务方式、图书馆的各项活动等最新情况，让读者能随时随地了解图书馆的相关情况，及时获取所需的信息资源。同时，图书馆还需积极调查读者的阅读情况，通过调查不同种类书籍的借阅情况，了解读者对于书籍的喜好，方便采购人员采购更符合读者需求的书籍。对于读者不喜爱的书籍，采购人员更新藏书时需控制这类书籍的购入量，或及时将这类书籍转变为电子资源，防止出现纸质资源保管不当的现象。最后，图书馆管理者还要借助网络平台，及时督促读者归还书籍，避免读者延迟归还造成经济损失。

第二节　参考咨询服务

参考咨询服务是在不断满足广大读者需求的基础上产生的一项服务，是对传统图书馆读者服务工作的继承、发展和创新。随着社会经济的发展，参考咨询服务已不再局限于传统的咨询台、电话咨询等形式，开始向网络化咨询转变。例如，目前某些图书馆已经建立了专门的网络咨询平台，不但方便了读者，而且体现了图书馆在读者服务方面的进步。然而，现阶段我国大部分图书馆在参考咨询服务方面还存在诸多问题，图书馆如何发现这些问题并提出有效的解决方法，是亟待研究的重要课题。

一、参考咨询服务的概念

参考咨询是指咨询人员为读者利用文献和寻求知识信息提供帮助的活动。它是发挥图书馆开发文献资源、提高文献利用率的重要手段，是最能体现图书馆服务水平的工作。随着现代化网络技术的普及、全球信息量的剧增，以及人们社会信息需求的日渐多元化，以指导文献和信息利用为目标的参考咨询服务就显得愈加重要。如何开发和利用图书馆的网络信息资源，实现图书馆传统参考咨询业务和现代信息咨询工作的对接，实现参考咨询服务的数字化，是摆在当前图书馆工作者面前的难题。传统参考咨询服务是参考咨询员在咨询台解答读者的各种问题，读者与咨询员进行面对面的交流，一般仅限于本馆读者。而现代参考咨询服务正在向网络化的方向转变，通过网络，读者和参考咨询员可以实时交流，打破了人们交流的时空限制，使咨询更方便、快速，效率更高。新时代背景下，被动的参考咨询模式得到改变。被动咨询是指参考咨询员等待读者前来咨询，面对面地解答读者提出的问题。而现在图书馆的参考咨询服务不再受时空的限制，参考咨询员可通过多种方式，随时随地为读者解答各种疑难问题，还可对读者可能遇到的问题进行事前提醒。当前，图书馆的服务内容由单纯的文献传递向网络咨询转移。参考咨询服务中的文献传递一直是流通部门的主要服务内容，一般由读者填写咨询请求单提交给图书馆，由咨询人员逐一受理，并在读者指定时间内解答。在网络环境下，数字信息资源的普及不仅改变了读者的阅读行为，也改变了读者交流和获取文献的方式，文献传递的"阵地式"服务必将被信息时代的网络服务取代。

另外，图书馆的咨询载体由印刷型文献向多类型、多载体转移。印刷型的书目、索引、文摘和参考工具书是传统咨询服务的物质基础，在网络环境下，信息源更加丰富，检索方式也从过去单一检索点的线索性检索发展到可以进行多元多检索点的综合检索。

二、参考咨询服务的特点

（一）服务对象的多元化

服务对象多元化是指参考咨询服务的对象不仅包括学校和科研单位的工作人员，还包括生产、管理等领域的社会团体和个人。也就是说，参考咨询服务的主要工作内容是为每一位读者提供及时的服务。

（二）咨询服务职能综合化

图书馆参考咨询服务既要做好传统服务，又要提供多媒体资料阅读、网络信息传递、课题查新等服务，帮助用户建立自己的信息资源库，为用户提供网上咨询、在线协助等多种服务。

（三）参考信息源的电子化

现代参考信息资源载体已由传统的印刷型文献转变为应用数字技术的多媒体、光盘等，参考信息资源的分布也突破了时空的限制。随着网络技术的发展，参考信息源将逐步电子化。

（四）服务范围的远程化

在网络环境下，参考咨询服务延伸到了不同图书馆间甚至是国际图书馆的远程合作。通过远程合作，全球图书馆将连成一个整体，不仅可以共享文献信息资源，还可以共享各图书馆参考咨询员的智慧、成功咨询案例、各类课题调研成果等。读者可随时访问图书馆的Web站点，不必受开馆时间的限制，从而享受全天候的服务。

三、参考咨询服务的不足

（一）受重视程度偏低

虽然参考咨询服务是图书馆服务必不可少的组成部分之一，但就目前情况来看，参考咨询服务未得到足够的重视。很多图书馆仍旧以采编、借还这种陈旧方式为主，无法为参考咨询服务工作的开展创造良好的环境。很多管理者对参考咨询服务的认知存在偏差，认为其没有多大实际意义，提供参考咨询服务不过就是设一个咨询台，给前来咨询的读者提供引导服务。这种想法不仅不利于参考咨询服务工作的开展，还会影响图书馆的发展。出现以上现象的主要原因：第一，参考咨询服务不像图书借还工作、图书编目工作等是必不可少的，也不像特藏文献的收集、开发、整理工作那样有专门经费的支持，往往使很多人忽略其存在；第二，从享受服务的人员方面来看，享受参考咨询服务的人员并不像图书借还人员那样普遍，从而使很多不需要或暂不需要此类服务的人感受不到其重要性；第三，图书馆对参考咨询服务的宣传不到位，很少在图书馆大厅、网页等显眼位置对其进行介绍，很多用户和读者无法全面地对其进行了解。由于长期被大众忽视，图书馆的参考咨询服务多数时间是回答用户和读者琐碎的问题，并未发挥其应有的作用，还使工作人员的积极性受挫。

（二）严重缺乏经费

由于各种客观因素的影响，经费紧缺已成为目前多数图书馆面临的难题之一。经费不足，图书馆就无法按需引进新资源、新设备、新技术，也无法有效转变服务方式、任用优秀人才，种种限制使参考咨询服务工作不能良好地进行，服务水平也就无法保障，这又反过来阻碍参考咨询服务的发展。

（三）参考咨询人员素质偏低

在开展参考咨询服务工作的过程中，投入大量人力和物力是必不可少的。参考咨询服务人员队伍的水平直接影响参考咨询服务的水平，尤其是在当今图书馆参考咨询服务日益网络化的大环境下，对参考咨询人员的知识面、网络技术、专业技能、外语水平等方面的要求越来越高。但是目前，多数图书馆存在参考咨询服务人才紧缺和在职人员学历不高、知识面狭窄、外语水平差等问题。另外，多数参考咨询服务人员缺乏现代信息咨询服务意识，无法提供高水平的信息咨询服务，不能熟练地运用现代信息技术完成对各种信息的检索、归纳、存储和处理。

（四）信息化水平低

相较于其他发达国家，我国多数图书馆信息化水平低，主要表现在以下方面：首先，信息基础设施落后。很多图书馆的参考咨询服务还仅停留在常见问题解答和邮件回复上，没有真正建立友好、有效的咨询界面和互动交流平台，无法提供有深度、高层次的网络信息参考咨询服务。其次，缺乏数字化信息资源。现阶段，多数图书馆的信息咨询服务还停留在信息搜集和整理上，无法提供真正新颖、适用、准确和权威的信息资源。最后，信息资源得不到充分利用。如今，虽然大部分图书馆的网络设施、存储设备和电子资源等有了很大改善，但就自动化领域来说，完全发挥自动化网络的功能还有很长的路要走，信息资源也未得到充分的利用。

（五）缺乏强有力的馆际合作

对于各类图书馆来说，由于经费、人力等的限制，强有力的馆际合作对于充分整合、优化资源具有非常重要的作用。但现阶段，我国各图书馆间的合作程度较低，无法在有限的资源范围内提供更加优质的参考咨询服务。

四、改进参考咨询服务的策略

(一) 确立合理的发展方向

现代参考咨询服务的社会化程度仍处在发展阶段，参考咨询部门提供的咨询服务还未能与社会需求和市场动态有机地结合起来。因此，新时期的参考咨询服务应有一个明确的方向，即立足于图书馆的信息资源，以现代化的服务手段，面向社会，不断开拓参考咨询服务的内容和方式，为社会提供高效、及时、优质的参考咨询服务。

(二) 加强图书馆资源建设

首先，进一步完善服务设施和技术条件。在网络环境下，图书馆参考咨询服务是以现代化设备为技术支撑的，一方面信息咨询内容需要通过数字化的方式来呈现，另一方面信息的存取与传递需要通过数据通信网络来实现。因此，完善的基础设施是做好参考咨询服务的保障。其次，加强对信息资源的采集，加强图书馆的馆藏建设。信息资源既包括实体馆藏资源，也包括虚拟馆藏资源，有纸质的也有数据化的，它们是解答用户疑问的依据，也是满足用户信息需求的基础。

(三) 加强网络咨询协作

现代信息技术的发展，为图书馆之间协调协作、资源共享创造了良好的发展空间。在网络环境下，各地区、各系统图书馆的服务工作将形成多元化和系统化的格局。每个图书馆都是全社会网络系统中的一个连接点，利用各自拥有的信息资源优势，开展参考咨询服务，实现馆藏文献信息资源优势互补和特色互补，协同解决读者不同类型、不同专业的咨询难题，从而面向全社会的读者开展多层次、多角度的参考咨询服务。

(四) 加强参考咨询馆员队伍建设

参考咨询馆员是图书馆开展参考咨询工作的核心，他们的素质和能力直接关系到参考咨询工作的开展情况。在网络环境下，参考咨询工作从形式到内容都发生了深刻的变化，这就对参考咨询馆员提出了更高的要求。参考咨询馆员要成为信息的组织分析者、信息利用的导航者及信息认知的教育者，就要具备良好的信息意识，即对信息具有特殊的、敏锐的感受力及持久的注意力。另外，参考咨询馆员要有科学处理信息的能力，也就是说，参考咨询馆员要掌握现代信息技术，能运用现代数码技术使文献信息缩微化、光盘化，能运用电脑多媒体技术使图、文、声、像信息一体化，能运用现代通信技术使参考咨询服务网络化。此外，参考咨询馆员还要有良好的心理素质，具备广博的学科知识，并且掌握全新的咨询技巧，只有这样，才能适应参考咨询服务工作的发展需要。

（五）完善参考咨询的服务质量评估与反馈机制

参考咨询服务工作离不开完善的评估与反馈机制。可分别从宏观和微观的角度来阐述；宏观上需要建立一个专业机构来重点分析参考咨询馆员的服务质量，并给予该机构监督的权利；微观上需要图书馆内部健全服务质量考评机制，内部的服务质量考评机制对于快速提高服务质量具有直接作用。此外，在图书馆条件允许的情况下，可建设用户回访系统和评价跟踪系统，对用户的满意度进行调查，并通过调查结果分析用户的需求和意见，从而更新服务内容，提高图书馆的参考咨询服务质量。

第三节　文献检索与传递服务

一、文献检索及文献传递

（一）文献检索

1.文献检索的概念

文献检索有广义和狭义之分，广义的文献检索是指按一定的方式对信息进行组织和存储，并根据用户的需求从信息集合中找出信息的过程，其全称为信息存储和检索。存储的过程是对信息进行组织、加工和记录的过程，即建立检索系统（编制检索工具）的过程——输入的过程；检索的过程是按一定的方法从检索系统（检索工具）中查出用户需要的特定信息的过程——输出的过程。狭义的文献检索则仅指该过程的后半部分，即从文献集合中找出用户需要的信息的过程，相当于人们通常所说的信息查询。

2.文献检索的主要类型

（1）按存储和检索的内容划分全文检索：以文献全文为检索对象的一种检索方式，即从文献集合中检索出所需的、切题的文献的过程、方法和策略。凡是查找某一主题、学科、时代、地区、著者等相关文献均属此类。事实检索：以文献中的事项为主要检索内容的检索方式。换句话说，是从存储有大量知识信息、事实信息和数据信息的检索工具和检索系统中获取某一事物的现状、结果，发生的时间、地点和过程，如查找某产品的生产企业、性能，人物的基本情况，某地的历史变迁，等等。数据检索：从存储有大量数据、图表的检索系统中获取数值型信息，检索结果是经过评估的各种数据，可直接用于比较分析，以及定性或定量分析。多媒体检索：随着计算机和网络技术的发展而产生的新的检索类型，是利用特定的搜索引擎，从存储有多媒体文件的检索系统中获取多媒体信息的一种检索方式。其检索结果是文字、图像、声频、视频等或静或动的信息。需要指出的是，事实检索和数据检索是以从文献中提取出来的各种事实、数据为检索对象的一种确定性检索。（2）按文献检索手段划分手工检索：手工检索使用的多为印刷型或书本型检索工具，早些时候有检索卡片，现在使用最多的是检索刊。手工检索的技术要求不高，以人的劳动为主，由人来翻阅，由人来进行比较、选择，完成匹配；以印刷文献为主要检索对象，以各类文摘、题录和目录性工具书为可利用的主要检索工具，以图书馆的参考咨询部为开展信息检索服务的中心机构。计算机检索：计算机检索主要经历了以下阶段，从早期的脱机批量处理，到后来的联机实时检索、联机网络化和多元化信息检索，到目前的以互联网的搜索引擎为核心的网络化检索。计算机检索是在人与机器的合作、协同下完成的，需要通过实时的、交互的方式从计算机存贮的大量数据中自动分拣出用户所需要的信息。计算、比较、选择的匹配任务是由机器来执行的，人则是整个检索方案的设计者和操纵者。检索用户由专业检索人员向个人终端用户转移。

3.文献检索的系统

随着信息技术的飞速发展，网络成为人们工作和生活中不可或缺的一部分，网络化也对图书馆服务领域产生了巨大的影响。图书馆服务在经历了古代、近代、现代的变迁后，文献检索方式也由最原始的卡片检索、关键词检索过渡到现在的智能检索。如何根据图书馆文献检索的特点和使用需求建立适用的检索系统，是目前我国图书馆界普遍关心的问题。

（1）传统的检索系统从整体情况看，传统检索系统尽管在检索操作上各有特点，但在检索功能的设置和使用的便利性方面进行了多种尝试，具有以下特点：一是提供多功能的检索入口。检索入口的丰富性直接关系到系统的检索能力和便利性。多种角度的检索方便读者根据自己的需求，实现个性化检索。从检索入口可以发现，目前主要的检索字段是题名、责任者、关键词、索书号。武汉大学图书馆还提供全面检索服务，将各种可能的字段检索融合在一起，实现更加精准的图书检索。二是提供检索条件。一些图书馆根据自身的实际情况，还额外提供了个性化的检索条件。以华中科技大学图书馆为例，除了已设定的检索目录，还提供检索范围，如东校区图书馆、主校区图书馆、医学分馆等；提供语种选择，如英语、法语、德语、意大利语等；提供图书入馆时间的范围选择。有了这些多种类的检索条件，读者就能更加方便地从众多图书中检索到自己需要的书籍。三是界面友好。目前，针对图书检索，各个图书馆的方式大都相同，但是为了改善用户使用体验，各个图书馆都不同程度地注意使用更加友好的界面，并提供各种检索助手。例如，华中科技大学图书馆提供保存检索历史、保存检索页面记录等；

武汉大学图书馆提供中文与西文的分类统计等；中南财经政法大学图书馆的检索页面提供导航栏，展示图书分类、文献类型、馆藏地等；华中师范大学图书馆的检索页面可按降序或升序排列检索结果。

（2）基于语义的检索系统　由于传统图书检索系统只是基于关键字的检索，无法进行语义扩展，查全率和查准率不高，因而出现了基于语义的检索系统。读者只需要做一段描述，或者提一个问题，在关键词匹配的情况下，就能检索出想要的书籍。语义检索系统需要本体构建、实体生成和结果展示三大组成部分：①本体构建。有学者以著录规范 MARC 为技术设计书目本体，典型的本体有 MarcOnto、DublinCore 及 BibTeX 等。这些本体的优点是可以从不同角度揭示书目特征；缺点是只关注书目自身的描述，缺乏对作者和书目的描述，各类之间未建立关系。②实体生成。书目数据的实体来自图书馆质量良好的结构化数据，实体生成是根据书目本体生成与书一一对应的描述信息。③结果展示。以友好的界面展示语义检索的结果，改善图书检索者的使用体验。

（3）文献图像检索系统　随着智能手机的普及，图片获取与阅读已成为人们获取互联网信息的重要方式。图像识别是通过计算机模拟人类对图片的分类，自动把图片归为不同的类别。目前，图像识别在众多领域都有广泛的应用，如公安系统的人脸识别、网上购物的物品识别、公路系统的车牌识别等。图书馆应顺势为读者提供更加便捷的文献检索方式，构建基于图像识别的检索系统。需要指出的是，图像检索对数据集有一定的要求，因此暂时还未在图书馆推广使用，但这必将是一个趋势。文献图像检索系统采用 B/S 三层架构模型，可有效地对信息生命周期进行管理。第一层为数据层：数据层主要使用 MySQL 集群存放图书图片信息数据，这些数据的获取方式主要有馆员录入、网上获取、读者上传三种；第二层为业务逻辑层：主要包括数据交互、内容识图系统模块和上层数据分发模块；第三层为展示层：以原始的 HTML 界面展示检索的结果。基于图像识别的检索模式的优点是快捷方便，尤其是对于年龄较大、不方便打字的人群。但这种检索模式的缺点是前期图片集的采集、图片预处理与特征提取等，需要大量的工作。

（二）　文献传递

1. 文献传递的概念

国内图书馆界的观点普遍认为，文献传递是传统馆际互借服务在网络环境下的延伸和拓展，通常是指由信息提供者将储存信息的实体传递给使用者的活动。另一种观点认为，文献传递是文献拥有者将用户需要的文献直接传递给用户的一种服务，是提供复制件的非返还式文献外借服务。还有人则从技术的角度来看待文献传递，认为文献传递得益于互联网环境下现代信息技术的发展，改变了信息服务机构文献申请和传递的方式，如可以通过电子邮件、传真、邮寄、联机下载等方式将原始文献传递给用户。综合上述观点，笔者认为，馆际互借和文献传递都是图书馆为满足用户对本馆未收藏文献的需求而提供的服务，而文献传递是随着现代信息技术在图书馆的广泛应用，在传统馆际互借基础上发展起来的一种更具广泛意义的高效文献服务方式。

2.文献传递的现状

当下文献传递可通过电子邮件、在线平台软件等方式实现资源的远程共享，方便读者获取国内外的各种文献资料，同时也能满足无纸化、虚拟化远程办公的需求。文献传递工作效率高、操作局限性小、用户体验感好，目前已成为图书馆的常态化服务。在网络技术高速发展的背景下，图书馆文献传递的服务手段和服务对象呈现多元化、个性化的特点，不同图书馆也许会有差别，但随着信息技术的发展，优秀的工作方法和先进的工作经验得到广泛传播，同等级别、相同发展条件的图书馆，其文献传递服务水平在总体上已趋于一致。经过几十年的发展，文献传递经历了初步期、集中期和成熟期三个发展阶段。随着互联网技术的全面普及，数据资源的开放程度不断提高，读者的文献获取能力不断增强，因而当下文献传递服务趋于衰落。近年来，各大图书馆文献传递总量明显下降。一方面，文献免费获取渠道增多；另一方面，各大图书馆和文献提供机构自身也存在不少问题，如工作人员不专业、资源匮乏、工作时效性不强、观念陈旧、缺乏有效宣传、平台维护管理不力等，这些都是各大图书馆面临的新问题。

二、文献检索与传递服务存在的问题

（一）咨询服务时效性

文献传递服务主要是为读者获取文献提供便利，但部分图书馆的咨询服务缺乏时效性，无法实现实时交互。图书馆文献传递了除图书馆自有平台，还涉及国家级、省级等多个系统的文献传递服务，每个平台各有优势、各有规则，但由于中间的流程较为复杂，一篇搜寻难度较大的文献在经过几个平台的过滤后，耗时可能达半月之久，文献传递整体时效性不强，无法快速地解决特殊用户的需求，部分用户因无法快速获得答复而重复咨询，不仅耽误用户的时间，还占用了大量咨询资源，增加了工作人员的压力。图书馆可优化平台管理模式，减少一些不必要的等待环节，提高工作人员的操作水平和效率，以解决平台整体效率偏低的问题；对于一些特殊用户的需求，可增设平台特殊通道，减少不必要的环节。

（二）缺乏充分的宣传推广

文献传递申请量逐年下降并不代表读者对文献的需求降低，图书馆要做好相应的宣传工作，促使相关服务得到推广，让平台多样化的服务和多样化的资源得到充分利用，避免资源浪费。图书馆要调动各方面的资源，通过多种渠道进行多样化宣传，以增加新用户，提高平台的利用效率。例如，在官方网站、微信公众号、微博、抖音等新媒体上开展宣传工作；以活动的形式进行服务推广，甚至可运用商品营销的手段进行深度营销，以尽可能地满足读者的需求。

（三）人员综合素质参差不齐

文献传递工作琐碎繁重，虽看上去没有太高的技术含量，但操作不细致易带给读者不良体验，这就要求工作人员有高度的工作热情和钻研精神。文献传递的主要工作是文献平台申请的接收、核查、检索、查找、上传及机构间的互借沟通，工作人员的整体服务质量直接影响文献请求者的检索体验，因此图书馆的文献传递工作对工作人员有较高的要求，尤其是个人的综合素质。图书馆要加强咨询团队的建设和考核，调动工作人员的积极性，针对实际问题展开人员培训，提升工作人员的实际应用能力；加强团队内部交流，做到工作问题及时反馈、工作方法及时传递、优质经验广泛应用，充分挖掘有限的资源为读者服务。

（四）平台整体效率不高

国内文献传递服务存在平台整体效率不高的问题。以往因为读者需求量大，工作人员在多数情况下被动地处理读者的文献需求，查找、上传文献就可满足读者的需求，但在现阶段，再用传统的方式应对读者的需求，必定会导致服务滞后。图书馆要变被动为主动，研究可利用的资源和服务对象，找出问题所在，再一一攻破。图书馆还要积极进行创新服务研究，实现精准化服务。例如，广东省科技图书馆就自身问题对用户进行细分研究，区分普通用户和研究所用户，针对不同类型的用户制定不同的应对方案；同时对获取稀缺文献的用户特征和途径进行研究，提供个性化的服务，吸引新用户，稳定老用户。

（五）版权意识薄弱

目前，部分图书馆工作人员版权意识薄弱，在进行文献传递服务时有侵权风险，知识产权纠纷时有发生。只有部分文献传递工作人员参加过知识产权方面的培训，可能在无意中触犯版权法规。当今时代，人们的知识产权保护意识越来越强，图书馆等知识传播机构应紧跟时代步伐，做好知识产权管理工作，在相关法律法规的范围内实现资源的优化配置，为学术和研究工作提供支持。条件允许的机构可设立专项部门或岗位规避风险；条件不允许的单位，建议加强对工作人员的培训，定期组织外出培训和内部培训，结合文献传递服务的具体细节进行宣传，以达到文献安全使用和传播的目的。

三、改进文献检索与传递服务的策略

（一）转变观念，树立新文献传递服务思想

国外文献传递服务对我国图书馆有一定的启示作用。广大图书馆要转变观念，加强对文献传递重要性和必要性的认识。图书馆在采集文献信息资源时，要在合理利用现有经费、扩充馆藏资源的基础上，重新设计馆藏资源形式，利用文献传递服务来弥补馆藏资源的不足。文献传递是以最少的投入获得最大的收益，其提供文献范围广、品种齐全，是图书馆馆藏资源的重要补充。目前，发达国家大多有地区性和全国性的馆际互借与文献传递系统，这也值得国内图书馆借鉴。另外，对图书馆的评价应由"拥有多少藏书"向"提供多少服务"转变，以便更好地促进文献传递服务的发展。

（二）加强文献传递服务的宣传工作

要想促进我国图书馆文献传递服务的发展，就离不开相应的宣传工作。图书馆要进行全面系统的宣传，使读者或用户了解文献传递服务工作。从事信息传递服务工作的图书馆工作人员要及时按用户的要求进行检索、传递，力求在最短的时间内满足读者需求。

第四节　定题与科技查新服务

一、定题服务

定题信息服务的广泛实施是以知识服务为代表的深层次服务的有益尝试。图书馆主动为各类教学科研活动提供高效、及时的定题服务，可加快教学科研进程，扩大教学科研效益。

（一）定题服务的概念和特点

1.定题服务的概念

定题服务是信息服务的一种重要形式，是情报部门根据研究人员的科研需要，针对其课题研究内容，收集、筛选、分析、整理相关信息，定期或不定期地提供给科研人员，直至课题完成的一种综合性的专业性信息服务。

2.定题服务的特点

一是服务中主动意识较强。图书馆馆员会随时留意本院校培训对象的变化和教学任务的调整，关注各类主题研讨活动，主动联系相关人员提供定题服务。二是服务具有针对性。图书馆馆员首先会分析用户的特点，对不同的用户采用不同

的策略；搜寻资料时，馆员会推荐有代表性的、新颖的文献，提供具有指导性、建议性和经验性的情报资料。三是服务过程具备连续性。图书馆馆员会根据需求不断更新、补充文献信息，动态地提供服务资料。

（二）定题服务的内容和步骤

1.定题服务的内容

定题服务按服务对象可分为以下几种：一是搜集整理上级部门决策所需的文献信息，二是为相关课题提供具有针对性的信息服务，三是为各类研讨会提供书目和论文索引，四是为特定的培训对象提供培训所需的参考文献，五是为读者个人学习研究提供一对一或一对多的信息服务。定题服务按信息产品形式可分为印刷型与电子版的全文、书目索引、文摘、综述、专题研究报告等。目前，定题服务是部分院校图书馆服务工作中的薄弱环节，图书馆服务内容仍旧以文献宣传读者教育、网络查询等传统服务为主，多数图书馆开展定题服务的能力还远远不足，质量也参差不齐。广大院校图书馆应关注学院教学科研任务和人才培养需求，主动开展定题服务工作。

2.定题服务的步骤

定题服务的一般步骤如下。第一，为了更好地开展和管理定题服务工作，图书馆会要求用户填写一份文献定题服务委托书，详细列明委托课题的资料，以便作为图书馆和用户之间相互沟通的依据。第二，接受定题的委托工作后，图书馆由专门从事定题服务的工作人员根据课题内容，采取多种方法深入了解与课题相关的研究内容和专业知识，为定题工作的展开做好准备。第三，针对用户需求制定相应的检索策略，然后查找和筛选相关资料。查找过程中要充分利用各种专业数据库、馆藏文献（包括图书和期刊）。现在互联网上可以获取很多资源，包括各种免费的权威期刊。第四，检索工作完成后，根据查找和筛选的资料编写一份包括文献的题名、作者、来源和文摘等相关信息的结题资料。第五，对用户进行回访，整理反馈信息，以便于下一次的定题服务。从整个定题服务的过程来看，定题服务是一项长期性、连续性的工作，需要不断地总结和实践。

（三）定题服务存在的问题

尽管各院校图书馆在定题服务方面取得了不俗的成绩，但在工作过程中也存在一些问题。

1.图书馆馆员能力有所欠缺

定题服务是一项烦琐、细致且专业性较强的工作，在相对集中的时间里，图书馆馆员要处理大量的信息，不免感到厌倦，精神状态不佳，容易敷衍搪塞，将信息资料一股脑地反馈给用户，缺乏系统性和针对性。另外，部分图书馆馆员的检索技巧较为单一，信息搜索范围不广，缺乏对资源进行深入分析、挖掘的能力。同时，由于部分图书馆馆员对教学科研人员从事的专业不够了解，提供的产品契合度不高，导致服务层次偏低。

2.沟通反馈机制不完善

高质量的服务应以熟悉和深入了解用户所需为基础，但在服务过程中，部分图书馆馆员缺乏与用户的深入沟通，对用户整个课题的研究内容、研究过程不够了解，常常断章取义，根据用户提供的个别关键词查找，这将有可能导致图书馆馆员以偏概全或是主观臆断，最终提供的资料实用性不强。提供资料之后，图书馆馆员更应关注信息是否有效，而反馈机制可以保证定题服务不仅停留在口号层面，但这个重要的步骤常常被忽略。

3.图书馆馆员主动性不够

一些图书馆馆员并未深入了解科研项目，只是被动地等待用户上门，与具体教学、科研工作结合得不够紧密。另外，部分图书馆定题服务的手段和方式较为单一，未充分利用各种渠道进行宣传，难以适应用户不断变化的需要。

（四）定题服务的注意事项

1.服务态度

让用户满意应成为定题服务的宗旨，工作人员要保持认真的态度，做到热心、细心、耐心，要始终具有做好工作的责任心。另外，图书馆可以采取一些措施加强与用户的联系，对服务情况进行跟踪，以取得更好的服务效果。

2.安全保密

定题服务需要人们提供一些个人资料和一些阶段性的成果，这样一来，用户的个人隐私和科研资料就会暴露在工作人员面前。因此，工作人员必须以高度的责任感保护用户的隐私，不能向外透露，以免被人恶意使用，从而影响用户的利益。

3.加强管理

对图书馆来讲，能胜任定题服务工作的人员并不是很多，基于这种情况，有必要对图书馆工作人员进行培训。但在管理工作中，也不能过于强调技术层面的因素而忽视人文关怀，要树立"以人为本"的管理观念。总之，信息获取方式的多元化给传统的定题服务带来了挑战，这对新时期的定题服务工作提出了更高的要求。但只要细心研究，多下功夫，提供高质量的信息，定题服务就一定能得到用户的认可，重新焕发生机。

二、科技查新服务

（一）科技查新服务的概念

科技查新服务又称查新服务、科技查新咨询，是指查新工作者通过各种信息检索手段为科研人员、评审机构或评审专家提供与查新项目有关的文献、数据及分析比较的结论。科技查新工作是20世纪80年代中期在科技文献检索和科技咨询的基础上发展起来的一项新型的科技信息服务业务，是为科研立项、成果鉴定、专利申请、发明创造的新颖性、先进性、实用性以及其他指标提供文献依据。其目的在于减少科学活动的低水平重复，避免成果评审、鉴定的失准。它既是一种特定形式的咨询，又是一种特定形式和有特定目的的检索。相对于常规文献检索，科技查新须在确定的检索范围内保持全面性、系统性、连续性；遴选的文献应具有代表性、针对性、可比性；得出的结论应体现科学性、客观性、正确性。科技查新工作对科学研究起着定向、调节、控制和评价作用，因此又可以说是一项具有特殊含义的检索工作。

（二）科技查新服务的对象与作用

科技查新服务是一项适用范围非常广泛的工作，在科技不断发展的今天，科研人员要保证自己所研究的内容具有可研究价值，并且未被其他人研究过，要保证自己所要研究的项目具有新颖性，就需要科技查新服务的介入。目前，我国在以下阶段的研究课题必须进行相应的科技查新，并由查新部门提供相应的检索证明：申报国家级或省（部）级科学技术奖励的人或机构；申报各级各类科技计划、各种基金项目、新产品开发计划的人或机构；各级成果的鉴定、验收、评估、转化；科研项目开题立项；技术引进；国家、地方或企事业单位有关规定要求查新的。政府和有关部门之所以如此重视科研项目的查新认定工作，是因为科技查新对科研工作具有如下积极作用。

第一，科技查新能为科研立项提供客观依据。科技查新工作能为科研课题在开发目标、技术路线、技术内容、技术指标、技术水平等方面是否具有新颖性做出判断。一项科研项目在正式立项前，应该全面、准确地掌握国内外的有关情报，并查清该课题在国内外是否已研究开发过。而通过查新就可以了解国内外有关该项目的发展水平、研究开发方向，以及是否已研究开发和是否正在研究开发。科技查新还可以对科研项目研究开发的深度及广度、已解决和尚未解决的问题等进行检索，为判断课题是否具有新颖性提供客观依据，这样可防止重复研究开发造成的人力、物力资源浪费。

第二，科技查新能够为科技成果的鉴定、评估、验收、转化、奖励等提供客观依据。因为对科技成果来讲，如果单纯地依靠专家的评判，那么有时难免会有不公正的地方，而查新工作因具备客观性，所以能保证科技成果鉴定、评估、验收、转化、奖励等的科学性和可靠性。这样也可以激发科技人员的积极性，有利于科研成果的推广应用。

第三，科技查新可以为科技人员节省工作时间，并提供可靠而丰富的信息。调查结果显示，目前我国科研人员查阅文献所花的时间约占其工作时长的50%。这主要是由于科学技术的不断发展，促使学科的分类越来越细，而信息存量又在无限量地扩张，这就使科研人员的查阅工作越发繁重。加之文献检索本来就具有一定的专业性，这在无形中又增加了科技人员的工作量。而科技查新服务工作人员一般都具备一定的学科专业知识，并熟悉各种资源的检索方法，有的工作人员还具备较高的外语水平，可根据科研工作者的需求，利用馆藏及网络资源对各种学科内容进行查阅检索，从而在节省科研人员大量时间的基础上，保证信息的回溯性和时效性，满足科研人员的信息需求。

（三）科技查新服务的原则

1.客观性原则

科技查新就是通过信息检索去揭示涉及的查新点在国内外的发表文献情况和已取得的成果。科技查新要求查新人员客观地研究和分析问题，杜绝主观或感情成分，对查新点的新颖性、先进性和实用性，对项目的作用、意义、方案的可行性等进行客观、公正的评价和判断。

2.准确性原则

由于很多科学研究都是在前人工作的基础上进行创新或推广应用的。因此，很多时候查新工作中会经常遇到这样的情况，即用户把查新点定得太过笼统，结果是查出一大堆文献，却无法下结论。有时给的查新点又过于狭窄，不能真实反映课题的实际情况，使查新人员无法下手。这时就需要查新人员与用户进行沟通。在此基础上，查新人员需要周密、科学地选择检索词，正确地选择检索策略，以保证查准率和查全率，保证科技查新的准确性。

3.可靠性原则

科技查新最终形成的查新报告是科研管理部门和评审专家在进行课题评议时所要依靠的客观依据，对课题的评议结果具有相当大的影响。所以，查新人员要把握好查新流程的各个环节和影响因素，保证查新报告准确无误、值得信赖。

4.独立与回避原则

独立与回避原则也是查新工作的关键原则。其中，独立原则是指查新机构、查新人员、查新审核员、查新咨询专家从事具体的查新业务，开展审核和查新咨询活动时只能以有关的法律法规为依据，而不受任何行政部门的控制，也不受其他机构、社会团体、企业、个人、查新委托人等的非法干预。回避原则是指进行查新业务时，应当实行回避制度。查新机构、查新人员、查新审核员和查新咨询专家都应当是与查新项目无利害关系的第三人。否则，他们可能无法独立地进行查新业务，也无法保证查新结论的客观和公正。

（四）科技查新服务新构想

结合实际工作，笔者提出图书馆开展科技查新服务的具体构想，探索图书馆科技查新服务从无到有、稳步推进的过程。

1.重视起步阶段，确定对口帮扶的查新站

首先，学校领导及科技管理部门要意识到科技查新工作的重要性，协调校内相关部门开展工作，为该业务的启动做好充分保障；从事该项工作的图书馆馆员应具备善于学习的态度，努力熟悉业务。其次，图书馆领导应主动联系兄弟院校图书馆，确定对口帮扶的查新站。以厦门大学图书馆为例，可依托厦门大学科技查新站开展工作，因其属于理工类站点，可满足高校课题的查新要求。在数据库资源共享方面，各高校图书馆可探讨一些可行的途径，如开通 iReader 数字资源远程访问系统账号，方便各高校图书馆相互访问；也可购买低价版 Dialog 国际联机检索系统，重点使用数据库的预扫功能，从而节省联机检索费用。最后，在人员培训方面，图书馆可派出人员到查新站驻点学习若干月，直至其具备独立开展查新工作的能力。查新报告审核方面，查新站承担最终的质量控制责任，提供审核、盖章服务。

2.重视专业人才培养，内培外引

科技查新人员的素质主要由态度、知识、能力三个方面组成，其中态度包括职业道德、敬业精神、团队精神等，知识包括专业知识、检索知识、外语知识等，能力包括专业能力、检索能力、分析能力、翻译能力、沟通能力、写作能力等。内部培养是指对现有图书馆工作人员进行针对性培训，要求其参加教育部科技查新培训并获得查新员证书，循序渐进地开展科技查新服务。外部引进是指引进具有工作经验的人才，包括引进具有查新站工作经历的图书馆馆员，发挥其传、帮、带作用，完成查新队伍的团队建设；还可以引进具有学科专业背景的人才，促进查新队伍向专业化的方向发展。内部培养加上外部引进的人才培养模式，是图书馆开展查新服务的有效举措，可较快地培养出一批科技查新人才，并根据每个查新员的学科专业背景，有针对性地分配相关的学科领域作为查新方向，促进科技查新理论与实践工作的协调发展。

3.科技查新工作与学科馆员工作相结合

学科馆员是指精通图书馆学专业知识，并较为熟悉某一学科知识，能为相关学科提供高层次信息服务的图书馆馆员。因新建图书馆人才较为匮乏，学科馆员难以独立提供科技查新服务，可在进行人才建设和工作安排时考虑将二者有机结合，充分发挥有限的人力资源优势，快速提高图书馆服务水平。具体做法如下：一是根据查新数量的统计结果来进行学科馆员的人员安排，把有限的人力用到科研活动活跃、文献需求强烈（查新数量多）的院所；二是直接以读者的查新课题为切入点，学科馆员为课题提供全面的信息服务；三是通过开具论文收录或引用证明，了解学术带头人或高级科研人员的研究情况，提供学科信息服务；四是根据具体的课题内容，在征得课题负责人同意后，整理行业热点或优秀成果，为校内科研院所提供课题信息追踪等学科服务。

4.运用文献管理软件，提高科技查新工作效率

科技查新工作涉及文献量大，分析难度高，撰写报告问题多，可尝试利用文献管理软件如NoteExpress（简称NE）加以解决。NE是北京爱琴海软件公司开发的文献管理软件，具有知识采集、管理、应用、挖掘功能，可在科技查新工作中发挥重要作用。运用NE软件，图书馆可利用"新建数据库"功能建立不同主题的查询数据库，利用"数据库备份"功能保存数据；利用"文献数据库检索结果批量导入"功能对题录进行采集，提高工作效率；可对课题查新数据库进行管理分析，利用"查找重复题录"功能进行查重，利用"在线更新题录"功能快速完善题录信息；还可利用"导出题录信息"功能和"输出样式"功能实现对文献信息的导出和整理。运用NE软件，可使查新人员摆脱大量机械性工作，加强文献信息挖掘工作，提高查新报告水平。

第五节　个性化信息服务

当下，传统图书馆的服务模式与社会需求之间的矛盾日益突出，促使图书馆的服务水平和服务质量不断提高。本节以图书馆个性化信息服务的概念和特点为切入点，对图书馆开展个性化信息服务的必要性、可行性进行分析，并针对图书馆个性化信息服务存在的问题提出具体对策。

一、个性化信息服务的概念和特点

（一）个性化信息服务的概念

图书馆个性化信息服务是一种深层次服务，就是针对不同读者采用不同的服

务方式，提供不同的信息内容，即按照读者需求提供特定的服务，根据读者提出的具体要求，或通过对读者个性、习惯的分析而主动向读者提供的信息和服务。这些信息不只是图书馆拥有的，还包括互联网上的信息。这些信息对读者来说，往往很难查找，特别是网络信息杂乱无章，信息检索也是非常困难的，需要图书馆进行检索、筛选、分类，重新整合后提供给读者。

（二）个性化信息服务的特点

个性化信息服务的宗旨就是以读者为中心，研究读者的行为、兴趣、爱好和习惯，为读者搜索、组织、选择、推荐更具针对性的信息服务。了解和掌握个性化信息服务的特点，可以使图书馆的服务更具针对性，从而提高读者对信息服务的满意度。具体来说，个性化信息服务具有以下特点。

1.以读者为中心

所有的服务需要以方便读者、满足读者需求为前提。因而，其充分体现以读者为中心的服务理念，并将以读者为中心的原则作为出发点，贯穿信息服务的各个方面。

2.交互性、动态性

由于读者信息需求不是一成不变的，其随着读者年龄、职业等变化及社会环境的变迁而改变。读者根据社会和自身发展的需要会不断地产生新的信息需求，而个性化信息服务的过程是一个互动的过程，其实现主要是通过与读者的交互或跟踪读者的行为来获取读者的特征。信息服务系统不仅能提供友好的界面，而且能方便读者评价服务结果，因此它能使图书馆及时地了解读者的需求变化，利用现代信息技术把"量身定制"的信息提供给读者，服务方式更加灵活、多样。个性化信息服务不仅要为读者提供更加准确的信息，而且还要能够按照读者指定的方式进行服务，如满足读者对信息的显示方式、提供结果的方式（纸质、电子版、电子邮件等）的要求，对服务时间的要求，对服务地点的要求，等等。

3.智能性

个性化信息服务的整个过程，不论是信息的检索、分类、标引，还是界面的定制、服务的开展等，均要依靠各种信息技术的支持来实现。例如：数据库技术，完成读者登录、身份认证等；数据挖掘技术，从文档和服务中自动发现和抽取信息，能帮助工作人员分析和处理信息；数据推送技术，它实质上是一种软件，可以根据定义的准则，自动搜集读者可能感兴趣的信息，然后在适当的时候将其传送到读者指定的地点；过程跟踪技术，跟踪读者的身份、监控读者的访问过程。

二、个性化信息服务的必要性和可行性

(一) 个性化信息服务的必要性

在信息化社会，信息量激增，其载体的种类和传播方式也在以惊人的速度增加，用户信息需求的复杂性和差异性增加，用户获取信息的途径也日益多元化。这些变化给图书馆带来极大的冲击和挑战。信息服务需求与传统图书馆落后服务的矛盾日益尖锐，一方面，社会对信息服务的需求在增加；另一方面，图书馆在信息服务中的地位、作用却在下降。因此，图书馆服务水平和服务质量的提高需要向人性化的方向发展。从目前情况来看，图书馆正以积极的态度进行改革创新，主要体现在更新图书馆的硬件设施方面，如配备先进的信息化技术、建设数字图书馆等。而硬件设施的改善仅体现在物质环境和服务手段方面，却不能塑造图书馆的人性化环境，远不能满足用户的个性化需求。所以，当前图书馆人性化环境的缺失，才是图书馆用户流失，图书馆地位、作用下降的根本原因。从心理学的角度分析，人不但有物质方面的需求，还有精神方面的需求。对于广大用户来说，营造人性化的环境才是满足其精神需求的关键因素，而当下图书馆缺乏的恰恰是人性化的信息服务。

(二) 个性化信息服务的可行性

1.服务理念的保障

"读者第一，服务至上"始终是图书馆应遵循的服务理念，图书馆提供个性化信息服务正体现了这一理念。在现代社会中，个人的自我意识有了提高，读者对图书馆的要求也不再千篇一律，人们希望得到最符合自己需要的信息，并以自己喜爱的方式接收信息。以往图书馆在工作中很少考虑到读者的个性，或者认为读者应该努力适应图书馆所提供的服务标准，因而图书馆提供的服务并不一定能满足读者的需求。在网络环境下，读者对图书馆无差别的信息服务提出了质疑。践行"读者第一，服务至上"的理念，就是从读者的个性化信息需求出发，并通过现代化信息技术手段满足读者多样化、个性化的信息需求。

2.硬件设施的保障

信息技术，尤其是人工智能技术的进步，是图书馆个性化信息服务得以实现的前提条件。在传统的信息环境中，图书馆的文献无法进行分解、组合；图书馆的信息检索方法也只有统一的形式，无法适应每个用户的检索习惯。现代信息技术的发展为图书馆信息服务提供了良好的工具，为读者提供个性化的服务成为可能。图书馆应配置相应的硬件设施，适应用户的个性化需求，从而提升用户的体验感。

3.资源保障

随着网络技术的迅猛发展，智能手机越来越普及，传统的信息交流手段受限于技术条件，很难进行大规模的直接交流。信息传播要借助中介机构。而数字信息的传播突破了时空的限制，用户利用数字信息极为方便，足不出户就可获得最新的信息。现代图书馆作为促进社会信息交流的机构，加强对数字信息的整理、传递工作，是现代图书馆的历史使命。数字化信息交流的特点使图书馆的资源共享成为可能，为网络环境下的个性化信息服务提供了资源保障。

三、个性化信息服务存在的问题

（一）服务理念比较落后

在我国，传统图书馆的服务理念是要在保证馆藏丰富的基础上，定时、定点地为读者提供丰富的信息服务。第一，服务方式单调，只注重为读者提供现有的信息服务，不具备社交、学习、娱乐及科研的功能，难以提供立体化、多元化的服务；第二，服务较被动，图书馆提供的服务是定时、定点的，不能主动且随时随地为读者服务；第三，服务内容比较简单，仅将馆内藏有的图书信息和内容发布给读者，难以满足读者深层次、个性化的需要。

（二）服务的针对性不强

当下，图书馆个性化服务内容比较宽泛，主要是集中向读者发送一些固定的信息或知识，如新闻热点、通报、新书通知之类的内容，向读者发送信息的针对性不强。特别是当读者不能够准确描述其兴趣或爱好时，个性化信息服务系统不能通过读者的检索记录，在馆藏资源或互联网中推荐一些针对性较强的信息资源。

（三）个性化信息服务人才短缺

图书馆个性化信息服务应用的根本目的是为科研人员和读者提供良好的个性化信息服务，进一步满足学者的科研需求，这样一来自然就需要一批高素质的个性化信息服务人才，然而信息技术发展较快，员工素质有待提高。当前出现人才短缺现象，导致个性化信息服务效率低下，难以满足广大读者的要求，因此图书馆要认清当前的形势，将个性化信息服务人才培养列入重点发展计划中，积极培养一批优秀的管理人才。总之，个性化信息服务是今后图书馆信息服务的方向。图书馆在个性化信息服务领域大有可为，做好这项工作，图书馆就能在社会上树立崭新的形象，并在激烈的社会竞争中站稳脚跟，进而促使图书馆事业更好、更快地发展。

四、改进个性化信息服务的策略

（一）培养知识型图书馆馆员

信息时代，图书馆的服务重心将从一般服务向参考服务转移，而图书馆馆员是实现这一目标的关键。只有加强人力资源管理，培养能胜任知识服务的知识型馆员，才能从一个崭新的角度来创新图书馆服务。知识型馆员应具备以下基本素质：了解信息的特征、结构和媒体的知识；具有收集、组织、保存、利用信息的能力；掌握信息技术知识，即知道怎样运用相应的技术获得信息并进行分类、传播，知道怎样把知识转化为集中化数据来存储；具有敏锐的洞察力，能从多种角度了解用户需求；具有很强的理解能力、概括能力、语言表达和写作能力。

（二）推出图书馆精品服务

信息时代，人们的信息需求量越来越大，人们希望信息质量越来越高，信息获取速度越来越快，信息获取方法越来越简便。在此背景下，图书馆要推出精品服务。这就要求个性化信息服务人员重视用户需求分析，根据问题确定用户的知识需求，并通过集成、提炼知识来满足用户的知识需要。

（三）建立具有特色的文献信息数据库

图书馆提供个性化信息服务前，需要建立丰富的、具有特色的文献资源数据库，这样才能满足各层次用户的各种需求。首先，建立馆藏书目数据库。将本馆传统手工文献目录转换为机读目录格式，要详尽加工，以更加深入地揭示文献的主旨，且具有网上查询和馆际互借功能。其次，建立各大高校联合目录数据库。该数据库是实现馆际互借、资源共享的必备工具。有了联合目录数据库，馆际互借、通借通还才有可能付诸实施。再次，建立地方特色文献数据库。它是反映各馆特色、吸引读者、提高图书馆影响力的关键。最后，建立虚拟馆藏数据库。通过下载和建立链接等方式，形成方便本馆用户利用的资源体系，供用户使用。

（四）构建图书馆馆员与读者的互动机制

要建立图书馆馆员与读者互动的平台。首先，利用现代网络技术建立一个图书馆馆员与读者的网络交流平台，通过这个平台读者可以随时随地向图书馆馆员咨询其所需的信息资源，对图书馆馆员而言，也可及时地了解读者的现实需求。其次，定期举办图书馆馆员与读者的直接交流活动，这种交流活动不但有利于归纳和总结网络平台的交流信息，而且有利于加深图书馆馆员与读者的相互了解。最后，建立基于图书馆的实体信息交流站，这样读者只要进入图书馆就可以满足自己的信息需求。

第三章　公共图书馆全民阅读推广概述

第一节　公共图书馆阅读推广的发展历程

2020年4月20日，中国新闻出版研究院发布的第十七次全国国民阅读调查结果显示，2019年我国成年国民各媒介综合阅读率保持增长势头。这份调查结果从一定程度上反映出我国全民阅读氛围已基本形成，并与时俱进地持续推进。图书馆作为我国公共文化服务体系中阅读推广活动策划、组织、实施的一线阵地，其发展状况更能反映出我国社会阅读推广活动的整体水平。因此，在全民阅读深入化、多元化、全面化的时代背景下，如何进一步提高图书馆阅读推广活动的质量，创新阅读推广活动的发展模式，形成阅读推广活动的可持续化机制，已成为图书馆阅读推广活动所关注的重点。

1995年11月15日，联合国教科文组织第28届大会宣布每年4月23日为"世界图书与版权日"。英国、日本、美国等国家的图书馆在全民阅读推广方面卓有成效。英国是首个提出"阅读年""国家阅读年"概念的国家。1998年，英国政府为了提高人们的阅读兴趣，动员学校、家庭、图书馆、企业和媒体，借助各种传播手段宣传全民阅读，共同推广全民阅读。日本在全民阅读推广活动方面比较著名的是国际儿童文学图书馆，早在1960年，日本儿童读物作家就发起了"亲子读书运动"，这项活动要求父母每天最少陪孩子看20分钟的书。日本还从法律方面着手制定了《儿童阅读促进法》。美国国会早在20世纪50年代就颁布了《图书馆服务法》《图书馆服务法案》，设立了农村图书馆服务专项资金。20世纪70年代，为了提高美国人民的阅读兴趣，美国国会通过行政立法等手段设立了国会图书馆阅读中心。从世界范围来看，我国是人均阅读量较少的国家。

为了改变这一现状，1997年1月，以多部委联合下发的《关于在全国组织实施"知识工程"的通知》为标志，我国开始开展全民阅读推广活动。从此，我国正式启动了以发展图书馆事业，倡导阅读、传播知识、促进社会文明进步为目标的社会文化系统工程。2004年，我国将公共图书馆作为全民阅读推广活动的主要活动阵地，"全国知识工程领导小组"将每年的"全民读书月"活动交由中国图书馆学会承办。2005年，我国开展了"图书馆阅读服务宣传周"。2006年4月，我国提出开展全民阅读活动的建议，提倡全民开展阅读活动，首次开展了"世界读书日"和"全民阅读"活动，随后国内便掀起了阅读热潮，呈现的阅读模式也多种多样，许多地方还举办了"读书节"，如"江苏读书节""南国书香节"。上海、北京等地开展了"读书月"和"读书会展"等多种形式的活动。国家相关单位组织了"百家出版社文化助残公益行动""全民阅读手拉手·春风行动"等活动来提升全民的阅读氛围。2011年，党的十七届六中全会历史性地将"开展全民阅读活动"写入党的决议。2012年，党的十八大首次将"开展全民阅读活动"纳入我国社会主义文化强国建设目标，这标志着全党对"全民阅读"活动重要性的认识达到了新高度。2016年，国家新闻出版广电总局根据国务院立法工作计划起草了《全民阅读促进条例》（征求意见稿）。同年12月27日，国家新闻出版广电总局印发了我国制定的首个预示着我国全民阅读推广工作将从普及进入精品化阶段的国家级全民阅读规划《全民阅读"十三五"时期发展规划》，将全民阅读提升到国家战略高度。从此建设"学校以阅读为教育主轴，国民以阅读为生活方式，城市以阅读为文化形象和气质，国家以全民阅读事业激发国民文化凝聚力、国家软实力的国度"，成为国家全民阅读推广的努力方向与目标。

随着阅读活动数量的逐步增加，全国掀起了阅读热潮，许多媒体都参与了阅读推广活动。另外，不同地区为了提高阅读者的积极性，还开展了有奖阅读、知识擂台等形式的阅读推广活动。阅读推广已成为社会共识，并获得行业认可，成为图书馆的主流服务与核心领域。党的十九大报告提出要坚定文化自信，推动社会主义文化繁荣昌盛。全民阅读在坚定文化自信中发挥着重要作用。

据不完全统计，现在全国有400多个城市开展了"读书节""读书月""读书季"活动，打造出"北京阅读季""书香苏州""书香荆楚""书香天山"等一大批全民阅读品牌，并形成了属于各地区自身的读书活动特色。当前，党和政府、媒体、出版机构、图书馆及越来越多的民众意识到了阅读的重要性，将阅读视为丰富文化生活、增强个人智慧、提高民族素质、提升国家文化软实力、增强社会凝聚力的重要途径。

第二节　公共图书馆阅读推广的理论基础

一、公共图书馆阅读推广的内涵

"阅读推广"一词译自英文"reading promotion","promotion"除可译为"推广"外,还有"促进、提升"的意思,所以也有人将"reading promotion"翻译为"阅读促进"。1995年,联合国教科文组织确定每年的4月23日为"世界图书与版权日"(又称"世界读书日");1997年,其又发起"全民阅读"活动,自此,"reading promotion"一词频频出现在倡导全民阅读的组织、机构的网站和工作报告中。但是机构网站、工作报告、期刊论文等都未赋予阅读推广一个学术性的定义。究其原因,也许是阅读推广的字面意思简单清楚,就是对阅读进行推广或促进,因而无须再作出具体的定义。可是往往越简单的东西越复杂。

近年来,学界开始关注阅读推广的定义,并试图给出周全的答案。例如,张怀涛综合各家观点,为阅读推广作出定义:"阅读推广"顾名思义就是推广阅读,简言之就是社会组织或个人为促进人们阅读而开展的相关活动,也就是将有益于个人和社会的阅读活动推而广之;详言之就是社会组织或个人为促进阅读这一人类独有的活动,采用相应的途径和方式,扩展阅读的作用范围,增强阅读的影响力,使人们更有意愿、更有条件参与阅读的文化活动和事业。既然"阅读推广"可以理解成"推广阅读",那么"阅读"就成了推广的内容,就与技术推广、产品推广、成果推广、经验推广一样,都属于推广学的范畴。

于是,我们就可以从推广学的视角给阅读推广下定义:阅读推广是一种由机构部署的职业性的、有组织的文化性沟通干预活动,以引导具有变革行为者(推广者)所认为的阅读效用的自愿行为的改变。"文化性"是阅读推广区别于技术推广、产品推广等商务性推广的标志属性。但这个全新的定义似乎有悖常识,其悖论聚焦于"机构部署"与"职业性"两个关键词。

我们必须回答这样两个具体而常见的问题:(1)如果阅读推广是一种由机构部署的活动,那么"个人将自己阅读过的好书向他人推荐,并鼓励其阅读"是否算作阅读推广?(2)如果阅读推广是一种职业性的行为,那么"医生推荐抑郁症患者阅读《生命的重建》《人性的优点》《生之礼赞》等书籍以辅助治疗抑郁症"是否算作阅读推广?

第一个问题:个人向他人推荐好书毫无疑问是一种阅读推广行为,但这是一种零星的、散落的、偶发的阅读推广行为,其推广力度几乎可以忽略不计,特别是在阅读尚需推广的国家和社会。也许有人会说,"星星之火,可以燎原",但是点点星火必须同时点燃才有可能形成燎原之势。因此，只有当许多个体聚在一起组成团体，并建立组织机构时，推广阅读的行为才有力度可言，才可以上升到推广学的范畴。

第二个问题：医生的职责是治病救人，当医生用推荐阅读的方式辅助治疗疾病时，该行为具有职业性，但只属于医生职业的范畴，而不属于推广职业的范畴，推荐阅读的目的是治病而不是推广阅读。只有当医院承担阅读推广的责任和义务（如美国医疗领域实施的"触手可读"项目）时，医生推荐阅读的行为才有可能出于培养阅读兴趣和习惯、提高阅读质量和能力的目的，才属于推广职业的范畴。笔者认为，个体无意识的、偶发的、零星的、非职业性的推广阅读行为不属于推广学的范畴。如果从国家战略的高度来看，阅读推广一定具有机构部署性，因为只有机构部署，阅读推广经费才有保障，阅读推广行为才能持续，阅读推广活动才有规模，阅读推广效益才有可能实现。如此，从推广学角度给阅读推广下的定义便具有了合理性。

二、公共图书馆阅读推广的特征

从推广学视角的阅读推广定义来看，阅读推广除了具有干预性、沟通性、自愿性、公益性、机构部署性等"推广"属性，还具有阅读推广主体的多元性、阅读推广客体的丰富性、阅读推广对象的明确性、阅读推广服务的活动性、阅读推广效果的滞后性等特有属性。

（一）阅读推广主体的多元性

阅读推广主体是特定阅读推广项目的策划者、组织者、实施者和管理者。近年来，国际组织和各国的政府、图书馆、教育机构、医疗机构、大众传媒机构等均推出了相应的阅读推广项目，因而都是阅读推广的主体。其中，阅读推广的国际组织主要有联合国教科文组织、国际图书馆协会联合会、国际阅读协会、国际儿童读物联盟等；阅读推广的非营利机构包括基金会（如韬奋基金会）、志愿团体（如网络公益小书房）、民间组织（如万木草堂读书会）、行业协会（如中国图书馆学会）等。不同的阅读推广主体对个体阅读引导的效果也会不同。当前全民阅读推广工作的长期性、艰巨性决定了多元阅读推广主体之间长期共存、合作共赢的关系格局。

（二）阅读推广客体的丰富性

阅读推广客体指阅读推广的内容，主要包括阅读读物、阅读能力和阅读兴趣三个部分。图书、报纸、期刊等文献资源是阅读推广的基础。从全球范围来看，阅读推广的读物不只包括纸质资源等传统出版物，还包括电影、音乐、游戏、网页等。提高阅读能力是阅读推广的主要目标，可通过识字能力、内容理解能力、阐释能力、批判分析能力和创新能力等方面体现，较容易通过量化的指标和方式进行评估和测试。阅读兴趣则是一种持续的阅读意愿和欲望，增强阅读意愿是阅读推广较难达成的目标。阅读读物的海量性、阅读能力的参差性、阅读兴趣的内隐性成就了阅读推广客体的丰富性。

（三）阅读推广对象的明确性

阅读推广对象是指阅读推广项目的目标群体。在阅读中，人是主体；而在阅读推广中，全体国民是社会阅读推广的对象。微观个体的阅读推广项目都有一个共同的特点，即目标群体明确。比如在英国，"阅读之星"项目面向的是不爱阅读却喜欢足球的五六年级的小学生和七八年级的初中生；"夏季阅读挑战"项目鼓励4～12岁的儿童在暑假期间到图书馆阅读6本书；"阅读六本图书"项目则主要针对不爱读书或者在阅读方面不自信的成年人；"信箱俱乐部"向7～13岁的家庭寄养儿童邮寄装有书籍、数学游戏以及其他学习材料的包裹；"BookUp"项目面向所有七年级学生发放免费图书。美国的"触手可读"项目面向6个月至5岁的儿童进行阅读推广；"力量午餐"项目主要是志愿者利用午餐时间到附近的小学给来自低收入家庭的小学生进行一个小时的阅读指导。

（四）阅读推广服务的活动性

阅读推广是一种关于阅读的文化活动。阅读推广服务通常是以活动的形式提供的。每个阅读推广项目都离不开阅读活动的开展，且项目规模越大，活动就越丰富多彩。例如，美国的"一城一书"阅读推广项目以一本书为活动基点，通过开展相关活动如读书讨论会、学术研讨会、作者访谈、作者见面会、作品展览、电影放映、演讲、演唱会等，以贴近生活的形式，促进人们之间的交流。我国全民阅读活动的形式更多样，如"源远流长的中华典籍"大型广场活动、图书馆阅读服务宣传周、高校图书馆读书月、图书银行、送书活动、读书知识竞赛、微书评、读图、真人图书馆等阅读推广形式。因此，与图书外借、阅览等传统服务相比，阅读推广不仅是一种活动化的服务，而且是一种受益读者相对较少、服务成本相对较高的活动化服务。

（五）阅读推广效果的滞后性

阅读推广效果是指开展阅读推广产生的影响和结果。阅读推广主体开展阅读推广活动，不能只满足于完成计划，更要注重阅读推广的质量。阅读推广的效果通过阅读推广对象的变化体现出来，这些变化主要表现在个体的知觉、态度、行为、习惯等方面。有学者认为，阅读推广的知觉效果是指阅读推广是否使人们对"阅读"有了初步认知和感觉，是否使人们增加了有关"阅读"的知识量，这是一种浅层效果；阅读推广的态度效果是指阅读推广是否激发了人们对"阅读"的热情，这是一种中层效果；阅读推广的行为效果是指阅读推广是否使人们有所行动，能否不断提高人们的阅读能力和文化素养，这是一种深层效果；阅读推广的习惯效果是指阅读推广是否让人们养成了良好的阅读习惯，从而使阅读生活化、常态化，这是一种最佳效果。由于个体的知觉、态度、行为变化的渐进性与内隐性，以及习惯养成的长期性，阅读推广效果具有滞后性，且难以观测和量化。

三、公共图书馆阅读推广的目的

阅读推广的目的是指实现阅读推广所期冀的各种教育作用和社会价值。一种事物的作用和价值实际上是人们赋予这种事物的情感，因而凡是"目的"都具有引导性和主观性。阅读推广的目的也不例外，它会因阅读推广主体的不同而不同。比如，联合国教科文组织、国际图书馆协会联合会、国际阅读协会、国际儿童读物联盟等国际组织开展阅读推广旨在提高全人类的文化素质与阅读水平；我国政府倡导阅读推广的目的是提升国家的文化软实力，加快国家富强和民族振兴的进程；出版机构和书店开展阅读推广的主要目的是提高图书的销售量；图书馆开展阅读推广活动的目的则是提高馆藏资源的利用率。

由此可见，不同阅读推广主体的社会职能、资源拥有情况的不同，导致阅读推广目的也会有微观和宏观之分。出版机构、书店、图书馆开展阅读推广的目的属于微观目的，也是直接目的；国际组织、政府开展阅读推广的目的则属于宏观目的。对于具体的阅读推广项目来说，宏观目的只能作为间接目的和长远目的，它需要通过一系列的直接目的才能实现。无论是宏观目的还是微观目的，都有培养读者阅读兴趣与阅读习惯，提高读者阅读质量、阅读能力、阅读效果的作用。从推广学的视角来看，推广的最终目的是引导人们自愿改变行为，因此阅读推广的最终目的是引导人们自愿改变阅读行为。对"引导人们自愿改变阅读行为"的理解可以用范并思简洁而富有感染力的表述来阐释。他认为，阅读推广体现了图书馆的核心价值，最终目标是通过阅读提升公民素养，使不爱阅读的人爱上阅读，使不会阅读的人学会阅读，使阅读有困难的人跨越阅读的障碍。从阅读与推广的双重角度来看，阅读推广的目的无外乎：传播科学知识，培育人文精神，使人掌握阅读方法，激发人的阅读兴趣，使人养成习惯，提高人的阅读能力，扩大人与人之间的阅读交往，加强社会协作，等等。

四、公共图书馆阅读推广的功能

功能即功用和效能。阅读带来的积极影响涵盖政治、经济、文化、社会等方面。对个体而言，阅读的基础功能是增长知识、愉悦身心、修养品行、成就事业。

对社会而言，个体的进步必然促进社会整体的发展，此时阅读表现出来的功用和效能就是传承文化、教化民众、促进创新、助力生产。阅读推广作为机构部署的一种推广阅读的文化活动，其功能也主要表现在传承文化、教化民众、促进创新、助力生产四个方面。

（一）传承文化

阅读是传承文化的重要手段。书籍作为人类文化的主要承载物，无论其是保存在个体还是群体手中，只要没有阅读，书就是"死"的书，文化也不会自动传承。正如曼古埃尔在其著作《夜晚的书斋》中所言："现代的读者阅读过去的书，书在阅读的过程中就变成新的了。每一个读者都使某一本书获得了一定程度的不朽。在这个意义上，阅读就是使书籍复生的仪式。"对阅读推广的传承功能领悟最早也最为深刻的恐怕要数古代国王托勒密了。他不仅建立了当时世界上藏书量最大的亚历山大图书馆，而且为了提高藏书的利用率，他还想出了一个妙招：邀请当时许多国家的名流学者（如欧儿里得、阿基米德等）住在亚历山大，付给他们可观的费用，只需要他们好好使用图书馆的藏书。这一创举的直接结果就是新的图书和注解不断诞生，亚历山大图书馆因此成为全世界智慧和学问的储藏室，引领风骚长达几百年。无独有偶，二十世纪二三十年代，柳诒徵先生开创了"住馆读书"制度。他主持制定的图书馆章程列有"住馆读书规程"：有志研究国学之士，经学术家之介绍，视本馆空屋容额，由馆长主任认可者，得住馆读书。如今，阅读却成了一件奢侈的事情，成了一件需要推广的事情。因此，阅读之传承文化的功能也就自然地被植入阅读推广中。

（二）教化民众

书是用来读的。从古至今，图书的最大功能莫过于它的教化功能，而这种教化功能只有通过读者的阅读才能实现。古代先哲、伟大的科学家和教育家亚里士多德曾经希望无论是官府藏书还是私家藏书，都能用于教学，并对其弟子们开放。我国近代思想家、改革家、教育家梁启超先生在图书馆这一新生事物还未传入中国之时，就与康有为等维新派人士于1895年在北京成立了"强学会"，其目的是"群中外之图书器艺，群南北之通人志士，讲习其间"，并建立了新型的图书机构，采取对广大民众开放之姿态，以普及新学、启迪民智为己任。但由于当时的国民还不懂得利用图书馆，强学会成员便四处求人来看书。《梁任公先生年谱长编》中记载：强学会书藏成立后，"备置图书仪器，邀人来观，冀输入世界之智识于我国民。该书藏中有一世界地图，会中同人视如拱璧，日出求人来观。偶得一人来观，即欣喜无量"。这种传输知识、开发民智的热忱令人感动。强学会诸公之行为，与今日之阅读推广无异，阅读推广之教化民众的功能由此可见一斑。

（三）促进创新

创新是推动人类进步和社会发展的不竭动力，阅读则是创新的摇篮。所谓"站在巨人的肩膀上前进"，指的就是人类的创新需要基础，这个基础就是前人的知识和智慧。只有先继承前人成果，并在此基础上发展和提高，才可能实现创新。那种凭空捏造的创新是不存在的。此外，创新成果的推广也离不开阅读。

（四）助力生产

知识经济时代，科学技术是第一生产力，而且是先进生产力的集中体现和主要标志。科学的本质是创新，创新的关键在人才，人才的成长靠教育，而教育离不开阅读。因此，阅读对生产的促进作用主要体现在通过阅读文献来获取先进的技术、提高劳动者的素质上。只有通过广泛的阅读，才能在继承前人经验和了解最新科学技术资料的基础上有所创造、有所前进。只有站在巨人的肩膀上，才能以更加高远的立意，找到改革和创新的途径，掌握改革和创新的能力或技术，解放和发展生产力。发展经济的关键是解放生产力，而作为生产力最核心要素的人必须有知识、有能力。可以说，一国国民的阅读能力与生产力的发展水平息息相关。

五、公共图书馆阅读推广的类型

阅读推广服务主要以活动的方式进行。活动化的服务种类繁多，不同类型的阅读推广对资源的需求也有很大的差异。因此，我们需要对阅读推广的类型和特点进行研究，以便提供有效的服务。关于阅读推广的类型，不同的划分标准会得出不一样的分类结果。赵俊玲等在编写《阅读推广：理念·方法·案例》一书时以推广对象为标准将阅读推广分为面向青少年的阅读推广、面向成年人的阅读推广与面向老年人的阅读推广三大类；王利人根据阅读推广对阅读前、阅读过程、阅读结果的关注程度，将推广活动分为教学型、展示型、体验型、引导型四类；张怀涛根据阅读推广活动规模及覆盖区域将阅读推广分为微推广、小推广、中推广、大推广、巨推广、宏推广六种类型，根据阅读推广客体的不同将阅读推广分为阅读文本推广、阅读工具推广、阅读方略推广、阅读理念推广、阅读文化推广五大类。

第三节　公共图书馆阅读推广的基本条件

图书馆读者服务是指图书馆利用馆藏和设施直接向读者提供文献和情报的一系列活动，有时也称图书馆读者工作。现代图书馆不仅通过阅览和外借的方式向读者提供印刷型书刊资料，还提供文献缩微复制服务、参考咨询服务、编译报道服务、情报检索服务、情报服务、定题情报检索服务，以及宣传文献情报知识的专题讲座、展览等服务。图书馆以自身的基本条件为基础开展图书馆读者服务，同时图书馆读者服务的类型、内容、深度、广度、理念、成效也受到这些基本条件的影响和制约。与图书馆读者服务关系最紧密的图书馆基本条件包括图书馆资源、图书馆馆舍、图书馆馆员和图书馆管理。我国公共图书馆阅读推广是当下我国公共图书馆读者服务的重要组成部分之一，笔者将尝试从我国公共图书馆的馆藏资源、馆舍建设、馆员素养和图书馆管理四项基本条件出发，分析它们对我国公共图书馆阅读推广的影响。

一、公共图书馆的馆藏资源与阅读推广

丰富的馆藏资源是我国公共图书馆阅读推广的重要条件和独特优势。馆藏资源为公共图书馆阅读推广提供了重要的内容保障，同时，推动读者对馆藏资源的充分开发和利用也是公共图书馆阅读推广最直接的目标之一。进入21世纪，我国公共图书馆的馆藏资源结构进一步调整完善，为公共图书馆阅读推广的迅速发展提供了重要的基本条件。

（一）收藏范围扩大，资源普及性增强

馆藏建设一直都是我国公共图书馆工作的重中之重。在20世纪，由于受到当时公共图书馆定位和服务理念的影响，我国公共图书馆的馆藏建设主要围绕"经典"和"专业"两个主题展开。这里的"经典"并不只是指文化意义上那些具有重要影响力的、经久不衰的著作，更重要的是指那些符合当时主流价值取向和思想观点，甚至是政治风向的文献资源。公共图书馆试图通过建设这样的"经典"馆藏，来为读者提供"正确""健康"的阅读选择，这也就催生了以阅读辅导为主要内容的公共图书馆阅读推广活动。重视收藏专业文献、服务专业研究者是当时公共图书馆馆藏建设的一大特点。围绕这些"专业"馆藏的开发和利用，公共图书馆组织了阅读推广活动，活动的主要服务对象是专业研究者，对普通读者的适用性较差。

21世纪以来，随着公共图书馆读者服务定位和理念的转变，我国公共图书馆馆藏资源建设逐步从"经典"走向"广泛"，从"专业"走向"普及"。一方面，图书文献的收藏范围逐步扩大，内容不断丰富，对不同思想观点、不同形式类型的图书文献采取兼容并包的态度，既有孔孟老庄思想、西方经典著作，也有都市、武侠小说，有的图书馆甚至开辟了日本漫画借阅专区，深受当地青少年读者的欢迎。因此，公共图书馆阅读推广活动在内容上也呈现丰富化、多样化的发展趋势，

阅读推广活动的主要目的也逐渐从"辅导读者正确阅读"转变为"帮助读者爱上阅读"和"引导读者找到他们想要读的书"。另一方面，公共图书馆对专业文献的收藏比例逐渐减少，开始更多地重视普及性图书文献的收藏建设，公共图书馆在加强针对普及性图书文献阅读推广的同时，尝试转型原有的专业阅读推广服务，扩大专业阅读推广服务受众范围，使对该专业内容有兴趣的普通读者也能享受和使用这些专业阅读推广服务。

（二）更新速度加快，资源类型丰富

21世纪公共图书馆馆藏建设的一大特点是馆藏资源更新速度不断加快，资源类型不断丰富。一方面，随着我国出版事业的发展，每年出版的图书、文献、期刊种类不断增加；另一方面，随着国家对公共图书馆的重视，我国公共图书馆的馆藏资源建设经费逐步得到保障。我国公共图书馆图书文献更新不断加快，要求公共图书馆的阅读推广活动将新书推介作为重要内容之一，及时将最新的馆藏资源推荐给需要的读者，同时，也要求公共图书馆的阅读推广活动内容、形式紧跟资源步伐，不断推陈出新。21世纪，纸本资源独霸天下的图书馆资源结构逐渐被纸本资源、电子资源、网络资源、多媒体资源等多类型综合资源结构取代。我国公共图书馆为了满足读者不断上涨的电子阅读需求，不断加强电子图书资源建设，但令人尴尬的是，公共图书馆在大部分读者心中仍然仅是一排又一排的纸本书形象。因此，尽管多类型资源为公共图书馆阅读推广提供了更加灵活的资源基础，为阅读推广、扩大读者群体数量和丰富读者阅读方式提供了条件，但公共图书馆仍然面临阅读推广如何改变图书馆在读者心中的固有形象等挑战。

（三）重视读者需求，馆藏建设特色化

21世纪公共图书馆在建设馆藏资源时，更加重视读者的阅读需求，而阅读推广是公共图书馆获取读者需求信息的重要渠道之一。有的公共图书馆开展专门的图书馆阅读推广研究活动，征求读者对图书馆图书采购、期刊订阅、数据库购买的需求和意见，更多的公共图书馆则是通过对不同类型、不同内容阅读推广活动的读者参与情况进行分析，或是通过现场读者访谈、问卷等形式，统计分析读者的阅读需求。不少公共图书馆面对图书文献获取日益简便化、无差异化的现状，选择建设特色化馆藏和专长馆藏，以此提高图书馆价值，增加图书馆对读者的吸引力。为了扩大特色馆藏的影响力、价值和意义，针对特色馆藏的多层次、多角度阅读推广也成为各公共图书馆阅读推广的重要特点和独特标志。特色馆藏使各公共图书馆的阅读推广活动呈现内容和形式的差异化和个性化，能够更好地吸引不同类型群体的读者，但也因为可循前例较少，对阅读推广的策划和实施提出了更大的挑战。

二、公共图书馆的馆舍建设与阅读推广

我国公共图书馆的大部分阅读推广活动都在图书馆馆内举办，因此图书馆馆舍的建设和发展是我国公共图书馆阅读推广发展的基本条件之一。我国使用中的图书馆大多建成于二十世纪八九十年代。这一时期的图书馆馆舍设计"重藏而轻用""重书而轻人"，书库面积占据图书馆总使用面积的一半，甚至一半以上，读者可以使用的活动场所比较有限。以 20 世纪 80 年代建成的两个图书馆为例，北京图书馆（今中国国家图书馆）馆舍总面积 14 万平方米，书库 8 万平方米，占总面积的 57.1%，读者活动场所仅 4.464 万平方米，占总面积的 31.9%；甘肃省图书馆馆舍总面积 1.9 万平方米，书库 1.05 万平方米，占总面积的 55%，读者活动场所面积仅 0.71 万平方米，占总面积的 37.2%。

同时，这一时期的图书馆强调在有限的预算下，满足功能上的要求，大多以"固定功能型"（书库、阅览室和办公用房位置固定，降低设计和建设费用，缺乏灵活性）为主，结合"模矩型"（将图书馆的部分区域分成等分的长方形，灯光、空气、地板等设计完全一致）的封闭式设计。这样的图书馆馆舍设计虽然比较经济且能满足图书馆为读者提供阅览、出借和归还图书服务的需求，但无论是在空间规模上还是在灵活性、适应性上，都大大限制了图书馆阅读推广活动的发展。

因此，在这一时期的图书馆阅读推广活动中，大规模的展览、讲座和演出较少见。21 世纪以来，我国的图书馆新馆建设进入了新一轮的高潮。在这些新馆的建设中，"以人为本、服务第一"的理念成为图书馆设计的核心。

首先，在图书馆馆址选择上，新馆选址大多在人口集中、交通便利的城市中心地区，附近具有一定的文化氛围。例如，南京图书馆坐落在城市中心地标"总统府"对面；苏州图书馆选址在城市中心商业区，毗邻众多中学、文化市场、工人活动中心。这样的选址极大程度地方便了读者，提高了图书馆人气，为读者参与图书馆阅读推广活动提供了基础。

其次，与 20 世纪的图书馆相比，21 世纪的新馆在建设过程中拥有更加充沛的资金。据统计，图书馆新馆的建设费用大致都是原有旧馆建设费用的两倍以上，一方面是由于国家政府对图书馆事业日益重视；另一方面是由于图书馆管理更加灵活，通过开展与本地地产集团以及企业的融资合作，能够保证建设资金、资源的及时到位。资金的保障使图书馆新馆在保证功能性的同时可以兼顾建筑美观性。

再次，就功能性来说，一方面，图书馆总面积增加，读者活动场所面积也显著增加，图书馆日均接待读者能力提高。例如，2008 年中国国家图书馆新馆落成，总面积达 25 万平方米，日均接待读者增加 8000 人次，成为世界第三大国家图书馆。另一方面，图书馆内部多采用大开间，大部分馆舍设有专门的展览厅、学术

报告厅、多功能厅和读者活动室。读者可使用空间的面积增加以及多样性的增强，使图书馆可以更便利地利用馆舍资源，开展不同类型、不同规模的馆内阅读推广活动。

最后，越来越多设计独特、美观的图书馆新馆正逐渐成为城市的新地标、新景点。2005年建成的沈阳市图书馆新馆外部采用生态建筑的设计理念，斜坡绿化屋顶、椭圆形采光天窗与延伸至西侧的绿化广场上的椭圆形灯光，衬托了象征着引导城市文明的知识灯塔的图书馆办公塔楼，构成了一幅美轮美奂的人文景观，成为沈阳市民假日休闲的好去处。沈阳市图书馆的馆员称，很多进入图书馆的读者一开始都是抱着"游客"的心态来的，但是很多时候都被大厅的展览吸引，或者刚好发现了一个自己感兴趣的讲座正在进行，便停下了脚步。有的读者说，看着眼前的阳光和草地，他会不由自主地拿起一本书，静静地坐一下午。这些图书馆建筑不仅提高了市民对图书馆的知晓度，为图书馆宣传阅读推广提供了便利，也成为吸引读者回归图书馆、重拾阅读的重要因素。21世纪，我国图书馆馆舍发展和建设还有一个突出特点是分馆的建设。

近年来，图书馆分馆的设立大致可分为以下四类：第一类是少年儿童分馆的建立。随着图书馆儿童阅读服务的发展，一些省、市级公共图书馆在新馆建成后，基本把旧馆改造为少儿分馆，如山东省图书馆、陕西省图书馆等。第二类是城市社区分馆。主要是大中型城市图书馆，为了适应城市面积不断扩大、城市读者人数不断增加的需求，在离图书馆本馆较远的新型发展区域或者人口集中区域设立分馆，如上海图书馆浦东分馆。第三类是农村与偏远地区分馆。例如，郑州图书馆惠济区南阳寨村分馆、广东流动图书馆饶平分馆等。第四类是特殊人群、机构分馆。例如，首都图书馆北京公安收容教育所分馆、杭州图书馆盲文分馆、温州市图书馆老年分馆等。一方面，这些分馆扩大了图书馆总馆阅读推广活动的受众总量，使图书馆的阅读推广活动真正做到就在读者身边；另一方面，各个分馆根据自身优势以及读者特点，能够设计推出更加贴近本馆读者生活、满足本馆读者特殊需求的个性化阅读推广活动。例如，盲文图书馆的志愿者图书朗读活动、老年图书馆的养生讲座活动，使阅读推广活动在读者中取得较好的效果和反馈。

三、公共图书馆馆员的素养与阅读推广

我国公共图书馆馆员是图书馆阅读推广的规划者、设计者和执行者，我国公共图书馆馆员的素养与水平直接影响图书馆阅读推广的能力。与我国其他公共服务行业相比，图书馆馆员普遍拥有较高的学历，并且随着图书馆对新进馆员学历要求的不断提高，以及图书馆馆员在职教育的发展，当下图书馆阅读推广的主力馆员大多拥有本科及以上学历水平。同时，图书馆馆员知识背景的多样化，既为

图书馆阅读推广工作模式提供了多样化的灵感和思考方式，又为图书馆针对特征读者人群进行阅读推广提供了支持和保障。我国公共图书馆馆员作为阅读推广者，有一个不可忽视的优势，就是他们丰富的图书馆工作经验以及与读者交互的经验。我国的很多公共图书馆工作者将图书馆馆员作为他们的终生职业，他们在几十年的工作中熟悉图书馆的众多环节以及他们所面对的读者，因此，他们能够更好地利用图书馆的优势，设计出适合本馆读者的阅读推广活动。他们长期服务读者群体，与读者群体建立了深厚的友谊，这也使他们的阅读推广服务更具影响力和说服力。除专业素养以外，以下素养也是一个好的阅读推广馆员所必需的。

（一）人际交往能力

阅读推广的过程其实就是图书馆通过与读者的交互，影响和改变读者的阅读习惯，提高读者阅读能力的过程。因此，良好的人际交往能力对阅读推广馆员尤其重要。图书馆馆员与读者之间的人际交往能力主要包括以下三个方面：①表达理解能力，即图书馆馆员能否将想要推广的阅读理念和阅读方法准确清楚地表达出来，让读者理解，以及图书馆馆员能否理解读者的阅读需求。②人际融合能力，即图书馆馆员能否在与读者的交流中平等待人、谈吐得体，使读者觉得既亲切又可靠。③解决问题能力，即当阅读推广活动中出现问题，或者当读者提出疑问、寻求帮助时，图书馆馆员能否及时、独立、有效地解决问题。良好的人际交往能力有助于阅读推广馆员与其他馆员、领导，以及合作进行阅读推广项目的其他单位组织，保持友好、高效的协作关系，使阅读推广项目更顺利地进行。

（二）项目管理能力

不同于借阅、咨询等流程化的图书馆服务，图书馆阅读推广活动更多地采用项目管理模式。阅读推广馆员作为项目主管，需要拥有一定的管理能力。在阅读推广项目管理过程中，阅读推广馆员会发现其中的一些管理过程、理念与传统图书馆的工作模式有较大的不同，却对阅读推广项目的顺利进行起着至关重要的作用。

1.时间管理

一直以来，图书馆馆员的工作节奏都比较宽松和缓和，然而阅读推广作为一个项目，有计划好的开始时间和结束时间。因此，如何合理地安排阅读推广项目各个环节的时间，协调和督促图书馆各个职能部门按时、保质地完成阅读推广项目，是阅读推广馆员项目管理的重点。

2.成本管理

每项阅读推广活动作为一个独立的项目，都有图书馆计划划拨的预算。阅读推广馆员为了使阅读推广活动的成本控制在预算之内所做的预测、计划、控制、调整、核算、分析和考核等管理工作就是阅读推广的成本管理。部分图书馆馆员由于之前长时间从事文化研究性工作，对项目的资源投入和产出效果比缺乏一定的敏感性，成为阅读推广馆员后，略有些"锱铢必较"的项目成本管理模式会给他们带来较大的挑战。

3.压力管理

不同于传统图书馆借阅、咨询服务的重复性工作性质，每个阅读推广活动对图书馆和阅读推广馆员都是一次全新的挑战。时间的紧迫性、资源的有限性、工作模式的改变，以及与图书馆其他馆员、部门在沟通合作中可能产生的冲突，都会成为阅读推广馆员压力的来源。阅读推广馆员必须掌握有效的压力管理方法，以应对不同情况下的生理、心理反应。

4.危机管理

大型阅读推广活动不仅需要图书馆多个职能部门的协作，还受交通、天气、环境等因素的影响。这些因素中的任何一个出现意外，都会给阅读推广活动带来困难。例如：大型广场活动日突然出现雷阵雨天气；讲座活动意外爆满，很多读者无法入场；等等。提前针对各种可能发生的危机情况做出防范和预案，在应对突发危机时果断决策、动态调整，化解危机，尽量把损失降至最低，是阅读推广馆员保证阅读推广活动顺利进行的重要管理能力。

（三）创新能力

阅读推广活动的丰富性、新颖性和多样性是吸引读者进入图书馆参与阅读推广活动的重要因素。一个全新的阅读推广活动类型当然能够吸引读者，但是策划、组织一个完全没有前人经验和规律可循的活动，不仅要求组织者能力高超、经验丰富，而且会耗费较长的时间和较多的资源。并且这类活动能否被读者接受，能否达到阅读推广的效果也难以预估，一些阅读推广馆员因此抵触创新。利用媒体进行宣传，支持传统阅读推广活动创新，有助于推广活动取得成功。例如，浙江图书馆在与香港宝丽眼镜的合作中，创新性地在图书馆的13个阅览室摆上了200副免费的老花镜以供读者借戴。此举受到了到馆看书、读报的大批中老年读者的热烈支持，《都市快报》对图书馆的这一活动做了连续报道，很多读者也纷纷把这一消息告知自己的中老年亲朋，来浙江图书馆的中老年读者人次明显增加。有的老年人告诉馆员，"要不是看到报纸，已经很久没有想起还有图书馆这一个去处了""倒也不是自己没有老花镜，不过看到图书馆这么为我们老年人着想，怎么也得多来看看书，不枉费图书馆的一片用心啊"。浙江图书馆这一小小的创新之举，不仅为读者带来了方便，更大大拉近了图书馆与读者的距离。

四、公共图书馆管理与阅读推广

（一）政策与法规

国家作为我国公共图书馆的义务投资主体，其政策和法规对我国公共图书馆的管理有着主导性和决定性的影响，从而也就对我国公共图书馆阅读推广的发展起着导向性和决定性的作用。近年来，我国颁布的与图书馆阅读推广相关的政策和法规大致涉及以下几个方面。

1.促进全民阅读

2013年全国"两会"期间，115位政协委员联名签署并提交了《关于制定实施国家全民阅读战略的提案》，明确提出"由全国人大制定《全民阅读法》、国务院制定《全民阅读条例》"的建议。提案认为，世界主要发达国家都将阅读视为国家综合实力的核心要素之一，以国家战略的高度推进国民阅读，其推进阅读的方式主要为政府立法保障阅读、设立专门机构推动阅读、国家元首亲自倡导阅读三个方面。提案建议制定国家全民阅读战略，并提出五项具体建议：一是成立全民阅读促进委员会，以加强领导，统筹协调各地各部门资源，形成合力；建立长效机制，形成国家长远战略；解决全民阅读工作中的重难点问题。二是设立国家全民阅读节，可把孔子诞辰日9月28日确定为"全民阅读节"。三是进行全民阅读立法，由全国人大制定《全民阅读法》、国务院制定《全民阅读条例》，以法律法规的形式将推动全民阅读工作纳入法制化轨道。四是制定全民阅读规划，并将其作为开展全民阅读的指导性文件。五是建立全民阅读基金，建设全民阅读重点工程。

2013年3月底，国家新闻出版广电总局（今国家广播电视总局）专门成立了全民阅读立法起草工作小组，草拟了《全民阅读促进条例》初稿。此后，通过征求部委意见、网上公开征求意见、地方调研等多种方式，广泛听取各界意见，继续修改、完善。2014年11月，《江苏省人民代表大会常务委员会关于促进全民阅读的决定》通过审议，并自2015年1月1日起施行，该决定将每年4月23日定为"江苏全民阅读日"。作为国内第一个把全民阅读纳入地方性法规的省份，江苏省紧跟国家全民阅读立法政策，力求在细化国家全民阅读条例的基础上，分析本省读者特点，体现本省阅读和阅读推广特色。

全民阅读是一个系统工程，专门针对全民阅读和阅读推广的立法工作，对规范和保障各类阅读活动的进行、推动和促进阅读推广的全面健康发展意义重大。一方面，公共图书馆作为全民阅读与阅读推广立法的积极推动者和参与者，通过丰富的阅读推广理论基础和实践经验，全面支持立法工作；另一方面，公共图书馆作为全民阅读和阅读推广法律法规的直接影响者之一，应该积极调整和完善图书馆阅读推广服务。

2.免费开放图书馆

2011年，文化部（今文化和旅游部）、财政部联合发布了《关于推进全国美术馆公共图书馆文化馆（站）免费开放工作的意见》（以下简称《免费开放工作的意见》）。《免费开放工作的意见》落实了《2010年政府工作报告》中提出的"推进美术馆、图书馆、文化馆、博物馆免费开放，丰富人民群众的精神文化生活"的要求，提出为了充分发挥美术馆、公共图书馆、文化馆（站）保障公民基本文化权益、提高公民鉴赏能力的重要作用，要加强公共文化服务体系建设和公民思想道德建设。《免费开放工作的意见》明确指出，到2011年底，全国所有公共图书馆、文化馆（站）实现无障碍、零门槛进入，公共空间设施场地全部免费开放，所提供的基本服务项目全部免费。江苏省、浙江省、广东省、安徽省、北京市等也相继发布了关于美术馆、公共图书馆、文化馆（站）免费开放的具体工作方案、促进条例和服务规范。公共图书馆免费开放的根本目的是让更多的人民群众更方便地走进图书馆，利用图书馆资源，参与图书馆文化活动。这一《免费开放工作的意见》显而易见地为图书馆阅读推广活动带来了更多的读者，特别是对价格比较敏感的老年读者、城市中低收入读者和边缘地区读者。

因此，图书馆纷纷乘势扩大对阅读推广活动的宣传，树立品牌活动形象，以吸引读者到馆参与活动。同时，针对快速增长的特定读者群体，图书馆还推出了相适应的阅读推广内容。例如，老年读者养生讲座、农民工夜读辅导等。《免费开放工作的意见》无疑是我国政府对近年图书馆界的热门话题"我国图书馆是应该加强公益性质还是尝试产业化发展"的一个明确回答，指出图书馆必须"坚持公益，保障基本"，图书馆、文化馆（站）举办的公益性讲座、展览、群众文化活动，以及普及性的文化艺术辅导培训、时政科普教育、群众文艺作品创作指导等基本公共服务应全部免费。因此，如何在有限的预算下组织低成本、高效率的免费阅读推广活动也成了图书馆阅读推广发展的新方向。

3.建设数字图书馆

2011年出台的《关于进一步加强公共数字文化建设的指导意见》把公共数字文化建设视为公共文化服务体系的重要组成部分。数字图书馆是数字化、信息化、网络化环境下文化建设的新平台、新阵地，是利用信息技术提高公共文化服务能力和扩大传播范围的重要途径，对于消除数字鸿沟、满足人民群众不断增长的精神文化需求、提高全民族文明素质、构建社会主义核心价值体系具有重要意义。各地也相继颁布了关于图书馆电子阅览室建设、图书馆数字资源建设、文化共享建设等方针意见。从对图书馆阅读推广的影响来看，一方面，为了帮助读者更好地了解和使用数字图书馆资源，图书馆推出了一系列与数字图书馆相关的宣传讲座，开设与使用数字图书馆相关的课程，增设与使用电脑、网络相关的基础课程；另一方面，以数字图书馆平台为依托的阅读推广活动也正在逐渐兴起，如网页设计比赛、视频展播等。

4. 推广少年儿童阅读

2010年，《文化部关于进一步加强少年儿童图书馆建设工作的意见》指出，少年儿童图书馆是我国图书馆事业的重要组成部分，图书馆应提高认识，切实加强少年儿童图书馆建设；加大投入力度，积极构建覆盖城乡的少年儿童图书馆服务体系；丰富文献信息资源，逐步建立资源共建共享体系；发挥教育职能，深入开展阅读指导和服务工作；推进公共电子阅览室建设，努力为未成年人提供安全、绿色的公益性上网服务；加强人才培养，不断提高队伍的专业化水平；扩大宣传，为少年儿童图书馆事业发展营造良好的社会氛围。浙江、江苏、宁夏等地也颁布了相关的未成年人保护条例，要求图书馆对未成年人免费开放，为未成年人设置专门的阅读场所，开展适合未成年人的丰富的阅读活动，保护未成年人在图书馆的安全，保障未成年人在图书馆的权益。

就图书馆阅读推广而言，少年儿童图书馆要大力开展各种阅读指导活动，把思想道德建设内容融于阅读之中，充分发挥自身的教育职能。少年儿童图书馆要区分不同年龄段未成年人的特点，创新服务理念，引入新媒体等现代信息技术，积极开展图书推介、讲座、展览等活动，精心设计和组织内容鲜活、形式新颖、吸引力强的读书活动，吸引未成年人走进、利用图书馆；要积极与中小学开展合作，共同开展阅读指导、信息素养教育活动；要始终把社会效益放在首位，对未成年人免费开放，双休日、节假日要对未成年人开放。少年儿童图书馆要配置流动图书车及有关设备，开设盲文阅览室，坚持阵地服务与流动服务相结合，组织面向残障儿童、城市流动儿童、农村留守儿童等特殊群体的服务活动，切实保障特殊未成年人群体的文化权益。

5. 开展农民读书活动

加强农村文化建设，需要做到：做好县级图书馆、文化馆，乡镇文化站及村文化室建设工作；进一步推动"万村书库"建设，动员社会力量，帮助农村建立图书室；积极开展农民读书活动，倡导农民读书，传播科学知识，大力发展流动性的汽车图书馆，在农村开设书刊流动服务点，发动社会各界捐书助农；支持农民自发成立群众性读书组织，开展读书活动，组织引导农民读书致富奔小康。苏州在内的多个地级市积极响应，展开了农村图书室、农家书屋、党员远程教育、文化信息共享四位一体的农村综合信息服务体系建设工作。与此同时，图书馆积极推动针对农村的阅读推广建设：县镇图书馆组织专家选定适合当地农家书屋的出版物目录；组织图书馆馆员、志愿者深入村户，对村民进行图书馆与阅读的普及推广；利用省市级图书馆经验和资源，开展小规模的讲座、展览、比赛等阅读推广活动；省市级图书馆组织社会集资赠书，开展送书下乡和流动图书馆活动；组织大型阅读推广活动时在乡镇设立分站点，扩大阅读推广辐射范围。

6.保障特殊人群的图书馆权益

2008年施行的《中华人民共和国残疾人保障法》规定：根据盲人的实际需要，在公共图书馆设立盲文读物、盲人有声读物图书室；组织和扶持残疾人开展群众性文化、体育、娱乐活动；文化、体育、娱乐和其他公共活动场所，为残疾人提供方便和照顾。2011年，《扶持人口较少民族发展规划（2011—2015年）》指出，要繁荣发展民族文化工程，建立健全文化设施网络，完成村级综合文化活动场所建设，使71个民族乡镇综合文化站达到"四有标准"。2011年，《江西省老龄事业发展"十二五"规划》指出，老年文化教育是老龄事业发展的主要任务之一，各级政府要加大对基层文化室、社区文化活动中心（室）的经费投入，完成全省县级图书馆、文化馆维修改造项目和乡镇综合文化站建设；积极组织老年文艺会演、老年才艺展示、老年书画摄影展等活动；认真推进博物馆（纪念馆）、图书馆、文化馆（站）、美术馆等免费开放工作，使老年人享受更多的文化发展成果。

随着我国政府对特殊人群文化事业发展的关注，图书馆除了完善硬件设施以满足特殊人群的阅读需要，如建设盲文图书室、老年人阅览室、少数民族专藏等，在图书馆阅读服务和阅读推广中也要给予这些特殊群体额外的关注。例如，组织专门的志愿者为盲人和老年人进行书报朗读，阅读活动开设少数民族语言专场或者安排少数民族语言翻译，举办专门针对特殊人群的读书会，等等。在阅读推广理念越来越普及的今天，关注阅读推广的平等性，正逐渐成为图书馆阅读推广的一个新方向。

（二）组织与领导

公共图书馆阅读推广是一项涉及公共图书馆多个环节的、具有一定整体性和复杂性的图书馆读者服务，其顺利开展和健康发展与公共图书馆的组织结构和领导方式有着直接的关系。

1.馆长的选择

进入21世纪，我国公共图书馆对馆长的选择有了新的要求。在经历了20世纪末关于图书馆馆长更需要图书馆学专业背景还是学者背景的讨论之后，21世纪我国图书馆在选择馆长时，希望馆长有较高的学历，最好是硕士以上学位，并且同时拥有图书馆学和理、工、文、管等学科中的一门专业背景；最好能够既拥有在图书馆实践岗位的工作经验，又有一定的组织领导经验。越来越多这样的馆长的出现，显然对图书馆的阅读推广起着巨大的推动作用。同时，拥有图书馆学背景和图书馆实践经验的馆长能够更好地理解阅读推广的意义和重要性，支持图书馆阅读推广的举办和发展；馆长可以利用所学专业学科的特长、背景和人际网络，有方向、有侧重地鼓励和帮助图书馆相关阅读推广的发展；拥有较强组织领导能力的馆长能更合理地调配图书馆资源，保证阅读推广活动的顺利进行。

2.从"收藏研究"到"阅读服务"

图书馆对自身的定位决定了图书馆发展的方向。近年来，我国越来越多的公共图书馆逐渐将自身的定位从"收藏研究"的"学术性机构"转变为"阅读服务"的"文化性服务机构"。阅读推广作为图书馆大众文化服务的重要方面得到了图书馆前所未有的重视，阅读推广活动无论是活动经费还是项目数量、规模都有了大幅提升，与图书馆其他部门，乃至与学校、社区等其他相关单位的合作也发展迅速。

3.图书馆的扁平化发展

我国的公共图书馆通过学习其他国家的图书馆发展经验，改变了自己的组织结构，逐渐从传统的金字塔型组织结构向扁平化组织结构发展。图书馆组织结构扁平化的优势已在我国的一些图书馆中有较为突出的体现。虽然公共图书馆受本身体制限制，其组织结构转型较慢，但"分馆长责任制""项目负责制"等扁平化管理的雏形逐渐出现。图书馆阅读推广是一个以项目为主体的图书馆活动，在扁平化的图书馆结构和管理中，图书馆能够得到更多的控制权和主动权，更好更快地与上层进行沟通，从而能够加快阅读推广活动从计划到实施的进程，也给创新性阅读推广活动的开发提供了更多的机会。

第四章 不同层级公共图书馆的全民阅读推广活动

第一节 国家图书馆的阅读推广活动

作为我国的国家级图书馆，中国国家图书馆对全国图书馆的业务工作和读者服务起着导向的作用。因此，中国国家图书馆的阅读推广，无论是形式还是规模，都在我国图书馆阅读推广活动中处于领先地位，其阅读推广的经验和发展方向，指引着我国各级各界图书馆阅读推广活动的开展。2022年2月，中国国家版本图书馆组建成立，担负赓续中华文脉，坚定文化自信、展示大国形象、推动文明对话的重要使命。

一、国家图书馆阅读推广活动的发展历程

国家图书馆的阅读推广活动可以追溯到20世纪50年代。1952年，冯仲云出任当时的北京图书馆第一任馆长。一次，他中午吃完饭在图书馆院内散步时，看到很多小朋友坐在图书馆院子里的树荫下看书，当时他既感动于小朋友对图书的热爱，又为偌大一个图书馆却没有合适的地方给小朋友看书而惭愧。于是，他即刻筹划，在图书馆内设立了一个专门的少年儿童阅览室，并且安排馆员为小朋友组织朗诵会、故事会。这便是国家图书馆阅读推广的开端。1987年，国家图书馆白石桥新馆建成，一批现代化的报告厅、教室和教学工具投入使用，并明文规定图书馆的十项具体工作任务之一便是"通过举办图书展览、学术讲座等方式，向人民群众宣传马列主义、毛泽东思想，交流科学研究经验，传播科学文化知识"。进入21世纪，国家图书馆阅读推广迅速发展。国家图书馆成立社会教育部，下设讲座组、教育培训组、摄编组、展览组，专门负责国家图书馆阅读推广工作的筹划和实施。阅读推广正逐渐成为国家图书馆继图书借阅、信息咨询之后的第三大社

会服务工作重点。

二、国家图书馆阅读推广活动的主要形式

（一）国家图书馆的讲座

国家图书馆的讲座根据主题和周期性可以分为两大类。一类是国家图书馆的品牌讲座。这类讲座一般有一个比较广泛的、贴近读者的主题，以每周、每月、每季度或者每年为周期，比较有规律地举办围绕该主题的讲座。这类讲座主要面向读者大众，内容围绕大众感兴趣的话题，讲解力求由浅入深，满足不同偏好和层次的读者需求，如"文津讲坛""艺术家讲坛""科学家讲坛"等。另一类是国家图书馆的专题系列讲座。这类讲座主题往往结合国家图书馆现阶段的文献收藏重点或者学术研究热点，内容有着更强的专业性和学术性，但同时也兼顾普通读者的需求，主要面向这一专题领域的研究者，以及对这一专题感兴趣的读者，如"百年辛亥专题研究系列讲座""敦煌与丝路文化学术讲座"等。从2001年国家图书馆第一个品牌讲座"文津讲坛"建立至今，经过不断的发展建设，国家图书馆品牌讲座已经成为一个以综合性讲座"文津讲坛"为核心，以大众普及性讲座"国图讲坛"为补充，结合"艺术家讲坛""教育家讲坛""科学家讲坛""企业家讲坛"等专门性讲座，并以"文津·珠江论坛""国图·新民讲坛"等地方性讲座为辐射的全民性、全学科性、全国性讲座体系。

1.讲座的时间与选址

作为面向读者的阅读推广活动，国家图书馆的讲座主要安排在周六和周日，以方便更多的读者参与。但是，随着讲座品牌和专题的增加，仅在周末两天安排讲座必然避免不了多个讲座同时进行的情况。在笔者的访谈中，约有五分之一的读者遇到过有两场或者两场以上他们想听的讲座在同时举行，这迫使他们必须放弃一部分讲座。多个讲座同时进行也造成了对图书馆报告厅、投影和音响设备等资源的竞争。在访谈中，读者比较认可的解决方案如下：①在周末两天增加讲座的不同时段。国家图书馆现有的周末讲座主要安排在9点到11点半和14点到16点这两个时段。如果可以调整讲座时段分配，增加一个到两个可选时段，如12点到14点、16点到18点、19点到21点等，将可以有效降低同一时段的讲座密度。②根据受众特点，灵活利用周末时间。国家图书馆2010年推出的中关村创业讲堂，第一次将讲座时间固定在了周五16点到18点。但是该讲座的主要目标受众为中青年读者，这个时间他们普遍在上班或者上课，从而导致讲座参与人数和影响力都非常有限。其实图书馆可以根据讲座主要受众特点，合理利用周末时间安排讲座。例如，主要针对中老年读者的健康养生讲座就可以放到周末白天，考虑到老人一

般上午精神较好，下午会有午睡的习惯，将讲座安排在上午8点到11点更为合理。而之前提到的针对中青年读者的创业讲座等，可以安排到周五的19点到21点，方便他们在下班后参与。国家图书馆的讲座除了"文津讲坛""国际知识与中国外交""中国典籍与文化"三个品牌讲座，在北京中心城区北海公园附近的国家图书馆古籍馆举办，其他讲座一般都在中关村高新产业以及教育园区附近的国家图书馆总馆内举办。

据笔者观察，老年读者明显偏向参与国家图书馆古籍馆的讲座，一方面与古籍馆讲座内容更加符合老年读者的兴趣有关，另一方面也由于古籍馆附近居住着大量的老北京人，周末来逛逛北海公园、荷花市场，听场讲座已经成为不少老北京读者的习惯。而国家图书馆主馆的听众更多的是在中关村附近上班或者上学的中青年人。总体来说，主馆每场讲座听众的数量要多于古籍馆。不少读者反映：一方面是因为周末古籍馆附近交通非常拥堵且停车非常困难，所以他们不愿意去古籍馆听讲座；另一方面是因为主馆拥有更好的阅读和学习环境，很多读者愿意在讲座之前或者之后在图书馆阅读或者学习。

2.讲座的选题内容与读者受众

为了满足不同读者的文化需求，国家图书馆讲座的选题非常广泛：从中国传统文化历史到西方经典音乐艺术，从时政热点话题到世界局势、中国外交，从经济形势与发展到老年健康与养生，从少儿养成辅导到成人终身教育，从科学知识普及到企业创新管理。这些讲座都各具特色，力求由浅入深、深入浅出，讲座内容既有话题性、普及性，又有独到的角度与见解。有些专家讲座内容极其丰富，在短短的两个小时内，听众可以获得大量的信息；有些专家则针对某个小的主题，讲得精深、透彻；有些专家讲座内容清新简练，没有任何累赘；有些艺术讲座的专家甚至现场抚琴演奏、挥毫泼墨。广大读者通过现场聆听这些一流专家多年积累的学术见解，受益良多。

据统计，国家图书馆举办的讲座中：①文史类主题讲座的比例最高，占总讲座数量的36%。国家图书馆最受欢迎的"文津讲坛""国图讲坛"等都是以此为主要主题的。国家图书馆拥有丰富的文献资源，并且与许多文化史学专家有着长期密切的合作和交往，因此这类讲座是国家图书馆讲座的强项。根据国家图书馆社会教育部的读者调查，读者对文史哲方面的讲座需求也是最高的，有一半以上的读者表示需要这类讲座。

②图书推介与评论类讲座位居第二，占总讲座数量的18.87%。这类讲座主要集中在"文津读书沙龙"活动中。图书推介与评论类讲座最直接地体现了国家图书馆讲座的阅读推广意义。其一方面帮助读者更好地理解古今中外的经典图书著作，提高读者的阅读品位和阅读水平；另一方面通过与国家图书馆图书采编借阅

部门密切合作将国家图书馆的新书、热书推荐给读者，提高读者的阅读兴趣，优化读者的阅读体验。

③古籍研究类讲座位居第三，占总讲座数量的10.56%，主要集中在"中国典籍与文化系列""中国古今经典小说研究系列"等讲座中。这类讲座主要利用了国家图书馆古籍资源的优势，体现了国家图书馆对中国古代典籍研究的支持和重视。该类讲座一般规模较小，但是给予了古籍研究领域的研究者向读者展示自己研究成果的机会，一方面使他们的研究得到社会的认可和重视，另一方面也给了读者接触此类研究的机会。例如，西夏学研究者史金波受邀在国家图书馆举办西夏典籍讲座时，仅有20余位听众到场，但是当史先生向大家展示馆藏珍贵的西夏文献时，听众蜂拥向前，把主讲老师团团围住。在场的《中国日报》记者回去后写了篇英文专稿，在报纸头版进行了报道，西夏学研究者在国家图书馆举办讲座的消息一下子传到了海外，甚至有人从遥远的法国打电话对史先生说，西夏学可以到国家图书馆讲，看来学术真是越来越受重视了。史先生事后向国家图书馆表示，自己"受到很大鼓舞，很满足"。

④时政、艺术、科普、企业管理和教育类讲座依次占总讲座数量的8.72%、5.95%、4.00%、3.28%和3.08%。这些不同主题类型的讲座主要为了满足读者不同的阅读和文化知识需求，体现了国家图书馆兼容并包的学术精神和以读者为中心的阅读推广理念。例如，在建坛初期，"教育家讲坛"的主题主要围绕社会教育和个人成长，但是由读者在讲座结束后的提问和反馈可以看出，很多读者对如何教育孩子、如何帮助孩子健康成长、如何处理孩子青春期叛逆等少年儿童教育问题很感兴趣，于是讲座将更多的讲座主题定位为少儿教育和家庭教育。"科学家讲坛"则将科学知识与读者日常生活中会接触到的环境、气候、食品安全等问题结合起来，既拉近了科学和读者的距离，吸引更多读者参与讲座、关注科学，又破除了流言迷信，宣传了科学文化。而有些讲座，如"企业家讲坛""中国研究专题系列讲座"，因读者参与度不高、主讲嘉宾质量数量无法保证等，只开展了儿期就暂停了，有待进行更多的调研和准备来重新调整讲座形式、主题，保证图书馆资源的有效利用和讲座的高品质。

国家图书馆曾在讲座现场发放了4000余份读者问卷，经统计分析得出：①国家图书馆讲座的主要受众为中青年人，18~29岁读者比例为65.3%，接近全部受调查者的三分之二；随后为30~39岁的读者，比例为10.2%，以上两个年龄段的读者比例共计75.5%。一方面，这与国家图书馆的主要讲座地点靠近海淀大学城与中关村高新科技区有关；另一方面，随着中国教育水平的不断提高，这两个年龄段的读者大部分接受过比较良好的教育，有一定的文化素养。周末听个讲座、充充电，甚至在一些青年人的小圈子里成为一种风尚。

②图书馆讲座第二大受众群体为50岁以上的中老年读者，占读者总人数的15.3%。这些读者更倾向于参加中国古典文化风俗、生活实用知识、健康养生等类型的讲座，有些中老年读者是某一品牌讲座的忠实听众，只要是该品牌讲座开讲，他们都会前来参加。"终身学习""跟上时代""活络活络脑子"是他们来参加讲座的主要目的。

③少年读者和青壮年读者参与较少，17岁以下和40～49岁读者，分别只占参与读者总人数的5.1%和4.1%。笔者采访到的少年读者表示，由于学业压力较大，他们周末更多地会选择与课程和升学相关的课外辅导班，仅有的半天或者一天假期，他们也不愿意将其用于听讲座；而青壮年读者表示由于生活压力和家庭琐事，他们很难抽出时间和精力来听讲座。笔者认为图书馆可以针对这两类读者，举办一些内容更加轻松活泼的讲座，时间可以安排在晚饭前后的闲暇时光，时长不宜超过一个小时，以都市情调、精致生活、优雅小文等为主题，在帮助读者放松心情的同时提高读者的精神文化生活品质。

3.讲座的宣传与推广

国家图书馆讲座现阶段的主要宣传手段包括官网预告与回顾、海报与宣传单、报刊评论报道和社交网络传播四大部分。国家图书馆的官方网站上设有专门的学术讲座栏目。在访谈中，笔者了解到超过80%的读者都是通过这个栏目来了解国家图书馆的讲座内容和日程安排的。该栏目将国家图书馆的主要讲座按讲座品牌和专题分类，遇到图书馆集中推出或者特别受读者关注和欢迎的系列主题讲座，图书馆会单独将这个系列分列出来，方便读者查看。例如，"文津讲坛"在2012年推出的唐宋诗词赏析系列讲座，在每一个品牌专题之下，又将讲座分为"近期讲座"和"往期回顾"两类：前一类主要预告当周以及未来一个月内该品牌的讲座名称、主讲嘉宾、讲座时间与地点；后一类记录了某一段时间内该品牌所有的讲座名称、主讲嘉宾、主讲时间与地点。

访谈中，读者大多表示该栏目简洁明了，信息及时准确，但是作为国家图书馆讲座的主要宣传推广手段，依然存在一些不足。

第一，栏目的入口不够显著，重要信息的突出性和获取的便捷性有待提高。从国家图书馆的官网主页进入学术讲座栏目主要有两种途径：一是点击右下角预告栏目中的"讲座"入口；二是点击主页面上方的资讯标题，进入资讯页面后，点击左下方预告讲座中的"更多讲座预告"。读者普遍反映栏目入口不够显著，相关栏目间的链接不够灵活丰富，不少读者对"在线讲座"里竟然看不到学术讲座栏目链接感到"非常奇怪"。

第二，在访谈中笔者发现大部分读者对学术讲座栏目的需求主要是讲座信息的预告，读者希望栏目能够在显著位置提供统一的近期讲座预告，而不是像现在这样需要点入每一个品牌和专题，才能看到最近是否有他们感兴趣的讲座。对于往期讲座的回顾，也有读者表示图书馆标注已经过去的讲座时间与地点信息毫无意义，希望能够提供这些讲座的具体内容、相关资料或者讲座录音录像等，特别是已经有在线讲座的"文津讲坛""中国典籍与文化系列"等，只需要添加一个链接就可以为读者利用讲座资源提供很大的方便。还有读者表示希望栏目能够提供针对讲座题目、主讲嘉宾以及主要内容的检索功能。海报和宣传单曾经是国家图书馆讲座宣传的主要手段。虽然随着数字化、网络化的到来，这种传统宣传手段的重要性有所减弱，但是由于图书馆讲座面向广泛的读者，对于不擅长使用电脑的老人，或是上网条件有限的中低收入人群，这种在图书馆随时能拿到、看到的纸质宣传品依然有着其不可替代的意义。

出于对国家图书馆建筑墙面的保护和环保原则，国家图书馆讲座海报宣传现在多采用宣传立板的形式。立板主要放置在读者密度较大的通道或者大厅两侧，以及举办讲座的演讲厅内外。宣传立板的优势：①宣传立板的布置、移动和事后整理方便灵活，不会对被布置的场所、建筑造成影响或者破坏，非常适用于需要经常更换海报内容的讲座宣传。②立板海报张贴不受墙面、公告栏等空间条件的限制，能将海报放置在目标读者更容易关注到的位置，并且海报的尺寸和数量可以灵活调整。

同时，宣传立板也有其局限性：①宣传立板由于一般比较轻薄，不适应风霾等复杂的室外环境，因此海报通常只张贴在图书馆内部，较大地影响了海报的宣传效果。②宣传立板由于其可移动性，放置在读者流量较大的通道和大厅时，经常会有读者无意或者有意地移动立板，这会造成海报无法达到预期的宣传效果；图书馆馆员需要定时检查立板，在立板数量较多时，图书馆有时不得不安排馆员"站岗"，消耗了大量人力。因此，国家图书馆只能选择限制立板的数量以及海报张贴的时间，除了部分重要讲座，现在大部分的讲座只在开讲前的一周布置立板海报。而系列讲座一般只有固定的立板数量，新海报只能替换原有的海报。国家图书馆的讲座一般都会制作海报，但是只有比较重要或者规模较大的讲座才会单独印制读者宣传单。读者宣传单与海报相比，优势是读者可以将宣传单带回家，既方便读者向朋友、家人推荐和分享这一讲座，又能不时提醒读者这一讲座的到来。不同讲座的读者宣传单从立体彩色卡片到普通的黑白A4印刷纸，从图文并茂到简单的主题、时间、地点，从几分钱一张到几元钱一份，无论是在形式、内容还是在制作成本上都有着很大的差异。

笔者在访谈中发现，读者从宣传单中希望获取的主要信息都是讲座的主题内容、主讲人、时间与地点，一般制作精美的读者宣传单会让读者觉得这一讲座可能比较有价值，主讲人应该比较有名气和声望，特别是在这一讲座的主题属于读者不太了解的领域时。读者通常可以在三个地方拿到国家图书馆讲座的宣传单：一是国家图书馆一楼大厅内的宣传册展架，二是与宣传单推荐讲座相关或者同系列的前期讲座中，三是该讲座的现场。通常，在重要讲座开始前数月，读者就可以在宣传册展架上拿到这些讲座的宣传单。不少读者会定期去宣传册展架看看图书馆最近有什么活动，展架上的宣传单保证了这些热心读者对重要讲座的了解。

另外，有读者反映宣传册展架上宣传单数量众多，内容参差不齐，除图书馆讲座等活动的宣传预告外，还有一些图书馆简介、规章制度，甚至各类广告，并且这些宣传单的摆放比较随意，没有规律，经常还会出现读者取阅后又放回，导致有的宣传单上层被其他宣传单覆盖的现象，为读者发现、选择和取阅自己感兴趣的宣传单造成了困难。因此，读者建议国家图书馆对宣传册展架上的宣传单"分类摆放""加强整理""及时补充"。有的讲座会在之前举行的其他讲座中向读者分发自己的宣传单，期望有针对性地对读者进行宣传；有的讲座会在讲座开展的当天安排人员在演讲厅附近或者图书馆内读者集中的区域发放宣传单；有的讲座会印制带有比较详细的主讲人和讲座内容介绍的宣传单，对前来参加讲座的读者发放。

关于国家图书馆讲座的报刊评论和报道呈现以下几个特点：第一，报道缺乏持续性和规律性，多集中在一些特定的时间点，包括全民读书日、读者节、阅读节等。第二，评论报道集中在少数几家媒体中，包括《人民日报》《光明日报》《北京青年报》《北京晚报》《中华读书报》等，其中以《光明日报》和《北京青年报》的报道居多。虽然媒体数量有限，但是这些媒体较好地覆盖了全国读者，又重点面向了讲座的主要参与者——北京读者，既向晚报、日报等的多种读者群体进行了普遍宣传，又针对青年群体进行了重点推荐。第三，报道内容比较单一。大部分的评论报道篇幅较小，不足1000字，内容以讲座品牌介绍、主讲人介绍或者讲座概要为主，既无法分享讲座的重要内容，又缺乏演讲者或者听众的主观感受与心得体会。访谈中不少读者评论这些报道"空洞官话""看个标题就够了"。笔者在调查中仅发现《北京青年报》对国家图书馆"文津讲坛"的部分讲座进行过系列性的详细报道记录，刊登了讲座的主要讲稿内容以及讲座的背景资料、编辑评论等，但是由于该报纸受众的局限性以及讲座报道刊登的不规律性，读者知晓度并不高。第四，评论报道普遍存在滞后性。笔者看到的关于国家图书馆讲座的报道都是在讲座举办之后发出的，在正规发行的报纸、杂志中极少看到关于国家图书馆即将进行的讲座的预告或者宣传。很多读者都表示有过在报纸上看到感兴趣的讲座，再一看讲座时间却发现已经错过的遗憾经历。社交网络是指一群拥有相同兴趣的人创建的在线网络社区。社交网络传播融合了人际传播与大众传播的特点，正逐渐成为网络时代的重要传播渠道之一。

近几年，国家图书馆讲座活动的社交网络传播逐渐成为传统宣传媒体的一个重要补充。国家图书馆在豆瓣、新浪微博等大众社交媒体平台上建立官方账号，通过"发起活动""创建标签""发布微博"等形式发布讲座的相关消息，利用网络中关注国家图书馆讲座的人对消息进行转发和传播。这种传播可以从讲座筹备之时就发起，引起读者讨论话题，通过不断更新、补充宣传内容，吸引读者持续关注。在讲座举办时，可以进行实时的图文直播和读者在线讨论，加强读者的参与感。而在讲座结束之后，可以汇总和转载主讲人及读者的感受和评论，丰富活动的宣传内容。讲座的社交网络传播对开发新读者、新听众尤其有效，在笔者的访谈中，第一次参与讲座的读者中约有四分之一是看到朋友转发的社交网络内容才了解到国家图书馆讲座并前来参加的。

4.讲座资源的开发与共享

由于时空的限制，并不是所有的读者都能够来现场参与国家图书馆的讲座。国家图书馆是面向全国读者的中央级图书馆，如何有效开发利用讲座资源，发展讲座外延产品服务，克服讲座的时空局限性，更加公平、普遍地服务于全国读者，成为国家图书馆讲座资源开发与共享的主要目标。国家图书馆现有讲座资源的开放与共享方式主要有以下几种：第一，讲座文集的集结与出版。国家图书馆出版社在几年间共出版国家图书馆讲座文集50种，其中包括部级领导干部历史文化讲座各版本图书28种、《文津演讲录》10辑、《中国典籍与文化》6辑、《学津清谈》6辑。第二，在线讲座栏目的推出。国家图书馆在其官方网站上推出在线讲座栏目，在获得主讲人授权的前提下，对讲座进行录像和编辑制作，并将精选制作完成的讲座录像放入栏目供读者点播观看。在线讲座主要提供"文津讲坛"和"中国典籍与文化系列"两个专题讲座的点播，同时不断扩展收录讲座范围，着重增收读者关注、欢迎的讲座。第三，讲座资源的交流与共享。国家图书馆与各地方图书馆、高校图书馆、机构图书馆合作，一方面将国家图书馆讲座的文字、音频和视频资源进行共享，另一方面交换、收集和整合其他图书馆的讲座资源，并为其他图书馆讲座资源的记录和制作工作提供经验、器材、人力或者技术上的支持。

（二）国家图书馆的展览与会展

早在20世纪，文献展览就作为一种重要的图书宣传方式出现了。《图书馆学百科全书》中这样定义文献展览：是图书馆宣传文献的一种方式，也是馆藏报道的一种形式。图书馆将馆藏中有特色的文献、珍本或者有关某一主题的文献集中起来，在一定时期内公开展示，以便向读者宣传、推荐文献，促进文献的利用。国立北平图书馆（国家图书馆的前身）从1929年到1936年，共举办不同类型的展览14场，展出内容以文献展览为主，辅以实物、模型等展出形式。国家图书馆展览中心作为图书馆附属的大型综合性展览服务设施，占地1300多平方米，拥有完善的灯光和安防系统，并配有会议室、贵宾室、报告厅等，为国家图书馆举办各种类型的展览、会展提供了理想的场所。2008年建成开放的国家图书馆新馆，在扩大读者活动空间的基础上，设计了新的展览空间，吸引了读者到馆参观展览。数据显示，国家图书馆在2016年和2019年举办展览的总次数相对稳定，但到馆参观展览的读者人数明显增加。这一方面是由于国家图书馆在近年来不断努力扩大展览的规模，提高展览质量，加强展览宣传，吸引了更多读者前来观展；另一方面是国家图书馆通过与地方图书馆、学校以及其他机构积极地展开合作，将原来固定场地的展览模式发展为全国巡展模式。

1.展区规划与空间布置

国家图书馆举办各类展览的主要场所为：国家图书馆古籍馆文津楼、国家图书馆展览中心、国家图书馆总馆。国家图书馆古籍馆展区坐落于北海公园西侧的文津楼内。这座始建于清末民初的中国传统宫殿式建筑与其门前的圆明园旧物——对华表、一对石狮、乾隆御笔石碑以及文渊阁四库全书石碑，一起诉说着源远流长的中国传统文化。由于古籍馆得天独厚的资源优势、地理位置和文化氛围，国家图书馆大部分的中国传统文化古籍、真迹展览都在此举行。古籍馆在充分开发本馆馆藏资源的同时，运用专业领域优势，与其他单位和个人展开积极合作，力求每次古籍展览都能顺利进行。古籍馆馆员运用他们专业的古籍整理、展示和保护技术经验，保证古籍珍本的完整安全。古籍馆还可以利用其"文津讲坛""中国典籍与文化系列"等传统文化讲座的品牌和资源优势，配合展览举办相关系列讲座，以扩大展览影响力，普及展览背景知识，帮助读者更好地观展。国家图书馆展览中心位于国家图书馆主馆院内，毗邻国家图书馆音乐厅，是国家图书馆专为举办各类展览与会展设计建设的独立建筑。现代化设计的展览厅宽敞、明亮，可以根据展览的需要便捷地进行规划和布置。

国家图书馆展览中心拥有独立的观众出入通道，完善的安保检查体系，能够接待大量的观众；场馆配备各种先进的多媒体展览设备，使展览形式更加生动丰富；配套的会务、贵宾、报告厅，以及专业的会展团队和服务，可以满足不同规模、层次的会展需求。国家图书馆经常将规模宏大、影响广泛、持续时间较长的展览安排在此处。2011年1月至4月，"西域遗珍——新疆历史文献暨古籍保护成果展"在国家图书馆展览中心举行。此次展览由教育部、科技部等部委与国家图书馆共同主办，另有21家图书馆、博物馆、档案馆、研究所等单位参与、承办，是新中国成立以来第一次在首都北京对新疆珍贵历史文献的全面展示。会展中心的专业团队设计采用新疆地区常见的荒漠风格布置展厅，多处采用场景再现的方式，复原高昌、台藏塔等新疆考古遗址，营造逼真的视觉效果，使观众有身临其境之感。展厅大门设置大规模新疆地形地貌沙盘，标注各考古遗址、城邑、交通要道，帮助观众对新疆有更直观的认识。展览还运用3D投影技术，设计了观众互动平台，通过模拟西天取经僧人、粟特商队的西域旅行，增加观众的参与度与展览的娱乐性，同时也帮助观众更好地理解展览。展览吸引了超过100000观众前来参观，根据展览制作的5D数字展览光盘发行量超过10000套。

国家图书馆总馆是国家图书馆读者活动的主要场所，在此举办展览不仅方便了读者就近参观展览，丰富读者的图书馆活动，也增加了展览的人气。根据厅室条件，国家图书馆总馆内经常用来举办展览的空间主要有：总馆南区二层文津厅，总馆北区（新馆）稽古厅、右文厅，总馆北区读者大厅。总馆的展览受场地设施限制，多以纸质文献展出、图片照片展示和影像动画展播为主，适合相对小规模、低成本和持续时间较短的展览。展览内容大多贴近读者生活或者近期热点话题，有时一些国家图书馆读者活动的照片以及读者比赛的获奖作品也会在此展出。

2.展览主题与文化传播

作为阅读推广活动之一的图书馆展览区别于其他展览的最大特点在于其主要主办、承办单位是图书馆，展出地点也多在图书馆内。因此在选择展览主题时，充分开发利用图书馆的馆藏资源，着重文化传播属性，既是图书馆展览的特点与优势，也是图书馆公共服务性质的需要和体现。国家图书馆的展览主题主要包括馆藏文献展览、特色资源联合展览、书画摄影展、中国传统文化技艺展、世界文化交流展等。馆藏文献展览是图书馆宣传、展示馆藏资源的一种很好的方式。图书馆通过对自身的珍藏、特藏以及新入馆藏进行全方位、立体的展示，方便读者了解馆藏，吸引读者阅读和使用馆藏。国家图书馆作为国家总书库、国家书目中心、国家古籍保护中心和国家典籍博物馆，有着其他图书馆无法比拟的丰富、珍贵、独特的馆藏资源，因此馆藏文献展览是国家图书馆最重要的、最受广大读者欢迎和关注的展览主题。国家图书馆的馆藏文献展览可分为以下几类。

第一类是新入馆藏展览。2013年9月30日，新一册流失海外的《永乐大典》入藏国家图书馆。这一册海外藏卷为"模"字韵"湖"字册，它与国家图书馆藏《永乐大典》"湖"字部分前、后各一册相缀，使"湖"字部合璧。国家图书馆为了让读者第一时间看到这本遗失已久的典籍，于10月1日至10月6日举办"《永乐大典》特展"，展出了馆藏的42册及刚刚入馆藏的1册《永乐大典》原件，以及文津阁《四库全书》中从《永乐大典》中辑佚的《旧五代史》原件、相关档案、赵万里先生辑佚稿、不同时期的影印本等。新入馆藏展览一般具有较强的时效性，一方面能让读者及时地了解和使用新入馆藏，另一方面也是宣传图书馆文献收集工作，表彰、感谢文献提供者的重要形式。

第二类是专题文献展览。这类展览举办的次数比较多，常结合节日、纪念日、研究成果发表等系列阅读推广活动共同举行。2011年9月15日，"东方的觉醒——纪念辛亥革命一百周年馆藏珍贵历史文献展"在国家图书馆开幕。一批独有的珍贵文献如《赵凤昌藏札》《绍英日记》，以及精心甄选的老照片及多种影像资料再现了辛亥革命的原貌，兼具学术性和趣味性。展览还将馆藏《阿Q正传》《辛亥革命》《十次革命》等漫画作品和小人书的全书电子影像化，在展览现场通过触摸屏为读者提供全书浏览。展览共接待参观者近18万人次，其中包括146个参观团体，超过30家不同的媒体对此次展览进行了宣传报道。专题文献展览迎合了社会热点话题，从文献的角度深度展现了展览主题的背景、内涵以及发展，满足了读者通过书本来拓宽视野、排除偏见误会的知识需求。与利用单一图书馆馆藏资源办展相比，特色资源联合展览虽然对图书馆各个部门的对外、对内统筹规划和沟通协调能力有着更高的要求，但是综合了不同图书馆、收藏单位的资源优势，能够更加系统地向观众展示特定专题中最有价值的文献，以帮助读者深入、系统地了解有关领域的历史、现状、发展趋势、研究概况和最新进展。例如，上文提到的"西域遗珍——新疆历史文献暨古籍保护成果展"，其中展出的珍贵历史文献和文物就来自13家不同的单位及个人。书画摄影展也是国家图书馆展览的重要主题。

国家图书馆的书画摄影展可以分为两类：一类是名家名作展。例如，国家图书馆举办的"百年广州——冯少协先生油画展"。该展汇集了冯少协先生根据老照片绘制的26幅油画，画作以建筑为主要创作对象，从中透视出发生在广州的重大历史事件，静中有动，展现了这座城市百年间的发展历程和沧桑巨变。图书馆名家名作展不仅拉近了读者与殿堂级艺术的距离，还营造了图书馆优雅的文化艺术氛围。同时，利用图像和书本文献相结合的方式，能够帮助读者更好地理解书画摄影背后的文化艺术底蕴。另一类是普通读者的征集作品或者比赛获奖作品展。这类展览作品主题贴近读者生活，配合相关的读者俱乐部、读者比赛，能够有效地提高读者对大众图书馆的知晓度和认可度，拉近图书馆与读者的距离，提高读者进入图书馆、参与图书馆阅读推广活动的热情。弘扬中国传统文化，保存中国古老技艺，是21世纪以来国家图书馆展览的又一重要主题。联合国教科文组织于2001年5月首次公布"人类口头和非物质遗产代表作"名录，本次认定和入选了19种文化项目类型。其中，我国的昆曲成为第一批公布的19个代表作中唯一的中国项目。此后，越来越多的中国传统文化、技艺加入了该名录。

将这些古老的、陌生的，甚至濒临消失的文化、技艺带到读者面前，通过将历史典籍与非遗技艺相结合，鼓励读者通过典籍文献解读非遗历史、参与非遗保护，促使读者了解、接触、喜爱中国传统文化、技艺，关注、挽救这些正在消失的"绝技"和"绝唱"，是国家图书馆举办中国传统文化、技艺展览的主要目标。2013年，国家图书馆先后举办了"年画中的记忆——国家图书馆藏年画精品暨国家级非物质文化遗产年画项目代表性传承人作品展""大漆的记忆——中国大漆髹饰暨国家级非物质文化遗产项目代表性传承人作品大展"。展览除展出了年画、漆器精品、历代相关重要典籍文献、影像资料和历史文物外，还邀请了这些非物质文化遗产项目的代表性传承人，请他们来与读者进行面对面的交流。为了让读者对这些文化、技艺有更加生动直观的认识，国家图书馆还安排了这些传承人在展览中为观众进行部分技艺的展示，不少读者观看后产生了极大的兴趣，在展示结束后纷纷给予这些传承人热烈的掌声，甚至有读者当场就希望向传承人拜师，学习传统技艺。结合这些传统文化、技艺展览，国家图书馆同时还丰富了关于这些文化、技艺的馆藏，不少传承人在展览结束后将自己的作品捐赠给了国家图书馆，国家图书馆在筹备展览的同时还进行了相关的国家级非物质文化遗产项目的技艺影像史拍摄和代表性传承人的口述史访问工作。世界文化交流展览是向我国读者展示不同国家丰富的艺术文化，促进国家间文化交流，加深民族间了解，共同尊重和保护人类文化艺术的多样性与丰富性，共筑和谐世界的重要平台。2011年4月，由中国国家图书馆、澳大利亚驻华大使馆和亚太多媒体艺术中心联合主办的"光源自光"当代媒体艺术作品展在国家图书馆举行。此次展览汇集了10位中外艺术家以光为主题的多件现代艺术作品，以"光与图书馆启迪之地"为主题概念，探索了中西不同文化中光的特性与寓意。展品散落于国家图书馆内，巧妙地融入读者的阅读环境，给读者带来了全新的阅读体验。澳大利亚艺术家格兰特·史蒂文斯（Grant Stevens）的"落日海龟"利用国家图书馆二层目录检索大厅的屏幕，通过移动的文字和催人欲眠的海滩日落情景，展现出一种浪漫与逃避现实的氛围。格兰特表示，这就是他心中的光与图书馆。中国艺术家林天苗的"私人阅读灯"则把光与图书馆看作一种内心与外界的碰撞。粉红色的软垫和几乎全封闭的圆锥形帷帐创造了一个温暖、舒适而又私密的空间，却又偏偏放置在了熙熙攘攘的国家图书馆期刊阅览室内，这种矛盾却又协调的存在映射了中国飞速发展的物质世界与精神文明。

3.异地展览、城市巡展和在线展览

由于展览的现场属性，国家图书馆本馆的展览往往只能惠及北京以及周边地区的读者。为了更好地服务全国广大读者，国家图书馆积极开展异地展览、城市巡展和在线展览服务，将国家图书馆的精品展览推广到祖国大江南北。这样做一方面丰富了地方展览资源，提高了地方展览水平；另一方面促进了全国不同地域、民族、文化间的交流与合作。

国家图书馆的异地展览通常由国家图书馆与当地图书馆、文化机构联合举办，以展现国家图书馆特色馆藏资源为主题，弘扬中华文明，提升读者的民族自豪感。国家图书馆异地展览的地点通常选择当地图书馆，这样既可以加强中央与地方图书馆间的交流与合作，也可以提高地方图书馆的知名度，帮助地方图书馆吸引更多的读者到馆阅读。受运输、保存、安全等条件限制，国家图书馆异地展览通常展品规模不是很大，却都是国家图书馆从馆藏中遴选出的国宝级精品。展览形式通常以珍品实物配合展板介绍为主，根据展场条件辅以多媒体影像展示，筹划、布置相对简单便捷，但同时重点突出了展品。近年来，在香港、澳门等地图书馆举办异地展览，更成为国家图书馆加强文化合作与沟通、促进民族和谐、增强国家凝聚力的重要文化活动之一。2011年12月，"国家图书馆善本特藏展"在香港中央图书馆举行。展览展出了国家图书馆馆藏的善本古籍、碑帖拓本、古旧舆图、少数民族文字古籍共42件，其中国家图书馆"四大镇馆之宝"——《敦煌遗书》《赵城金藏》《永乐大典》《四库全书》是首次在香港亮相。展览引起了热烈反响，受到了香港读者的广泛好评，不少香港读者表示，本次展览能够使他们一睹国家文献古籍真貌，加深他们对祖国文化的认识，增进他们对中华民族的认同感和归属感。

国家图书馆城市巡展是国家图书馆实现全国图书馆展览资源共享共建，促进国家图书馆与地方图书馆以及地方图书馆之间交流合作的又一重要举措。巡展通常由国家图书馆牵头主办，多个参与巡展的地方图书馆参与协办；展览展品以国家图书馆馆藏资源为主，以地方图书馆馆藏为补充，主题依然围绕中国传统文化、文学、典籍等；巡展一般首先在国家图书馆举行，然后在全国各地的参展图书馆间流动展出；同一场巡展在不同的展地进行展出时，展览形式与展品都会根据展地的特点和条件进行相应的调整。

随着国家图书馆展览活动的不断发展创新，以及网络、计算机、多媒体技术在国家图书馆的普遍运用，国家图书馆在线展览成为国家图书馆进一步开发展览资源、使展览惠及更多读者的重要渠道。现在国家图书馆在自己的官网主页上，提供其主办的展览、展示与会展的在线访问与浏览。这些在线展览形式从最早的简单幻灯片浏览，到展览专题网站页面访问，再到最新的三维展览场景重现导游，在线展览技术的不断突破性更新使读者越来越能够不出家门就能身临其境地感受国家图书馆展览的魅力。特别是国家图书馆引进的Crystal5D技术，通过在展览现场全方位多维数据采集，为读者在虚拟世界中构筑出一个完整真实的展览现场。读者可以跟随展览预设的导游路线，选择不同的参观重点，跟着专业的解说，自由观看展览。在游览过程中，读者如果看到什么特别感兴趣的展品，还可以单击鼠标右键，示意解说停下，然后拉近展品，仔细查看展品的三维高清视图。如果读者觉得这样参观太慢，也可以直接在展览的树形结构表中，直接找到感兴趣的展品名称，然后只要单击"过去看看"，系统就会直接把读者带到该物体在三维场景中的对应位置。不过，在笔者的使用体验和访谈中发现，国家图书馆使用的

Crystal5D 技术在线展示对网络速度和稳定性的要求比较高，而且对不同系统和浏览器的兼容程度比较差。在笔者尝试的 6 台电脑中，仅有 2 台能够顺利安装软件并参观在线展览，且都只能使用 IE 浏览器，不支持手机、平板电脑等手持终端浏览。

4.图书馆展览活动的读者反馈

展览是国家图书馆影响最大，也是参与读者最多的阅读推广活动。特别是重大展览，作为一个大型读者参与项目，项目的每个细节都影响着读者对这个活动的参与、感受与反馈。笔者在访谈中发现：展览主题是读者决定是否前来观展的首要原因。一方面，读者会选择参观自己感兴趣或者与自己工作、学习或者研究专业相关的主题展览；另一方面，读者会更加愿意参观主题与图书馆或者藏书相关的展览，如古籍展览、善本珍本展览、历史文献展览等，他们认为图书馆在举办该类展览时更有优势以及权威性。

另外，展览宣传和展览服务有进一步完善的空间。由于大型展览无论是宣传周期还是活动周期都比较长，读者有更多的机会从图书馆的宣传海报、宣传单或者网站上获得展览相关信息；同时在展览开始前与展览的过程中，主流报纸甚至电视等媒体都会有关于展览的相关报道。不过，在访谈中，依然有少数读者认为国家图书馆的展览仅是读者公共活动区域的小规模展示，不知道国家图书馆有专门举办大规模展览的场所。因此，不少读者希望国家图书馆在举办展览的同时能够提供更好的展览配套服务，具体表现在以下三个方面。

第一，国家图书馆大部分展览都在 17 点结束，这就导致大量上班的读者只能周末来观展，而古籍、文献等展品又往往需要靠近之后细致观察，因此有些展柜前甚至出现过推搡和争执。读者希望国家图书馆能够延长展出时间，开放晚间展出，方便读者在下班后前来观展，分散人流。例如，国家图书馆古籍馆在举办"东方的觉醒+纪念辛亥革命一百周年馆藏珍贵历史文献展"时，就应读者要求将每日闭馆时间从 17 点延长至 18 点，满足了附近工作的读者在下班之后前来观展的需要。

第二，展览的引导和讲解是帮助参观者更好地了解展览背景、欣赏展品的重要展览服务。现代化的大规模展览，除利用展牌注释解说外，通常还会提供电子导览器和专业讲解员。但是国家图书馆的部分展览仅有简单的纸质说明注释，读者希望图书馆能够提供更加完善和多样化的导览服务。由于专业的电子导览器不仅采购需要大量经费，而且无论是租借还是充电维护都需要占用一定的人力，因此展览手机应用软件应运而生。软件以读者的智能手机为平台，读者下载软件后，只需要按照软件提示，将自己看到的、感兴趣的展品面前的编号输入手机，软件就会播放关于该展品的详细音频和视频资料。有的软件还支持二维码扫描识别，读者只需要用手机在展品标签前一扫，就能看到这些资料。还有的软件结合手机的定位导航功能，通过与百度地图等产品服务商合作，提供展区内部导览。当读者在软件内选择了自己感兴趣的预设展览参观线路后，只要跟着手机上的箭头走，手机"智能导览员"就会一边引导读者在展区内参观其感兴趣的展品，一边向读者详细介绍展品的背景、特点、观赏重点等信息。对于那些不喜欢或者不善于利用电子导览设备的读者，图书馆还可以招募大量的志愿者来为他们进行专业的讲解服务。讲解内容既要有关于本次展览的重点概览，也要有关于某几件亮点展品的重点评述，讲解没有限定的内容、形式或者文稿，不同的志愿者可以根据自己的兴趣和感受为读者进行不同的讲解和评述，读者也可以根据自己的爱好选择不同主题的讲解。这样一来，图书馆便可以通过构筑一个展览策划者、讲解志愿者以及读者之间的自由、平等的交流空间，来提升图书馆的文化空间价值。

第三，还有部分读者反映，他们参观完国家图书馆的展览后，对展览主题非常感兴趣，希望在国家图书馆借阅相关书籍进行进一步的深入了解时却常常发现：由于参观展览的读者数量众多，和他们有相同感受和想法的其他读者早就把相关书籍都借走了，连预约都排到好几个月后了；另外，由于古籍保护等，一些相关书籍无法浏览或者外借。图书馆展览活动的最终目的还是要推广阅读，要鼓励读者来图书馆借书、读书，读者想读书却借不到书，这大大影响了图书馆的阅读推广效果以及图书馆作为图书来源在读者心中的地位。因此，笔者建议针对第一种情况，国家图书馆可以考虑在展览开始前，提前适量添购与展览主题相关的书籍副本，并且在展览展牌中提示读者馆藏相关图书名称、主要内容，以及图书馆内可借阅该图书的阅览室、索书号。可能的话，国家图书馆还可以在展厅内或者展区附近开设专门的读者阅览空间，为读者提供相关书籍的阅览、外借和购买服务。针对第二种情况，国家图书馆可以尝试对相关重要古籍和珍贵资料进行扫描、影印、复制和出版，对读者提供复印件的借阅和购买服务。

（三）国家图书馆的演出与电影

国图艺术中心的演出放送和电影展播是国家图书馆阅读推广的一大特色。国图艺术中心位于风景宜人的紫竹院公园北侧，国家图书馆院内。国图艺术中心既是国家图书馆举办大型内部活动或者读者活动的重要场所，也是在场馆空闲之时为读者提供丰富的演出放送和电影展播的场所。不同于其他文艺演出场所和电影院，国图艺术中心的机构属性和地理位置决定了它所组织的演出与电影活动主要是为了服务读者，扩大国家图书馆知晓度和影响力；吸引读者走进图书馆，鼓励读者走近阅读；进一步丰富读者的精神文化生活，为到馆读书、学习的读者提供一个休闲、放松的场所。因此，国图艺术中心的演出与电影活动具有以下特点。

1.环境优雅，价格亲民

不同于其他艺术中心现代派的建筑外形和富丽堂皇的内部装饰，笔者访谈的大部分读者都愿意用"优雅""怀旧""充满人文气息"等词语来形容国图艺术中心。国图艺术中心大厅装修时，为了适应读者不同类型的文化需求，并未追求经典的音乐厅设计，而是更加重视读者的容载量和功能的多元化。改造后的大厅不仅可以放映电影、举办音乐会、演出话剧，还可以举办各类文化艺术讲座、大型会议、比赛等。在访谈中，超过70%的读者表示可以接受国图艺术中心的环境风格，20%左右的读者认为作为图书馆的附属市民音乐厅，正应是这种简单、质朴，充满人文和书卷气息的风格。有的读者说："我们来图书馆看书，一般并不会特别正式隆重地着装，如果国图艺术中心与外面其他音乐厅一样金碧辉煌，我们走进去都会觉得别扭。"也有10%左右的读者表示希望国图艺术中心能够进行环境上的改进，其中提到最多的改进点包括建筑外观、音响效果、厅室引导等。国图艺术中心组织的大型演出活动，根据内容和座位的不同，价格大致在50～400元，仅为一般音乐厅演出活动价格的二分之一左右。音乐厅放映的电影票价大致在20～30元，如果读者购买电影点次卡，那么每场电影只需15～20元。并且，读者持学生证、国家图书馆借阅证等购票还能享受一定的优惠。国图艺术中心还经常配合国家图书馆的其他阅读推广活动，组织团体优惠观影、老年人免费专场、学生普及专场等优惠活动。国家图书馆部分阅读推广活动的积极参与读者或者阅读比赛获胜读者，还能得到国图艺术中心的演出或电影赠票。访谈中，绝大多数读者认为国图艺术中心的价格亲民，约一半的读者认为演出和电影物超所值。

2.内容多样，受众广泛

不同于大多数音乐厅以高雅音乐艺术为主要演出的形式，国图艺术中心所组织的大型演出活动以满足广大读者群体不同的精神生活需求为目标，其内容、形式体现了丰富多彩的特点：既有针对音乐爱好者的中外名曲音乐会、著名歌唱家演唱会，也有面向戏剧爱好者的话剧、独幕剧；既有老年读者偏爱的红歌、老歌传唱，也有年轻人喜欢的街舞表演秀、动漫模仿秀；既有适合父母带着小朋友一起观看的儿童童话剧，也有适合情侣们观看的爱情影视经典。国图艺术中心还是中影星美院线成员，常年放映最新的院线影片，这有助于满足不同读者的观影需求。

3.宣传手段有限，读者参与度较低

笔者在访谈中了解到，国图艺术中心的大型演出活动一般上座率不到50%，而电影的上座率根据电影的热门程度，一般仅有10%～30%。笔者认为可能的原因如下：（1）宣传手段有限，活动知晓度较低。相比其他音乐厅、电影院铺天盖地的海报、立板、广告宣传，国图艺术中心的演出和电影活动可谓无声无息。只有走到国图艺术中心售票口附近，才能看到几张张贴在墙上的电影、演出海报，以及普通白纸打印的近期演出日程安排。如果读者对其中的某一场演出感兴趣，只有排队到窗口索取，才能得到一张关于这场演出的比较详细的宣传单。在访谈中，大部分的读者不知道国图艺术中心最近有什么演出或者电影，甚至有五分之一左右的读者不知道国家图书馆有音乐厅，或者不知道国图艺术中心有面向大众的演出和电影。受人力、资源、成本等影响，国图艺术中心无法进行大规模的电视、报纸等广告宣传。笔者认为，利用国图的广大读者流量优势，适当地在国家图书馆读者活动区域放置一些节目资料、预告单等，也能有效地提高活动的知晓度以及读者的参与度。（2）活动场馆与图书馆主馆分离，活动需要收取一定费用。国图艺术中心虽然在国家图书馆院内，但是与国家图书馆的新馆相距较远，且没有可以直接到达馆内的通道，部分受访读者表示他们有时候想"溜达过去"看看最近有什么活动，但是想到进出大楼还要爬两次台阶，于是就作罢。大部分图书馆的阅读推广活动免费向读者开放，而国图艺术中心的活动大多需要收取一定的费用，虽然价格相对比较亲民，但收费依然是限制读者参加这一活动的重要因素。在受访的参与国图艺术中心活动的读者中，有一半以上是持赠票或免票参加的。

4.成本较高，阅读推广效果有限

涉及场地、设备、人员、版权等因素，大型演出活动不仅准备周期较长，成本一般也要比其他类型的阅读推广活动高。因此，此类活动每年举办的次数和每次容纳的读者数量都是有限的，国图艺术中心只能要求读者凭演出票入场观演。大型演出活动虽然能够通过出售门票来收回一定的成本，但是收入也比较有限，无法完全弥补成本，主要依靠外部经费支持。国图艺术中心的电影放映活动，虽然相较于大型演出活动成本较低，但是由于上座率低，举办场次较多，也需要较多外部经费的支持。根据访谈，大约有15%的读者曾经参加过国图艺术中心的演出和电影活动，其中40～60岁的中年读者为主要参与人群。40%左右的受访读者认为国图艺术中心的演出、电影活动与图书馆阅读关系不大，另外60%左右的读者则认为这一活动有助于图书馆阅读推广，理由包括"吸引读者前来图书馆""丰富图书馆读者可参与活动类型""阅读、学习后休息，放松心情""提升读者艺术欣赏水平""提高读者素养和品位"等。

（四）国家图书馆的读者俱乐部与读者培训

图书馆的读者俱乐部一般是指图书馆根据读者的地理位置、阅读习惯、兴趣爱好或者其他属性将他们组织成相对固定的阅读伙伴小组。图书馆鼓励小组内的读者互相交换图书，交流读书心得，提高小组内读者的读书热情和阅读水平。国家图书馆的属性以及由此产生的庞大的读者群体，决定了国家图书馆的读者俱乐部无论是在组织形式上还是在读者活动上，都与一般图书馆的读者俱乐部有着较大区别。现在，国家图书馆最重要的读者俱乐部形式是"文津读书沙龙"。在笔者的访谈中，大部分国家图书馆读者认为"文津读书沙龙"就是一个讲座品牌，甚至国家图书馆的官方网站也把"文津读书沙龙"活动分列在学术讲座栏目下。

但是，在2004年"文津读书沙龙"成立时，国家图书馆办公室宣传科认为"文津读书沙龙"是公益性的读者俱乐部，它以作者、专家和读者之间的互动为主要交流方式，以历史文化题材为主，优先选择当今在社会上引起强烈关注和热烈讨论的书籍和话题，力求从现象入手，深入探讨其文化底蕴。"文津读书沙龙"面向国家图书馆所有的读者免费开放，每月举办一次，每次两小时，并没有俱乐部会员登记、选拔或者收费等制度。俱乐部读者活动主要采用类似讲座的形式，这是它经常被当作国家图书馆的一个品牌讲座的主要原因。长期参加"文津读书沙龙"的读者会发现，与一般讲座相比，"文津读书沙龙"更强调读者的主动性，其本质目的是形成以一位或者几位专家为核心的讨论组，积极鼓励与会读者自由参与讨论，创建普通读者与作者、专家之间的沟通渠道，从而提高读者的阅读热情和阅读水平，构筑学习型的阅读空间。随着"文津读书沙龙"的影响力逐渐扩大，参与的读者日益增多，国家图书馆虽然将"文津读书沙龙"的举办频率增加到了每月两次到三次，但是每次仍然有大量读者踊跃参加。一方面，作为一项读者阅读推广活动，"文津读书沙龙"旨在让更多的读者参与进来，从中受益；另一方面，较大的读者参与量为这种原先以读者参与讨论为主的活动形式带来了巨大的挑战。两个小时的活动中，除去背景介绍、专家和作者发言的时间，通常仅能允许十几名读者发言，平均每人发言时间不到两分钟，有时读者为了争夺发言权和发言时间容易产生争执。例如，某位读者持续发言时间过长，或者表达不是特别清晰有序，就会有读者在下面起哄要求其停止发言。因此，国家图书馆不得已之下，索性增加了作者、专家的发言时间，但仍在活动最后给予读者发言提问的机会，却不再特别强调读者参与讨论这一点，这也是近年来"文津读书沙龙"在读者心中逐渐失去其读者俱乐部的属性而成为一个普通品牌讲座的重要原因。

笔者认为，在协调大规模读者参与讨论这一点上，国家图书馆倒是可以尝试向国内的一些综艺节目学习。在举办一场读书沙龙前，国家图书馆可以在官方网站、微博上，或者微信、QQ等即时聊天平台上发布针对该场沙龙的讨论专题，邀请专家、作者、广大读者参与讨论，讨论内容既可以是对该专题背景知识的普及介绍，也可以向读者征集他们感兴趣的问题。专家、作者可以选择热点和重点问题在沙龙活动现场进行回答和讲解。

另外，在举办沙龙的过程中，国家图书馆可以鼓励参与沙龙的读者继续利用这些平台进行互动。国家图书馆可以在沙龙现场将读者的发言实时地显示在沙龙场地中的大型投影屏幕上，同时安排工作人员对这些发言进行收集和整理，在专家、作者每一节话题的讨论间隙，由这位图书馆馆员代表广大参与讨论的读者把其中具有普遍性和代表性的问题、评论和感想提出来。专家、作者在讨论过程中也可以利用这些平台向读者发起实时的投票、表决或者竞猜，增加沙龙的互动性和读者的参与感。国家图书馆还在不断努力探索和扩展"文津读书沙龙"的其他活动形式。

2011年，国家图书馆"文津读书沙龙"与北京京港地铁有限公司联合举办了"同享阅读快乐"特别活动。该活动以"图书漂流"的方式号召读者和乘客在乘坐地铁的同时，带上自己读过的或者喜欢的图书来进行交换，每个前来现场参与活动的读者都有机会获得京港地铁纪念票卡一张和"国家图书馆文津图书奖"获奖图书一本。同时，国家图书馆还制作了精美的活动书签和活动印章，在活动现场设立了电子资源浏览、咨询设备和手机移动服务体验专区，并开展了与图书相关的填字、竞猜等小游戏，吸引了大量国家图书馆读者和路过的地铁乘客前来咨询参与。现场部分读者和乘客还就阅读和图书馆等话题展开了讨论，交流彼此的读书心得，互相推荐好书，以实际行动践行"同享阅读快乐"的理念。

2013年9月9日，国家图书馆在庆祝建馆104周年之际，推出了一系列读者服务的新举措。其中，完善读者服务培训成为国家图书馆进一步加大服务模式创新力度、深化服务内涵、提升服务效能的重要方法。国家图书馆特别设立读者培训处，每日定时组织读者培训，向读者介绍馆情、馆藏及特色服务项目，举行形式多样、内容丰富的读者免费培训。

国家图书馆2013年的首批读者培训活动以"数字资源与服务"为主要内容，以帮助读者有效使用国家图书馆数字资源与相关服务为目的，共开设了四个专题：数据库单库使用培训、综合性数字资源检索培训、特色资源展示培训和数字图书馆特色服务培训。培训地点通常被安排在国家图书馆总馆北区四层的数字共享空间。培训现场除讲座外，还会安排每位读者上机实践，由馆员指导读者熟悉和使用相关数字资源。除了现场培训，国家图书馆还开设了"Web of Knowledge（知识网站）在线大讲堂"。讲座主要针对从事科学研究和学习的读者，每期邀请一位专家或者研究馆员，就如何利用图书馆数字资源拓展科研视角、提升科研水平开设讲座。讲座结束后，国家图书馆还在网站上提供该讲座的详细讲稿和全程音频、视频记录。国家图书馆在读者培训活动中，重点关注和收集了读者对该活动的反馈。反馈内容包括读者的年龄、学历和职业，读者对现有培训的需求程度和满意程度，读者希望的培训主题、时间和方式，读者获取培训信息的主要途径等，这些信息将有效地帮助图书馆完善读者培训服务。

（五）国家图书馆的图书评选与推荐书目

改革开放以来，我国年图书出版种类不断增加，读者经历了从"找不到书读"到"书太多不知道读什么"的过程。近年来，无论是图书馆、出版社还是书店，都举办了各种各样的优秀图书评选和推荐书目活动，希望能够帮助读者摆脱"图书选择困难症"。国家图书馆举办的图书评选与推荐书目活动无论是在选书规模、书目权威性和影响力上，还是在为全国广大读者服务的公益性上，都有着其他图书评选与推荐书目活动无法比拟的特点和优势。国家图书馆最重要的图书评选是"国家图书馆文津图书奖"。2004年12月22日，"国家图书馆文津图书奖"评选活动首次在国家图书馆文津厅启动。"文津"二字源于国家图书馆收藏的文津阁《四库全书》，是国家图书馆前身北京图书馆的象征。"文津"取"文化津梁"之意，与国家图书馆的图书评选目的不谋而合。

"国家图书馆文津图书奖"的定位是评选普及类图书，评选范围包括人文社会科学和自然科学类的大众读物，尤其侧重能够传播知识、陶冶情操、提高公众的人文素养和科学素养的普及类图书。在"国家图书馆文津图书奖"设立之初，国家图书馆就公开向社会承诺，该奖项将完全不拉赞助、不接受利益方的资助，只为读者选好书，尽最大努力保证评选的公正性和公益性。2004年"国家图书馆文津图书奖"首次评选范围是自2002年1月1日至2004年12月31日（以版权页记载时间为准），由国家出版行政管理部门批准成立的出版机构在国内正式出版、公开发行（包括限国内发行）的汉文版图书。之后每年评选一次，评选范围都是当年新出版的图书。参加评选的图书既可以由出版社、读者和专家推荐，也可以由图书作者向"国家图书馆文津图书奖"组委会自我推荐其拥有著作权的图书。组委会还会根据图书的销量、选题、内容、印刷以及图书馆借阅量等因素，选出一部分国家图书馆推荐图书参与评选。参选图书征集截止后，组委会首先对投稿图书进行分类整理，筛选出符合条件的参选图书。然后国家图书馆会开通多渠道的读者投票平台，读者可以通过线上和线下的方式免费试读参选图书并进行投票。让读者充分参与评选过程，并努力使"国家图书馆文津图书奖"最终成为一个完全由读者评选的奖项，是"国家图书馆文津图书奖"的最终发展目标，也是其最鲜明的特色。

现阶段，投票机制尚不完善、读者阅读水平和参与程度有待进一步提升等因素，由读者投票评选出的优秀图书最后还会被送到专家评审组手中，经过讨论和评审，确定出最终的获奖图书和推荐图书。作为唯一的国家图书馆品牌图书奖，"国家图书馆文津图书奖"的获奖图书不仅代表了这一年国内出版业的最优秀图书、最高水平，更代表了当今国家所推广倡导的大众阅读理念。

第一，"国家图书馆文津图书奖"所倡导的阅读是全民阅读、终身阅读。"国家图书馆文津图书奖"的获奖图书和推荐图书名录尽可能涵盖了针对不同年龄、阅读水平、文化需求的读者的各种类型的图书。特别是每次获奖图书中都会有几本专门推荐给儿童看的图书，体现了国家图书馆对儿童阅读发展、推广的重视。

第二，"国家图书馆文津图书奖"鼓励读者阅读和重视中国本土的原创图书。为了鼓励中国作者的创作，"国家图书馆文津图书奖"的评选作出了原著书与翻译书3：1的限制。与那些在获奖前就广为读者了解的版权引进、译制图书相比，不少国内的原创获奖图书借助国家图书馆以及"国家图书馆文津图书奖"的平台，第一次走入了广大读者的视野。"国家图书馆文津图书奖"让国内一批优秀作者和作品被读者更广泛地了解、阅读和接受。

第三，"国家图书馆文津图书奖"体现的是谦卑的、包容的、没有意识形态和商业炒作的朴素阅读。"国家图书馆文津图书奖"的获奖图书主题内容广泛，既包括人文社会历史，也包括科学普及著作；既有针对现实热点问题的思考与探索，也有充满想象力的艺术创作。"国家图书馆文津图书奖"的价值就在于挑选出这些有价值的思想，将它们作为精神食粮推荐给广大的读者，让读者能够真正找到值得一读的好书。国家图书馆配合"国家图书馆文津图书奖"还组织了一系列的图书宣传和读者阅读推广活动，充分开发和利用"国家图书馆文津图书奖"品牌资源，加大对"国家图书馆文津图书奖"的阅读推广力度。国家图书馆曾将第六届"国家图书馆文津图书奖"的宣传推广活动带到了黑龙江省图书馆。宣传推广活动不仅带来了"国家图书馆文津图书奖"的介绍和获奖图书、书评的展览，还举办了"热爱读书就是走向文明"的阅读讲座，受到了黑龙江读者的热烈欢迎。在"国家图书馆文津图书奖"评选期间，类似的宣传和推广活动在全国各地的重要图书馆巡回举办，这些活动扩大了"国家图书馆文津图书奖"在全国读者中的影响力，使更多的读者了解、关注和参与"国家图书馆文津图书奖"，拉近了读者与精品图书的距离。

三、国家图书馆与美国国会图书馆阅读推广活动比较

美国国会图书馆是美国中央级图书馆，也是美国最大的综合性图书馆。与我国国家图书馆一样，美国国会图书馆也是美国的国家总书库，肩负着保存国家文化资源，推动社会进步，引导全国图书馆工作发展的使命。因此，本部分将尝试比较我国国家图书馆与美国国会图书馆的阅读推广，总结我国国家图书馆阅读推广的现状、特点、缺陷与发展趋势。

（一）专科专人与分站点建设

1977年，美国国会图书馆图书中心成立，其主要任务是推广图书、阅读、文

学、图书馆，以及对图书的学术性进行学习和研究。作为美国国会图书馆阅读推广的专门部门，图书中心拥有主任、项目官员、通讯官员、项目专家、分中心主管、项目助理等图书馆正式专职人员，并下属诗歌与文学、青年读者两个分中心。20世纪初期，中国国家图书馆成立文化教育部。文化教育部后改名为社会教育部，以向全社会推广图书、阅读和图书馆，教育民众，提高全民文化水平和阅读素养为主要任务。社会教育部被定位为国家图书馆阅读推广的主要承担者，直接被国家图书馆最高层领导，拥有部处级主任和副主任两职位，下设讲座组、教育培训组、摄编组和展览组四个分组。

现在世界范围内的许多大型图书馆都设立了专门负责读者阅读推广的部门。美国国会图书馆和中国国家图书馆都选择在各自阅读推广迅速发展的关键时期设立专门的阅读推广部门，这样做一方面彰显了图书馆对阅读推广的重视以及发展大众阅读推广的决心，另一方面也是为了满足阅读推广服务的特点需求，保障阅读推广的顺利推行和发展。阅读推广服务的工作特点不同于图书馆大部分日常传统工作，具有任务集中性、时间不可控性和沟通协调复杂性的特点。由于图书馆人力资源有限，在我国图书馆阅读推广发展初期，阅读推广的工作常由图书馆相关部门中负责组织宣传的馆员兼任。馆员本身有日常工作需要完成，每天只能划拨出有限的时间策划和组织阅读推广活动，因此每次阅读推广活动从策划到实施往往都需要数月，甚至更长，严重影响了阅读推广活动的时效性。同时，由于开发新型的阅读推广活动既要花费大量的精力，也存在对工作时间的不可控性，兼职馆员通常难以胜任，这也是我国阅读推广活动在发展初期的30年时间里，始终采用讲座、展览等少数几个形式的重要原因。沟通协调的复杂性使阅读推广服务这项工作无法简单分割成许多工作模块分派给不同的馆员独立完成。阅读推广活动从策划到实施是环环相扣的一个整体，活动从策划之初就必须有一个明确的目标和清晰的框架脉络，活动的各项工作都必须紧密围绕和服务于这个目标和框架。因此，只有设立专门的阅读推广部门，安排专职人员全身心投入阅读推广工作，才能保证阅读推广顺利实施、创新和发展。同时，独立于图书馆其他部门之外的专科专人负责图书馆阅读推广活动，能够更加全面地发掘和利用图书馆的优势资源，发展各个主题和类型的阅读推广活动，均衡宣传图书馆各个读者服务部门，既避免了各个部门重复开展阅读推广活动而造成的资源和人力的浪费，也能为读者提供更加完整和丰富的阅读推广体验。

从1984年起，美国国会图书馆的图书中心开始在美国联邦成员州内建立阅读推广分支中心。至今，所有州内的阅读推广分支中心都已经建立完成。这些分支中心在当地执行图书中心的使命和任务，支持当地本土文学继承、推广与发展项目，加强当地民众对图书、阅读、文学与图书馆的重视。这些分支中心每三年要向图书中心提交一次汇报和申请，以保持它们在阅读推广体系中的位置。图书中心为这些分支中心提供中心建设和阅读推广项目开展的指导，并且组织这些分支中心在国会图书馆进行每年一次的聚会，交流经验和想法。中国国家图书馆的社会教育部虽然还没有机构层面的阅读推广分支中心，但是国家图书馆阅读推广的全国网络化建设进行了一些成功的尝试。例如，讲座组曾分别在广州和上海开设"文津·珠江论坛"和"国图·新民讲坛"，"国家图书馆文津图书奖"评选宣传活动曾深入黑龙江、吉林等地方图书馆。由于我国和美国都是幅员辽阔、人口众多的国家，很多的图书馆阅读推广只能惠及图书馆所在地周围的读者，就像之前提到的我国国家图书馆实体讲座的参与读者大多是居住在离国家图书馆不远的北京居民。这就与中央图书馆作为一个全国性图书馆，需要在全国范围内，向全国的大众读者推广图书与阅读的使命相矛盾。因此，学习美国国会图书馆模式，有规划地在全国的省、市、自治区内建设国家图书馆阅读推广分中心，将会是中国国家图书馆阅读推广组织结构发展的新需要和新方向。

（二）多样化资金来源与深度合作推广

美国国会图书馆的图书中心在创建时的性质是"公私合作伙伴"关系，因此美国国会图书馆每年仅为图书中心提供办公场所和专职人员编制工资，而图书中心的绝大部分阅读推广活动经费和举办图书奖项的奖金都来自企业、组织、基金会或是个人的可减免税务捐赠。例如，美国著名超级市场连锁品牌"Target"（塔吉特百货），每年都会将其收入的5%，以"Target的赠予"方式捐献给当地社区，用以提升教育质量和推广阅读。这笔捐款中有很大的份额被捐赠给了图书中心，用以帮助美国小学生在三年级之前能够熟练掌握阅读能力。图书中心利用这些资金，除了在本馆组织读者进行阅读推广活动，还同时组织各个分支中心，在美国范围内联合举办大众阅读推广活动。例如，1992年图书中心从莱拉·华勒斯读者文摘基金会得到一笔503000美元的捐赠，用以推广美国各州的本土文学。图书中心利用这笔捐赠，在美国的16个图书分支中心以及其他9个图书馆举行了为期四年的"乡土的语言"文学地图巡回展览，引起全美民众对本土文学的重视。利用这些捐赠资金，图书中心还会接受和审核各个分中心提交的阅读推广活动计划，并对其中最有价值的活动内容提供资金支持或者奖励。例如，2002年，图书中心从美国著名电信运营商AT&T（美国电话电报公司）处获得110000美元的奖金赞助，并用这份奖金奖励其22个分支机构为推广国家图书节所举办的读者宣传和阅读推广项目。

中国国家图书馆的社会教育部则是一个完全隶属国家图书馆建制下的国家公共服务机构。对于这个部门来说，无论是工作人员工资、办公场所、办公经费，还是策划组织阅读推广活动所需的资金，都是由国家图书馆提供的，或者根本地说是来源于政府。这样的资金来源当然有很大的优势。例如，部门每年的基本资金来源稳定，获得拨款资金数量相对一致以及可预估，方便阅读推广活动的预算规划，能够为阅读推广活动提供可靠的基本资金保障，可以有效降低阅读推广部门在筹措资金、寻找赞助和捐赠方面的工作量和压力。

同时，没有赞助商和广告商干扰的阅读推广活动，其图书奖项评选也能够更加公正。但是目前来看，国家正逐步控制图书馆拨款预算，阅读推广活动的场次规模却不断扩大。因此，国家图书馆阅读推广活动资金不足的现象已经成为制约阅读推广活动发展的重要因素之一。笔者认为，社会教育部在这个时候可以尝试向美国国会图书馆的图书中心学习，积极引入企业、组织、个人捐款赞助，为解决阅读推广资金不足问题开辟新径。同时，引入捐赠者和赞助商意味着在一定意义上为国家图书馆的阅读推广活动引入了一个新的监管角色。只有高效、优秀的阅读推广活动和组织者才能继续获得捐赠者和广告商的青睐。无论是在项目资金的使用上还是在阅读推广的效果上，都对社会教育部的阅读推广活动起到了督促作用。

1987年，美国国会图书馆的图书中心开始组建"阅读推广成员网络"，至今，超过100家美国国内以及国际组织加入了这个网络。这些组织都有兴趣与图书中心和其他组织合作，共同进行阅读推广项目。同时，这些组织被授权使用图书中心的名称和标志，会和图书中心的分支中心一起被邀请参加每年的经验分享会，并且图书中心鼓励阅读推广网络的成员在它们所在的文化圈、行政州以及社区层面探寻与当地图书馆、阅读推广组织和图书中心分支的合作。

图书中心的阅读推广成员主要包括：①图书馆界成员，如美国图书馆协会、美国图书馆；②图书出版发行界成员，如美国书商协会、美国出版商协会；③作者界成员，如作者和写作项目协会、作者指导公司；④阅读推广协会组织成员，如儿童图书基金会、家庭阅读合作伙伴；⑤阅读推广志愿者组织成员，如北得克萨斯州大哥哥大姐姐协会；⑥博物馆、公共教育服务机构以及其他组织机构成员，如美国教育部、美国印第安人国家博物馆。

中国国家图书馆目前在阅读推广中的合作主要体现在两个层次：第一个层次是宏观图书馆层次的合作。例如，2012年国家图书馆与首都图书馆签署协议，强调两馆要联合打造"北京精神传播基地"，创新阅读推广模式，加大信息发布和宣传力度，吸引更多市民走进图书馆，让阅读融入生活，让书香溢满京城。国家图书馆馆际层次的合作已经开展了较长时间，有着丰富多样的合作资源。但是这类图书馆整体的全方位合作以联合采购和资源共享共建为主要目的，直到近几年，阅读推广才作为合作的议题之一被提出。

第二个层次是微观阅读推广特定项目中的合作。这一层次的合作既包括与国内图书馆间的展览资源共建共享，"一馆讲座，多馆转播，各馆受益"，也包括与中国移动、汉王等合作推广手机与电子出版阅读，还包括与国外组织机构合作宣传和展示国外的图书、文化、艺术。但是这些阅读推广合作往往以项目为单位，一个项目结束，合作也就停止了，每次合作谈判和沟通协作的成本巨大，却缺乏长久性、持续性和稳定性。从美国国会图书馆图书中心的经验中可以看到，中国国家图书馆阅读推广缺失的正是一个中坚层次（阅读推广整体层次）的合作。这一层次的合作应该以国家图书馆的社会教育部为参与主体，与其他致力于图书与阅读推广的直接责任主体，或者有兴趣参与阅读推广的组织、个人，开展全方位的、持久稳定的网络化阅读推广合作联盟。这个联盟集中关注大众阅读推广，国家图书馆的社会教育部发挥统领协调作用，各联盟成员利用各自优势，合作开展阅读推广相关研究，交流阅读推广的经验教训，共享共建阅读推广的资源和项目。

（三）树立阅读偶像与引领阅读风尚

美国国会图书馆的图书中心在1981年组织了第一个大众阅读推广系列活动"读书使我们不同"。为了让人们认识到图书在塑造人们性格和生活中的重要地位，"读书使我们不同"系列组织了一次口述历史录制项目，邀请了超过300名读者讲述那些曾经对他们人生产生重大影响的图书。为了能让更多的读者接触这个项目，图书中心主动向美国全国广播公司（National Broadcasting Company，NBC）提出合作意向，以口述历史项目为基础，展开了一系列"国会图书馆—NBC公共服务系列宣传活动"。图书中心和NBC邀请了当红节目中各个年龄层次的主持人和明星，亲自讲述或者主持讨论他们与书本的故事。NBC将这些视频剪辑并制作成纪录短片和公益广告，在名下的各个电视台循环播出，以此来赞扬阅读的愉悦和美丽。1987年，美国国会图书馆的图书中心提出"读者年"的系列阅读推广活动，更是首次得到了白宫的积极支持和代言。当时的美国总统罗纳德·威尔逊·里根（Ronald Wilson Reagan）及其夫人南希·戴维斯·里根（Nancy Davis Reagan）签署保证书，保证在当年额外地多读一本书，宣告了"读者年"活动的开幕。自此之后，支持和代言图书中心的阅读推广活动逐渐成为白宫的一个传统。芭芭拉·皮尔斯·布什（Barbara Pierce Bush）担任1989年到1992年图书中心阅读推广活动的荣誉主席，劳拉·威尔士·布什（Laura Welch Bush）担任2001年到2003年"讲述美国故事"活动的荣誉主席，米歇尔·拉沃恩·奥巴马（Michelle La VaughnO-bama）则是"国家图书节"的荣誉主持人。可以看到，影视明星和政要名人一直都是美国国会图书馆阅读推广活动宣传的重要发言人和形象代表。图书中心通过塑造和宣传这些名人的阅读形象，希望这些偶像的阅读也能像他们的衣着、言行一样在全国范围内引领潮流。

而中国国家图书馆的阅读推广活动主要采用传统的以活动项目为主体的宣传模式。虽然随着技术进步，各种新媒体宣传平台逐渐被采用，但阅读推广活动宣传的主要内容仍然是活动信息公告和内容简介，形式也依然以海报、宣传单、公告栏等为主。国家图书馆的阅读推广活动很少与娱乐明星合作，即便是学术大家、政经界名人前来参加讲座，也很少看到以他们为标志和重点的大规模宣传活动。

笔者在访谈中与负责阅读推广活动的馆员谈及这个情况时，一些馆员坦诚地表示图书馆阅读推广的宣传经费非常有限，也没有特别的人员负责宣传工作，传统固有的宣传模式省时省力，而更多的馆员认为阅读本身是个修身养性的清净事情，与那些喧闹浮夸的宣传毫无联系，也不融洽。在邀请国家重要领导人参与阅读推广宣传上，国家图书馆要显得更加积极主动一些。

2009年4月23日"世界读书日"当天，时任国务院总理的温家宝应邀来到了国家图书馆二期新馆，体验了检索大厅的电子阅读，参观了稽古厅的展览，进入中文图书阅览室与读者亲切地交流读书学习的体会，并与一批年轻教师和学生一起探讨了读书的重要性与阅读推广的方法与意义。全国超过百家新闻媒体报道和转载了这一消息，一时间温家宝总理走进图书馆，参加"世界读书日"活动的消息成为人们热议的话题。许多读者由此第一次知道了4月23日是"世界读书日"，也了解了图书馆除了借阅图书还有如此丰富的阅读推广活动。

除此之外，国家图书馆每有大型展览、系列讲座或者"全民读书节"开幕之时，也往往会邀请一些政府官员出席并讲话。但无论是明星还是政要，国家图书馆的阅读推广活动都未将他们包装、塑造成为一个阅读的符号和代言人。在2011年，相关机构在当年世界读书日"推动全民阅读、建设书香社会"的号召下，推选了演员唐国强、国际象棋冠军谢军以及主持人李潘作为当年的全民阅读形象大使，引来了图书和阅读界的一片争议。

有人认为三位阅读形象大使与阅读毫不相干，只不过是一个空洞的符号，无法给人们以榜样的力量。也有人认为阅读是私人的事，应完全由个人做主。爱读书的人即使被剥夺读书的权利，也会想方设法地阅读，不需要阅读形象大使；不爱读书的人，哪怕成天被灌输"书中自有黄金屋，书中自有颜如玉""万般皆下品，唯有读书高"的思想，恐怕也难有读书的兴趣。时任新闻出版总署出版管理司司长的吴尚之回应了公众的质疑，他表示，现在大众虽然看到的是成功影星、棋手和主持人，却没有看到那些帮助他们成为这样的成功人士的背后力量，而在这些力量之中，书籍的知识、阅读的智慧、一本好书陪他们走过的时光，都拥有改变一个人，甚至是一个民族命运的魔力。现在我们希望通过他们在群众中的影响力，分享他们与书本的故事，引导社会阅读的风潮，把阅读的力量传播出去。国家图书馆通过塑造阅读偶像宣传阅读推广活动，这样做不仅能打破传统宣传千篇一律、刻板枯燥的形象，对读者产生更加持久的影响，而且形象亲切的阅读偶像也能改变国家图书馆在部分读者眼中肃穆、遥远的形象，使这些读者更愿意亲近图书馆、亲近图书。

当今国家图书馆在塑造全民阅读偶像方面有着先天的优势。国家图书馆在当今建设学习型社会的浪潮下，受到中央政府和领导人的极大重视，为国家图书馆邀请领导人代言阅读推广活动提供了可能。一些知性和公益性的名人形象也越来越多地受到民众的追捧和爱戴，很多名人也非常愿意和国家图书馆等社会公共服务机构合作，提升自己的文化形象和知识底蕴。因此，塑造大众阅读偶像，引领社会阅读风尚，也许可以成为国家图书馆阅读推广宣传的一个新突破。

四、国家图书馆在阅读推广中的定位与特点

作为我国唯一的中央级图书馆，中国国家图书馆的阅读推广在我国公共图书馆阅读推广体系中的地位和意义都是显著、独特且不可替代的。国家图书馆的阅读推广引领了我国公共图书馆阅读推广的发展方向。中国国家图书馆是我国公共图书馆阅读推广宏观策略规划的主要制定者、参与者和首要实践者。国家图书馆在我国公共图书馆阅读推广发展规划制定中，作为公共图书馆的主要代言人，应与相关政府部门、专家合作，探讨适合我国公共图书馆的阅读推广整体发展策略和宏观发展规划；同时，在我国公共图书馆阅读推广发展规划的实施中，国家图书馆应积极调整图书馆阅读推广模式。作为我国公共图书馆体系的总指导，国家图书馆的阅读推广为我国公共图书馆阅读推广提供了丰富的经验和成熟的模板。中国国家图书馆的阅读推广除了在公共图书馆体系中拥有独特的地位、意义和作用，其本身也因国家图书馆的唯一性和特殊性而拥有明显的特点，具体表现在以下几个方面。

第一，国家图书馆的阅读推广拥有最丰富的资源。公共图书馆举办阅读推广的最大优势在于其馆藏资源。作为国家总书库，国家图书馆本身拥有我国其他公共图书馆无法比拟的丰富馆藏，为日常阅读推广活动提供了重要的内容基础；同时，作为我国公共图书馆体系的最上层，国家图书馆还拥有组织、调度其他公共图书馆资源的便利，为在重大阅读推广活动中弥补本馆收藏局限、提高活动质量和扩大活动规模提供了条件。国家图书馆的资源优势并不仅局限于馆藏资源，良好的工作环境和研究氛围也吸引了大量优秀的图书馆阅读推广工作者。设计美观、规划科学、功能齐全的国家图书馆馆舍和先进的、科技化的图书馆设施为阅读推广提供了硬件保障；相对充裕的图书馆经费和灵活高效的图书馆管理为阅读推广

的发展奠定了基础。除了这些馆内资源，作为我国党政中央的重要信息机构和教育培训机构，国家图书馆与我国政府和党内的诸多组织、部门和机构有着紧密的联系与合作，拥有丰富的政府资源。作为我国学术研究的重要文献来源和参考咨询机构，国家图书馆与我国各个重要的高等院校和研究组织有着频繁的多层次的交流与协作，拥有丰富的专家资源。所有的这些资源优势使中国国家图书馆的阅读推广与一般公共图书馆的阅读推广相比，更加注重对阅读推广理论的探索和对实践经验教训的总结，活动内容更加权威、有深度，活动形式更加丰富、全面，活动场次更加频繁，活动规模也更大。

第二，国家图书馆重视阅读推广的网络化和延伸化。国家图书馆作为中央级图书馆，其服务的对象是全国的读者，因此比起其他公共图书馆，国家图书馆更加重视阅读推广活动的网络化和延伸化，力求图书馆的阅读推广活动能够惠及全国。国家图书馆在举办阅读推广活动时，努力谋求与全国其他各级公共图书馆以及其他基层组织机构的合作，采用包括阅读推广资源共建共享、合作阅读推广、流动阅读推广、阅读推广分站点等形式，构建覆盖全国的阅读推广网络，将国家图书馆的阅读推广送至全国各地的读者身边。同时，国家图书馆积极开发阅读推广衍生产品和服务，通过网络阅读推广、手机阅读推广、阅读推广图书音像出版等形式，打破阅读推广的时间和空间限制，使读者可以随时随地地参与国家图书馆的阅读推广活动。

第三，国家图书馆阅读推广拥有国际化特点。在世界范围内，中国国家图书馆作为我国公共图书馆体系的重要代表，参加国际图书馆协会与机构联合会及相关阅读国际组织，参与国家间图书馆的工作和文化交流。国家图书馆阅读推广是我国公共图书馆阅读推广形象、成果在国际的重要展示，同时，国家图书馆也是我国与其他国家合作举办阅读推广活动、交流阅读推广经验的主要组织者和参与者。国家图书馆阅读推广国际化的意义首先在于通过了解世界阅读推广发展潮流，扩大视野，促进我国公共图书馆阅读推广的发展。通过国际合作和交流，国家图书馆可以在多个方面运用国际化的视角对自身阅读推广存在的问题进行审视，提升自身水平，树立全新观念，不断促进图书馆阅读推广的发展。

另外，国家图书馆阅读推广的国际化也可以让世界更好地了解我国的公共图书馆阅读推广，扩大中文阅读影响力，让我国特色文化资源走出国门。在了解世界的过程中，我们也应把自己的特色文化资源推向国际，向世人展示优秀的中华文化。图书馆浓缩了各自国家的文化历史，它也是一个国家主流文化的代表之一，图书馆的国际合作将会使不同文化在接触中各显异彩，使人们感受到世界优秀文化的魅力。我们要在文化交流中不知不觉地把自己的特色文化资源融入世界大环境，让中华文明在世界文化潮流中焕发异彩。

第二节　省市图书馆的阅读推广活动

在我国公共图书馆阅读推广体系中，国家图书馆起着统领全局、引领方向的作用，国家级图书馆之下的大中型省级图书馆和市级图书馆是我国图书馆阅读推广的实践主体和中坚力量。

一、省市图书馆阅读推广活动的地区性差异

我国是一个经济发展水平不均衡的国家。公共图书馆是公共文化服务的提供者，其所在地区的经济基础对公共图书馆的服务水平，包括阅读推广，起着决定性的作用。改革开放后，国家根据离海岸线的远近和经济发展水平的高低，将我国划分为东、中、西三大地带。其中东部沿海地区是我国经济最发达、科技水平最高的地区，也是知识创新的主要地域，包括辽宁、河北、山东、江苏、浙江、福建、广东、海南、北京、天津和上海；中部地区包括黑龙江、吉林、山西、河南、安徽、江西、湖南、湖北；其余省份、五大民族自治区和重庆市被划分为地区经济发展水平相对较低的西部地区。按这三大经济区域划分我国省市公共图书馆，可以发现这些图书馆的阅读推广呈现显著的区域性特征。

（一）阅读推广基本要素比较

公共图书馆的阅读推广活动主要在馆舍内举行，公共图书馆读者活动空间的大小和规划直接影响图书馆阅读推广活动的规模和形式。图书馆馆员是图书馆阅读推广活动的规划者、设计者和执行者，图书馆馆员的数量和素质直接影响图书馆阅读推广活动的举办场次和水平。我国公共图书馆阅读推广活动经费来源于图书馆的经费划拨，图书馆总收入直接影响阅读推广的成本预算控制。因此，东、中、西部地区图书馆场馆、馆员和预算三个基本要素的差异，是东、中、西部地区图书馆阅读推广呈现差异性的重要原因之一。

截至2011年，我国共有省市级公共图书馆381所，其中东部地区公共图书馆有134所，占总数的35.2%；中部地区公共图书馆有110所，占总数的28.9%；西部地区公共图书馆有137所，占总数的35.9%。我国东、中、西部地区的国土面积和人口分别约占全国国土面积和人口的13.5%、29.5%、57%和42%、35%、23%。

因此，我国东、中、西部地区公共图书馆分布与我国的人口分布基本一致，考虑到中西部地区人口密度较小的特点，我国对中西部地区的人均拥有图书馆数量建设有所倾斜，这使我国大众普遍平等地接受图书馆阅读推广服务有了基本保障。由于中西部地区，特别是西部地区地广人稀，平均每个省市图书馆需要服务

的地域面积较东部有明显增加，因此要求图书馆在组织阅读推广活动时更加关注读者参与活动所需的时间，以及读者到馆的可能性和便利性。中西部图书馆在阅读推广实践中发展出了一些具有特色的分布式、移动式阅读推广模式。我国虽然努力在省市图书馆建设数量上保证东、中、西部均衡发展，但是在省市图书馆具体的人员、场馆、收入等要素中更多地体现了东、中、西三大区域的阶梯特色。2011年，全国省市图书馆共有从业人员21524位，馆均配备从业人员56.5位。其中，东部图书馆从业人员10420位，馆均配备从业人员77.8位；中部图书馆从业人员5487位，馆均配备从业人员49.9位；西部图书馆从业人员5617位，馆均配备从业人员41.0位。从东部到西部，馆均配备从业人员数量明显呈阶梯状减少趋势。图书馆日常办公业务以及传统图书借阅和咨询服务需要占用相对固定数量的从业人员，因此馆均配备从业人员的减少严重压缩了中西部地区图书馆从事阅读推广的馆员数量。东部的大型省市图书馆现在已经建立了专门负责阅读推广服务的部门，地市级图书馆一般也有专人负责读者阅读推广活动的组织；而很多中西部地区图书馆的阅读推广工作仍然由负责其他工作的馆员承担，有的图书馆甚至是在举办阅读推广活动前，看哪个馆员任务比较少，就直接将相关工作分配给他。除此之外，我国中西部地区省市图书馆从业人员的平均学历水平以及岗位职称也低于东部地区，这在一定程度上反映了不同区域阅读推广馆员的专业素养和实践经验的差异。

总体来说，我国省市图书馆的阅读推广活动在馆均举办场次、策划组织水平、应用创新能力等方面都呈现从东部到西部阶梯状下降的趋势。2011年，我国省市图书馆读者活动空间总量94.98万平方千米，馆均读者活动空间0.25万平方千米。其中东部图书馆读者活动空间43.87万平方千米，馆均读者活动空间0.33万平方千米；中部图书馆读者活动空间25.04万平方千米，馆均读者活动空间0.23万平方千米；西部图书馆读者活动空间26.07万平方千米，馆均读者活动空间0.19万平方千米；从东部到西部，馆均读者活动空间明显呈阶梯状减少的趋势。

东、中、西部图书馆馆均读者活动空间的差异主要是由两个方面原因造成的：一是东部地区城市规模较大，因此设计建设的图书馆总建筑面积较大；二是东部不少省市图书馆都在近年建了新馆，新馆既是对老馆总空间的扩充，也在一定程度上增加了读者活动空间。同时，东部图书馆比中西部图书馆更加注重图书馆建筑的内外部设计，特别是读者空间的设计。它们在读者空间的设计上引入西方图书馆设计理念，注重读者空间功能设计的灵活性和多样性。因此，我国东部省市图书馆阅读推广活动无论是在规模的大小多变上，还是在形式、场地的丰富性上，都要优于中西部省市图书馆。2011年，我国省市图书馆年度总收入417742.0万元，馆均收入1096.4万元。其中东部省市图书馆年度总收入244661.7万元，馆均收入

1825.8万元；中部省市图书馆年度总收入 87424.4 万元，馆均收入 794.8 万元；西部省市图书馆年度总收入 85655.9 万元，馆均收入 625.2 万元。从东部到西部，馆均收入呈阶梯状减少的趋势。财政拨款是我国公共图书馆的主要收入来源，通常占到图书馆总收入的90%以上，其他收入来源还包括上级补助、事业收入、经营收入等。省市图书馆的财政拨款直接来源于当地政府预算，东、中、西部地区图书馆每年得到的财政拨款直接体现了三地的经济差距，而事业收入、经营收入等收入来源也主要集中在东部地区图书馆，从而进一步扩大了三地图书馆总收入的差距。中西部地区省市图书馆年收入均不到东部省市图书馆的一半，因此，东、中、西部的省市图书馆收入差距也是所有要素差距中最明显的。由于我国图书馆阅读推广活动的经费主要来自图书馆的预算，这种预算差距直接导致省市图书馆的阅读推广活动的频率和规模从东部到西部呈现明显的减小和缩小趋势。

（二）读者阅读推广服务需求比较

以李桂华和苏华两位学者针对成都图书馆、厦门市图书馆、西安市图书馆、四川省图书馆和浙江图书馆5座公共图书馆共954名读者进行的信息需求与行为抽样调查为基础，结合笔者对首都图书馆、苏州图书馆、上海图书馆、河南省图书馆数十位读者的随机采访，笔者将我国东部与中西部省市公共图书馆的读者阅读推广服务需求差异总结为以下三条。

第一，对图书馆阅读推广服务角色期望的差异。当读者定义心目中的图书馆时，东部省市图书馆的读者更多地将图书馆理解为伙伴、书籍和社区中心，而中西部省市图书馆的读者认为图书馆首先是书籍、老师和伙伴。因此，东部地区的读者更倾向于把图书馆的阅读推广服务当作一种媒介和引导，认为其连接读者与书籍、读者与专家、读者与读者，给予读者阅读的建议和意见，引导和帮助读者选择图书和阅读理解；中西部地区的读者则更多地期望图书馆的阅读推广服务拥有教育性和指导性，他们更加相信图书馆的权威性和公益性，希望能够通过阅读推广服务直接提高自身的文化水平和阅读能力。

第二，对图书馆阅读推广服务主题内容需求的差异。文艺历史类的图书推荐是东、中、西部读者普遍需求度最高的阅读推广主题。东部省市图书馆的读者对经济、管理、商业类主题阅读推广活动的需求和感兴趣程度明显高于中西部省市图书馆的读者，而中西部省市图书馆的读者对科学普及、农业技术类等阅读推广主题需求度较高。这与东部省市浓厚的商业环境，以及中西部以工农业为主的产业结构有关。同时，东部省市图书馆的读者更偏爱休闲娱乐类的阅读推广活动，中西部省市图书馆的读者则更加关注学习教育类的阅读推广活动，这与东部省市图书馆的读者受教育程度、收入水平及生活水平的平均值高于中西部省市图书馆的读者有关。

第三，对图书馆阅读推广服务形式偏好的差异。总体来说，东部地区的读者更加重视图书馆的阅读推广服务，中西部地区的读者则更偏好图书馆传统的书籍、报刊借阅服务。东部地区的读者希望图书馆阅读推广服务形式丰富多样，并且有新意，他们愿意尝试不同类型的阅读推广活动。当笔者在上海图书馆进行访谈时，遇到一位看到报纸新闻中介绍的某个国外图书馆老年读者阅读档案计划的读者，这位读者特意向图书馆工作人员提出，希望本市图书馆也可以推出此类活动。而中西部地区的读者对图书馆阅读推广活动的理解局限于讲座、展览、培训指导等方面，对参与这几种形式阅读推广活动的愿望也最强烈。

二、省市图书馆的三大阅读推广活动

我国省市图书馆举办场次最多、读者参与最多的阅读推广活动主要包括讲座、展览和各类培训班。前两者与国家图书馆阅读推广活动主要类型一致。而省市图书馆的培训班，特别是地市馆的培训班主要为大众读者服务，因此被纳入了省市图书馆阅读推广的讨论中。

（一）讲座

讲座类阅读推广活动既能充分体现图书馆大众文化教育与阅读推广的职能，又能发挥图书馆馆藏、场地、人脉等资源优势，同时在策划组织难度以及规模预算上又有较强的可控性。东部省市图书馆在年均举办讲座场次以及年均讲座参与读者总人次上都远高于中西部地区的图书馆。造成这个差异的主要原因如下：

一方面是图书馆资源的差异。我国中西部省市图书馆阅读推广活动人力资源和预算资源都远不及东部省市图书馆，虽然讲座类阅读推广活动需要的组织人力和预算费用相对较低，但是策划讲座选题、宣传发布讲座信息、接待听讲读者等都需要占用一定的图书馆人力资源，而邀请主讲专家也需要一笔不小的费用。特别是部分比较偏远的中西部省市图书馆，本地区文化事业发展较晚、规模较小，当地专家资源有限，因此不得不从北京、上海等东部地区邀请讲座主讲专家，这就需要图书馆额外承担专家的交通和住宿费用。

另一方面是图书馆讲座听众基础的差异。东部省市图书馆不仅所在城市规模较大，而且读者的平均文化水平要高于中西部省市图书馆的读者，东部省市拥有较多的高等院校、学术科研机构和高新产业区域，城市科技文化底蕴氛围深厚，不少读者有定期去图书馆听讲座的习惯，这也为东部省市图书馆的讲座活动提供了一个庞大的城市潜在听众群体。无论是东部、中部还是西部，平均每场讲座的参与人数差别不大。但是这并不意味着其省市图书馆举办的讲座的规模大致相同。

东部省市图书馆的讲座规模多变，既有参与读者多达数千人的大型公开讲座，也有参与人数不足百人的小型讲座。例如，与图书馆特藏有关的比较专业化的学术讲座，虽然受众数量有限，但是对特藏资源开发利用和相关领域学术发展有着重要作用。有的东部省市图书馆还与本地企事业单位合作，提供小规模的"定制讲座"。例如，福建省图书馆与福州市市直机关工会共同策划了"知荣辱、强素质、树形象"教育活动系列讲座，根据30家机关单位分别选定的时间、地点、主题、内容，由图书馆选派专家为它们开展有针对性的、有特色的小规模讲座。中西部省市图书馆的讲座规模通常固定在百人内，这个规模的讲座一方面对场地、设备和馆员组织能力的要求不是太高，另一方面又兼顾了讲座的阅读推广效率，比较适合各方面资源都不是特别丰富的中西部省市图书馆。

1.讲座主题

参考王世伟的《图书馆讲座工作引论》，我国省市图书馆的讲座主题主要分为七大类：一是文学艺术类，如音乐欣赏、美术作品欣赏、文物欣赏等；二是科学普及类，如气候环境、科技发明、世界地理等；三是政治历史类，如中外历史、国际关系、世界局势等；四是经济法律类，如宏观经济、市民与法等；五是热点时事类，如奥运会、世博会等；六是教育健康类，如保健养生、儿童教育等；七是地方文化类，如乡土课堂、都市文化、民族特色等。从图书馆讲座主题的选择和偏好来说，东部省市图书馆的讲座体现了图书馆所在城市的文化个性，而中西部省市图书馆的讲座更多地彰显了当地的地域特色和民族特色。

首都图书馆最著名的讲座品牌"乡土课堂"，立足北京乡土题材，向普通市民讲述老北京的文化历史、地理变迁、地方艺术、民间风俗等内容，体现了鲜明的京味特色和丰富的文化内涵。讲座邀请了一批学识深厚、谈吐幽默的主讲嘉宾，从北京的天坛到鸟巢、从建城到建都、从帝王之家到胡同四合院，带领市民穿梭于古今之间，徜徉于北京的街头巷尾，陶醉于独特的京味文化之中，使人们更加生动、深刻地认识了北京的民间风俗、地理变迁、文物珍品、名胜古迹、人文足迹。在几百期的讲座中，"乡土课堂"利用自己独特的地域文化定位和精彩的讲座内容不断激发着北京市民对传统文化的兴趣和对北京的热爱。

上海图书馆著名的"上图讲座"也因上海这座兼容并包、与时俱进的国际化大都市而呈现海纳百川的文化精神、中西合璧的学术特色和摩登时尚的都市风格。1978年，"上图讲座"始创"宏观信息讲座"，现在已经形成了涵盖六大板块、十八个系列，每年举办讲座场次超过150场的大型综合讲座系统，诞生了涉及时政、文化、法律、社会、艺术、科技、健康，包括"都市文化""名家解读名著""上海发展讲坛""世界与上海""信息化知识""知识与健康""法律知识""市民与法""院士讲坛""国际科学家讲坛""青年讲坛""学生讲坛""新世纪论坛"等在内的一大批著名品牌讲座。"上图讲座"以"城市教师"和"市民课堂"为自身定位，邀请的主讲嘉宾既包括国内的优秀学者和文化名人，也包括大量海外学科和领域的领军人物。

相比北京和上海这两座超级都市，苏州图书馆的讲座一如这座有着2500年悠长历史的姑苏古城，繁荣而内敛，小巧而精致，缓慢而安逸。苏州图书馆的"苏州大讲坛"主题大致可以分为两类：一类是贴近市民生活的实用知识和信息，如健康养生、儿童教育，另一类是苏州传统和市民艺术、文化和爱好，如苏绣、评弹、集邮。"苏州大讲坛"的讲座内容并不会把这两类主题提升到专业学术理论研究的层面，而是力求站在一个关心这类信息的普通市民或者兴趣爱好者角度，出于生活而服务于生活，透露着苏州这座城市精致慢生活的城市理念。

乌鲁木齐市图书馆的"乌鲁木齐文化讲坛"以"新疆情"为主要讲座主题，内容围绕新疆历史文化、文学艺术、民俗民情，邀请全国新疆研究领域的学者、新疆本地文人作家、经验丰富的新疆旅人，讲述丝绸之路、戈壁沙漠、维吾尔族、天山歌舞、楼兰古国的历史风情，以及东疆、南疆、北疆各异的气候、物产、自然景观和民俗风情。广西壮族自治区图书馆"八桂讲坛"的重要主题之一是"广西文化"，讲座通过宣讲广西的民族精神、戏剧、艺术、文学、文博等，进一步加深广大读者对广西本民族文化的认识，从而起到保护、传承广西民族文化精髓的目的。

2.讲座形式

我国省市图书馆的讲座形式主要可以分为单人演讲、双人对话、多人讨论、演讲与艺术表演相结合、演讲与听众互动相结合等类型，而这些形式又可以互相组合，形成更加丰富的讲座形式。例如，在单人演讲中加入观众提问、讨论环节，在多人讨论中加入现场朗诵与演唱环节，等等。省市图书馆讲座最常采用的形式是单人演讲，配以多媒体课件。这种形式的优点是讲座主题内容明确、讲授清晰、重点突出，便于听众掌握和理解主题，同时讲座的策划组织也相对简单。随着省市图书馆讲座的发展，越来越多的听众希望图书馆讲座能在单向讲授的基础上，加入听众体验、提问的互动环节。根据调查，超过55%的读者希望讲座是"主讲人主讲与听众现场互动交流相结合"的形式。而一些省市图书馆通过在讲座形式上的创新，增加讲座活动，丰富讲座内容，吸引更多的读者前来听讲。浙江图书馆曾举办假日讲座"中国古筝流派"，讲座除邀请著名音乐评论家史崇义主讲外，还特别邀请了青年古筝演奏家盛秋现场为听众进行古筝名曲演奏。

3.读者参与方式

我国省市图书馆的讲座按读者参与方式大致可以分为开放式和预约式两大类。开放式讲座是指图书馆公开发布讲座信息后，读者可以根据这些信息，自由地到图书馆免费参与这些讲座，图书馆不会对前来参与讲座的读者类型或者数量进行限制。开放式讲座的好处显而易见，随到随听最大限度上降低了读者的听讲成本，但是增加了图书馆在策划、预测和管理上的难度。有些讲座由于参与读者过多，无法保证讲座的听讲质量和读者安全。预约式讲座是指图书馆公布讲座信息后，同时开放预约平台，读者如果想要参与某个讲座，必须在图书馆规定的时间内，在图书馆指定的预约平台上进行预约，得到图书馆的预约成功确认后，才能到现场参加讲座。传统的图书馆讲座预约方式包括提前领票、讲座现场先到先入等；现在省市图书馆还开通了网上预约、手机 App 预约等形式。图书馆可以通过预约比较准确地掌握讲座的读者参与情况，从而一方面控制参与读者的数量，保证讲座的安全和质量；另一方面了解讲座的受欢迎程度，为将来的讲座策划提供参考。我国现在大部分省市图书馆采用开放式的讲座模式，如南京图书馆、苏州图书馆等；少部分读者规模较大的省市图书馆的讲座模式以开放式讲座为主，部分特别受欢迎或者受特殊条件限制的讲座需要读者提前预约，如首都图书馆、广州图书馆等；极少数图书馆的讲座全部采取预约式，如上海图书馆。

4.流动讲座与微讲座

我国部分中西部省市图书馆，由于服务的读者区域比较广泛，加上山地、高原等交通条件限制，让所有读者到馆参与讲座活动既不方便，也不现实。因此，一些省市图书馆积极改变图书馆讲座活动理念，由将读者"请进来"，改为让讲座"走出去"。四川省图书馆就曾联合四川省中心图书馆委员会办公室、四川省图书馆学会、全国文化信息资源共享工程四川省分中心在全省范围内开展了一系列"巴蜀讲坛"——四川省公共图书馆界文化惠民流动讲座活动。四川省图书馆根据省内各地区的特点和要求，聘请省内文化界、社科界、法律界等相关学者作为主讲人。流动讲座先后走进革命老区、少数民族地区、军营、学校、基层图书馆、灾民安置点，积极开展文化惠民活动，把科学文化知识送到普通老百姓的家门口，让他们有机会、有条件学习科学知识和实用技术，因此受到基层干部、武警战士、青年学生等的普遍欢迎。东部省市图书馆为了适应读者快节奏的工作与生活方式，推出了"微讲座"。"微讲座"不同于一般讲座视频的片花，其是浓缩版的讲座视频。它将某个优秀讲座的核心内容，分成若干个5~8分钟的主题片段，再将这些主题片段按讲座的逻辑顺序串联形成一部总时间在半小时左右、完整涵盖讲座精华的讲座视频。用户既可以按序连续收看整个"微讲座"的视频，也可以直接点播某段"微视频"。"微讲座"大大提高了网上收看视频讲座的效率，更为移动网络终端用户在多种场合随时点播自己喜欢的讲座提供了便利。上海图书馆选取近年来"上图讲座"中获得听众广泛好评的讲座，制作成微讲座，在图书馆网站上为读者提供点播服务。

（二）展览

21世纪以来，我国许多省市图书馆迎来了新馆建设的高潮。在图书馆新馆的设计和建设中，图书馆不同程度地规划了展览的空间，使省市图书馆的展览类阅读推广活动获得了长足的发展。2011年，我国省市图书馆共举办各类展览3109场，参观读者达1182.87万人次，平均每场展览参观读者3805人；平均每个省市图书馆每年举办展览8.16场，参观读者3.10万人次。东部省市图书馆每年举办展览1747场，参观读者755.05万人次，平均每场展览参观读者4322人；东部平均每个省市图书馆每年举办展览13.04场，参观读者5.63万人次。中部省市图书馆每年举办展览686场，参观读者259.55万人次，平均每场展览参观读者3784人；中部平均每个省市图书馆每年举办展览6.24场，参观读者2.36万人次。西部省市图书馆每年举办展览676场，参观读者168.27万人次，平均每场讲座参观读者2489人；西部平均每个省市图书馆每年举办展览4.93场，参观读者1.23万人次。我国东部、中部、西部省市图书馆举办展览平均每场参观读者的数量呈阶梯状下降的趋势。造成这一差距的原因主要有两点：一是东部、中部、西部省市图书馆展览空间大小与能同时容纳的读者数量呈阶梯状下降的趋势；二是到馆读者资源也呈东部、中部、西下降的趋势。但是，中西部省市图书馆举办展览场数较少、频率较低，一般一场展览持续的时间较长，在一定程度上缩小了东部、中部、西部平均每场展览参观读者数量的差距。

1.展览场地

展览是指在特定的时间和空间内，通过一定的表达手段和形式，展现产品、服务和成就的一种社会信息交流形式。图书馆展览场地的空间设计、规划和地理位置直接影响图书馆展览类型阅读推广活动的形式、规模、频率和参观读者数量。我国省市图书馆举办展览的场地可以简单分为两类：一类是专用的展览展示厅；另一类是图书馆的公共读者活动空间，如走廊、大厅临时改造成的展厅等。总体来说，图书馆专用展览厅的规划、设计和建设，对提高图书馆展览举办场次、规模和档次具有极大的促进作用。

2002年以前，珠海市图书馆里没有一个专用的展厅，展览业务的工作一直非常落后，每年仅在图书馆服务宣传周活动中和其他单位合办一个比较大型的综合性宣传展览，展场是室外的广场或图书馆大院，展架是临时搭建的，展板的设计水平也比较低，全馆每年举办展览的场次不超过3场。2002年，珠海市图书馆与珠海市展览馆合并，拥有了1300多平方米的大型展厅，展览业务突飞猛进。缺乏专用展览厅不仅限制了图书馆的办展频率和规模，还缩小了图书馆的办展范围，使图书馆与高档次展览无缘。东莞图书馆新馆在设计上原来有一个专门的展厅紧挨自修室，但是由于自修室设置的座位太少，无法满足读者的阅读需要，只好把展览厅也改为自修室，展览移到了1200平方米的大堂。大堂虽然面积很大，但因为是敞开式的，所以在展览的过程中带来了不少的问题，比如展览的设计布置难度大，灯光音响效果设计受到限制；观展读者人流控制和引导难度大，观展读者与图书馆其他读者互相影响；超规格展品展示困难，珍贵易损展品陈列保护难度大；等等。这些问题的出现大大限制了东莞图书馆对高档次、高规格展览的引入。图书馆专用展览空间的规划和建设一般需要依托图书馆装修改建和新馆建设，短时间内改变现状难度较大。因此，因地制宜发展省市图书馆展览活动，建设有特色的展览服务也成为许多省市图书馆的发展方向。

山西省图书馆建成以前，由于没有正规的展厅，图书馆就将目录厅和走廊改造为展厅，开展起各种类型的展览活动。而这里恰恰是读者借阅的必经之地，客观上使展览有了更多的观众群。山西省图书馆选择热点性强、接近读者生活的展览主题，采用以图为主的展览形式，直观生动地向读者传递信息、推广阅读、弘扬文化。杭州图书馆则放弃刻板沉闷的展厅，把摄影展放到了书架上。

杭州图书馆曾推出"书架上的展台"文化公益展，其中一期以"杭州瞬间"为主题的摄影展分别展出了以"怀旧""雨""随拍"为主题的120幅作品，用镜头记录下杭州的瞬间。这些照片被随处摆放在图书馆三楼专题文献中心，有的摆在空地上，有的挂在墙上，有的放在玻璃展台里，还有的直接置于书架上。除展览场地空间设计规划外，展览的地理位置和周边环境也影响了观展读者的数量。省市级图书馆的展览一般在图书馆内举办。

我国东部省市图书馆一般位于当地的经济或者文化中心，方便的交通和浓厚的文化氛围吸引了很多读者前来观展。上海图书馆坐落在市中心，公共交通和私家车停车都很方便，展厅外围设有清晰的导引，因而吸引了大量读者前来观展。南京图书馆新馆建在大行宫黄金地段，展厅面朝六朝遗址，现代化的展厅和拥有历史气息的周边环境相得益彰，带给读者一种全新的体验。绍兴图书馆位于该市文化中心，周围不仅有绍兴博物馆、鲁迅故里、沈园，而且有很多中小学和培训机构，这为绍兴图书馆举办展览提供了一定的读者基础。而部分中西部省市图书馆，特别是新馆，主要建设在城市计划未来重点开发和建设的新兴城市区域，位置比较偏远，一定程度上影响了图书馆展览的观展读者数量。

2.展览主题

我国省市图书馆展览主题大致可分为以下七类。

（1）特色馆藏展览。我国历史悠久、地大物博，除国家图书馆外，各省市图书馆也珍藏很多文物、书籍。各省市级图书馆对珍贵的文献有特殊的保管方式，这使普通读者在平时很难接触到这些文献。举办馆藏展览则成了满足读者了解地方文化、开阔眼界的主要方式，并且是向读者宣传图书馆馆藏资源的最好方式。

比如南京图书馆，其前身是民国时期的"中央图书馆"，因此收藏的民国文献数量众多。据统计，南京图书馆现有民国文献70万册（件），其中包括2000余种报纸、9000余种期刊、40余万册图书。南京图书馆开发利用其馆藏资源，举办了多次民国文献展览，如"大型民国商标广告展""民国文献珍本展"等。同时，举办特色馆藏展览也是省市级图书馆丰富特藏资源的一种有效方式。上海图书馆曾举办了一场"真影留踪——上海图书馆藏历史原照展"，这在上海市民中掀起了一股看老照片、忆往昔事的怀旧热潮，众多热情市民来到展厅，向图书馆工作人员无偿捐赠家藏珍贵老照片。

（2）地方文献展览。省市图书馆依托地理位置优势，搜集和收藏了一大批具有鲜明地方特色的文献资料。省市图书馆依托这些地方文献举办的展览，一方面贴近当地本土生活与文化，使本地读者对图书馆产生亲近感；另一方面宣扬了地方学术、艺术和传统，增加了读者对本土文化的认同感和对家乡的自豪感和热爱。广东省立中山图书馆地方文献专藏创建于1941年，现收藏有图书、报纸、期刊、图片等各类型地方文献约10万种、34万册（件），其中最具特色的有孙中山文献、族谱、地方志等。近年来，广东省立中山图书馆依托丰富的地方文献资源，采取单独承办或者与其他单位合办的方式，先后举办了"广东企业宣传品展览""澳门历史文献展览""辛亥革命在省港澳""寻找黎民伟的足迹"等一系列地方文献展览，取得了良好的社会效益。

（3）纪念性展览。省市图书馆作为社会文化服务和教育机构，在重要的节日、纪念日通常会集中举办各类历史文献、图片等纪念性展览，引导读者追忆历史、缅怀先人、以史为鉴。

（4）文化艺术作品展览。省市图书馆文化艺术作品展览根据展品来源通常可以分为两类：一类是名家名人的艺术作品展览，另一类是大众读者的艺术成果展示。前者更侧重增进读者与高端艺术文化的交流，提升读者艺术文化素养；后者更侧重鼓励大众读者参与文化艺术创作，增强读者对图书馆阅读推广活动的参与感。省市图书馆文化艺术展览最常见的展品类型包括摄影作品、绘画作品、书法作品等。例如，合肥市图书馆举办的"迎国庆展风采——聚焦合肥"读者摄影作品展，福建省图书馆与广东省立中山图书馆举办的"环球图书馆之旅"大型图片展。

（5）科普教育展览。省市图书馆是普及科学知识、开展社会教育的重要机构，因此科普教育展览也是图书馆展览的一个重要主题。近年来，省市图书馆比较常见的科普教育展览主题包括环境保护、地球地理、天文航天、未来科技、生活常识、汽车机械等。省市图书馆的科普教育展览以图片文献展览为主，有的展览会同时展出相关实物、模型、标本，还有的展览会安排读者参与制作。例如，荆州市图书馆的"我爱蓝色的海洋"科普教育图片展览，山西省图书馆的"提倡文明礼仪，弘扬社会公德"和"共创生态文明，建设美丽中国"科普图片主题展览。

（6）新书展览。为帮助读者更快、更好地了解和使用图书馆新近图书文献资源，省市图书馆通常会举办新书展览展示会。省市图书馆的新书展示会通常形式比较单一，就是在一个特定的展览区间内展示图书馆最近集中采购的某一专题的新书精选和采购目录。为了吸引更多的读者前来参观，有的省市图书馆采取随展随借的方式，在新书展览的同时提供这些新书的浏览、借阅服务；有的省市图书馆则在展览同时向读者发放问卷，调查读者对该类图书资源的偏好、使用情况，为图书馆今后的采购工作提供参考。例如，河北省图书馆组织的少儿新书展等。

（7）国际交流展览。省市图书馆作为本地区对外的重要文化展示和交流窗口，组织国际交流展览有利于在世界范围内提高地区知名度，提升地区文化形象。苏州图书馆曾与中国人民对外友好协会、江苏省集邮协会等共同举办了"生肖集邮国际交流展览"，邀请全国各地和国外的集邮爱好者齐聚苏州图书馆，交流和展示各自珍藏的生肖邮票，在世界范围内宣传了我国的传统生肖文化。

3.展览活动的延伸

我国省市图书馆为了让单一的展览活动更加适应读者多元化的文化需求，吸引更多的读者参观展览，达到更好的文化宣传和阅读推广效果，尝试进行了一系列传统展览活动的延伸活动。

（1）互动展览。在传统的省市图书馆展览中，读者始终处于被动接收的地位，展览既不能从本质上改变传统教育的模式，也不能从读者接收信息的过程中得到读者的反馈。图书馆互动展览是指图书馆围绕展览主题，运用各种多媒体技术手段设计教学情境，鼓励读者动手动脑参与展览，将读者被动的参观过程变成一个在参与中欣赏、探索、发现和思考的双向传播学习过程，这既增加了展览的趣味性，也加深了读者对展览的认识和理解。上海图书馆曾举办了"科技让阅读更精彩——阅读新体验：网络、数字、自助"互动展览，该展览运用展板、展柜和电子实物，通过面对面的互动、参与、体验，将上海图书馆新技术、新服务零距离地展示给读者。互动展览受到了读者的欢迎，短短几天有近2000人次参观展览，参加体验的读者累计650余人次。许多读者参观、体验后立即行动，有的去网络学习室办理电子阅读器外借手续，有的马上拿出自己的手机当场注册，有的则建议上海图书馆开设一个长期的新技术体验中心。

（2）展览与讲座的共同发展。省市图书馆在举办展览活动的同时，还会组织与展览主题相关的讲座，这一方面能帮助读者更好地观展，另一方面充分利用了专家资源，节约了图书馆阅读推广活动成本。例如，天津图书馆在举办陈捷绘画展时就邀请陈捷先生进行了"西方油画欣赏"专题讲座，绍兴图书馆在举办"王冬龄书法作品展"的同时也邀请王冬龄先生主讲了"书法艺术专题讲座"。

（3）数字展览与网络展览。数字展览、网络展览以展品和展览空间的数字化为基础，通过搭建互联互通的网络体系，实现不同展品、参展方和参观者之间的信息共享、内容共建和体验共享。省市图书馆的数字展览和网络展览能够打破图书馆实体展览在时空上的限制，是省市图书馆展览服务读者的重要手段。

近年来，随着省市图书馆网站建设的逐步成熟，不少省市图书馆在自己的数字图书馆或者图书馆网站上开辟了"网上展厅"。一方面通过技术手段将图书馆的实体展览搬上网络，提升图书馆展览的人气，扩大展览的阅读推广范围和效果；另一方面部分省市图书馆还开始尝试建设专门的数字展览和网络展览，扩展图书馆展览的范围，降低图书馆展览的成本。

（三）读者培训

根据目标读者受众的不同，我国省市图书馆的读者培训大致可分为以下三类：第一类是党政干部培训，即图书馆在建设学习型党组织的工作中，为省市党员干部、政治骨干开设包括个人修养、反腐倡廉、传统文化等在内的培训课程；第二类是图书馆馆员业务素质培训，即省市图书馆为本馆以及下属图书馆馆员开设的包括读者服务、图书编目、参考咨询等在内的图书馆专业培训；第三类是大众阅读推广读者培训，主要面向的是图书馆的大众读者，该培训以提高大众读者文化素养、知识水平、阅读能力和图书馆利用能力为目标，开设包括图书馆读者服务介绍、电脑网络、数字图书馆使用指导、图书选择和阅读进阶等在内的培训课程。在早期的图书馆读者培训活动中，前两类的读者培训占比超过80%。

近年来，随着大众阅读推广的深入和普及，图书馆阅读推广读者培训发展迅速，成为省市图书馆读者培训的重要组成部分，也是本部分讨论的重点。与讲座和展览类阅读推广活动相比，省市图书馆的读者培训更加凸显了东部和中西部的差距。2011年，我国省市图书馆共组织读者培训班10202次，其中东部省市图书馆共组织7429次，馆均组织55.44次，而中部和西部图书馆仅各组织1206次和1567次，馆均组织10.96次和11.44次。这是由于与独立性较强的单场讲座和展览相比，读者培训是一个更加系统、长期和规律的读者阅读推广活动。一般省市图书馆的一期读者培训至少包括3~5场有规划的、连续性的读者活动，这些活动的形式可能包括课堂、讲座、实习、参观、讨论等多个类型，负责组织的图书馆要有全面、稳定、成熟的读者阅读推广活动资源要素的支持。与当地企业、组织和社区的积极合作是东部省市图书馆读者培训的特点之一。应中国石化广州分公司邀请，广东省科技图书馆相关领导曾带领该馆信息咨询部的成员进入中国石化广州分公司，为该公司员工举行了首次图书馆读者专题培训。培训简要介绍了广东省科技图书馆以及信息咨询部的服务现状，并针对广州石化科研人员在科技查新过程中存在的疑惑，开展了主题为"科研人员如何进行科技查新"的专题报告。该培训受到广州石化员工的一致好评，不少科研人员表示在厘清查新思路、撰写查新委托合同方面受益匪浅。广东省科技图书馆和中国石化广州分公司领导层更是就未来的业务合作进行了深度的交流。泰州图书馆曾与本市社区街道合作，开展"从零开始学电脑"老年读者免费培训班。在社区街道工作人员的宣传和鼓励下，培训班从报名开始不到两周，就有超过300位老年读者踊跃报名。

东部省市图书馆与当地企业、组织和社区合作举办读者培训，一方面，扩大了图书馆读者培训活动的影响力和宣传力，使更多读者了解和参与图书馆读者培训，扩大了图书馆阅读推广的效果；另一方面，读者培训合作的成功也为图书馆与这些企业、组织和社区今后全方位、多层次的合作奠定了基础。在不少东部经济发达地区的省市图书馆，为企业、组织提供读者培训服务已经成为除图书馆财政拨款外的一个重要收入来源。我国省市图书馆的读者培训活动按培训主题可分为以下六类。

1.入馆培训

入馆培训是图书馆为了帮助读者了解和使用图书馆而开设的最基础的图书馆读者培训。通常省市图书馆的入馆培训内容包括对图书馆开放时间、读者卡的办理和使用、图书馆内部结构和功能区分布、图书馆馆藏资源、读者浏览和借阅图书的方式、图书馆读者服务等图书馆基本信息、功能和服务的培训。我国省市图书馆的入馆培训一般有三种形式：第一种是材料培训，即图书馆在大厅入口、读者服务台和各个阅览室等处放置图书馆指南或者读者手册，读者想了解图书馆的信息或者服务时，就可以自己选取培训材料进行查看；第二种是口头咨询，即图书馆安排工作人员在读者资源台、阅览室，以及图书馆的各个读者活动区域，对读者进行引导，回答读者的一般性问题，这也是读者最常使用的入馆培训方式；第三种是课堂讲座，有一些省市图书馆（如上海图书馆等）会定期组织专门关于图书馆基本功能的入馆培训讲座。

2.电脑与网络使用培训

现在，不少省市图书馆都配备有专门的电脑浏览和上网冲浪区域，用于满足读者对图书馆数字资源和网络数据库资源的使用需求。但是不少中老年读者或者农民工等很少有机会接触电脑和网络，并不会使用这些来获取资源和信息，他们在这个信息时代的阅读范围和阅读能力受到了很大的限制。因此，不少省市图书馆针对这些人群开设了电脑与网络培训班，帮助他们掌握基本的电脑打字、上网、收发邮件等技能。省市图书馆的电脑与网络培训班通常采用课堂讲授演示和读者上机操作相结合的方式，培训内容包括计算机基础操作、Windows操作系统基本使用、电脑文件管理、Word使用、上网操作、股市行情浏览、网上求医问药、网上购物、QQ聊天、电子邮件收发等。电脑与网络培训班可以说是当下省市图书馆开设最广泛的读者培训主题，泰州图书馆、海口图书馆、潍坊市图书馆、百色市图书馆等都开设有电脑与网络读者培训班。

3.馆藏特色文献专题培训

馆藏特色文献专题培训是系统揭示省市图书馆某一方向、系列的馆藏特藏资源，帮助读者更好地了解、利用这类资源的系列培训。这类培训主要针对某一领域有特殊研究需求或者兴趣爱好的读者，由经验丰富的该领域研究馆员或者外聘学者，以课堂讲授的方式对读者进行指导和培训。

4.数字资源使用和文献检索培训

数字资源使用和文献检索培训主要针对有专业信息需求的图书馆读者，包括学生、科研人员等。省市图书馆在培训中介绍图书馆现有的中外文数据库和电子图书期刊资源，帮助读者掌握文献信息检索与利用的基本理论，提高检索技能，优化检索策略。该培训一方面能够提高读者检索信息的能力，另一方面能够拓宽读者的视野和知识面，促进读者对图书馆数字资源的了解和利用。这类读者培训最早开始于高校图书馆，随着东部部分省市图书馆数据库等数字资源建设的加强，数字资源使用和文献检索培训也慢慢被引入公共图书馆，成为宣传、利用省市图书馆数字资源和提升读者服务层次深度的重要方式。该类培训除传统的课堂讲授方式外，有的图书馆还根据该类培训读者需求个性化、差异化的特点，为读者提供一对一的培训服务。例如，广州图书馆的数据库公益培训，读者在每周六的上午9点到下午5点，无须预约，只要前往图书馆电子阅览室，就可以得到图书馆信息服务部馆员一对一的培训咨询服务。

5.图书馆信息服务培训

图书馆信息服务培训介绍了省市图书馆提供的文献科技查新与评价、立项专利查新与评价、国内外资料普查、引文查新证明等高层次、专业化信息服务，深受企业用户和科研人员的喜爱。该类培训主要由图书馆的情报、信息咨询部提供，除了常规的图书馆内公益性培训，通常还接受企业和组织的定制和上门培训。

6.文化休闲培训

文化休闲培训是省市图书馆根据自身优势、本馆读者特点和当下热门话题开设的陶冶读者文化素养、丰富读者图书馆生活的系列读者培训。该类培训的主要参与读者是那些业余时间比较充裕，经常性、规律性地前来图书馆的图书馆忠实读者，以省市图书馆所在城市的退休老年读者为主。在笔者的访谈中发现，有的老年读者会选择自己感兴趣的主题，而很大一部分老年读者总是结伴参加培训，对他们来说，图书馆的文化休闲培训不仅能够增长知识，还能够使他们和老朋友定期聚会、聊天，认识一些新朋友。

三、省市图书馆其他阅读推广活动的类型

除了讲座、展览和读者培训三大类型，我国省市图书馆还组织了其他形式多样、内容丰富的阅读推广活动。

（一）读者俱乐部

我国省市图书馆的读者俱乐部一般是图书馆组织的，有明确宗旨与规章制度，定期举办各种读者活动，以帮助读者更好地利用图书馆，达到图书馆的服务目的。从这一描述就能看出，省市图书馆的读者俱乐部与国家图书馆的读者俱乐部明显不同，具体表现在以下两个方面。

第一，读者参与方式不同。国家图书馆的读者俱乐部并没有会员制度，或者可以说全国的读者都是它的会员且都可以免费参加它的俱乐部活动。而省市图书馆的读者俱乐部一般有比较正式的会员制度，通常只有在俱乐部登记的会员才能参加读者俱乐部组织的读者活动。省市图书馆在构建读者俱乐部初期，通常会动员、吸收一些图书馆的老读者充当俱乐部的骨干，然后通过骨干会员带动、辐射其他读者的方式吸引新会员加入。省市图书馆的读者俱乐部规模一般为几百人，通常读者只要拥有该图书馆的图书借阅证，并且承诺遵守读者俱乐部的规章制度，就可以自愿申请加入。但也有的省市图书馆会组织针对某一类型读者的专门读者俱乐部，想要加入这类俱乐部的读者必须符合一些特定条件。例如，湖南图书馆组织的乐龄俱乐部只面向50岁以上的老年读者。除了自愿申请，有的省市图书馆读者俱乐部还会向加入俱乐部的读者会员收取一定的费用。例如，读者在加入湖南图书馆的红孩子读书俱乐部时，需要缴纳100元的押金、20元的俱乐部会员卡工本费和每年50元的服务费；吉林省图书馆在2006年推出的读者俱乐部也要求会员缴纳100元的押金与每月5元的借阅费。

第二，俱乐部活动方式不同。国家图书馆的读者俱乐部活动主要是讲座，省市图书馆的读者俱乐部活动则更加丰富多样。省市图书馆读者俱乐部常组织的读者活动是会员读书交流会。例如，重庆图书馆读者俱乐部会员可以自由加入自己感兴趣的读书小组，三五成群，欢聚一堂，畅谈兴趣话题，推荐好书，交流读书心得，分享书评。重庆图书馆还在每次书友会中评选出一本到两本热门图书，在年底以展板的形式将这些图书推荐给图书馆的其他读者，分享阅读推广成果。省市图书馆读者俱乐部还根据俱乐部会员的兴趣、需求，为读者会员组织各类会员沙龙。例如，黑龙江省图书馆读者俱乐部为会员组织了英语沙龙、文学沙龙、书画沙龙、理财沙龙四个兴趣沙龙。这四个兴趣沙龙由图书馆监督、指导，会员自

主管理，既丰富了会员的俱乐部生活，也增强了会员的主人翁责任感。省市图书馆读者俱乐部还会为会员组织一些节日庆祝和集体旅游等活动，以增进俱乐部会员之间的交流和感情，增强会员对俱乐部的归属感。为庆祝我国首个法定"老年节"，广东省立中山图书馆乐龄俱乐部组织了俱乐部老年读者一日游活动。活动当天，在图书馆资深馆员的带领下，30余位老年读者逐一了解了图书馆的日常业务，体验了各项新设备、新技术，在之后的讨论会上，图书馆还为老年读者悉心设置了图书馆知识抢答和幸运大抽奖等环节，得到了他们的赞许。除此之外，不同的省市图书馆读者俱乐部还会为其会员组织在线俱乐部、课堂讲座、生日赠书、新书推荐、图书推送等服务活动。

（二）推荐书目

指导读者选择合适的阅读材料和阅读方法也是省市图书馆阅读推广的重要内容之一。省市图书馆的推荐书目有时也被称为"导读书目""选读书目""举要书目"等，虽然不及"国家图书馆文津图书奖"的书目权威，但是省市图书馆针对本馆读者需求特点，为了某一特定目的，围绕某一范围或者专题编制的推荐书目，具有更强的灵活性、针对性、及时性、适应性和亲民性。我国省市图书馆的推荐书目根据编排形式可以分为按图书类型和按读者群体两类，经典名著、畅销书、新书是图书馆最常见的推荐图书类型。省市图书馆的推荐书目除了包括图书的书名、作者名、版本等图书基本信息，通常还会附有图书的作者简介和内容简介，有的图书馆还会附上该图书的推荐理由，或是配上图书馆馆员、知名评论者和其他读者对该书的评论，帮助读者更好地了解和选择图书。有的省市图书馆则非常贴心地在推荐的图书后面标上该书在本馆的馆藏位置和索书号，方便读者借阅该图书。省市图书馆为了传播本土特色文化、宣传本地出版机构、介绍地方特色图书，有时还会推荐一些有地域特色的书目。广州图书馆在与广东省委宣传部等机关单位联合举办的"南国书香节"上，推出了"粤版新书推荐目录"。目录中的16本书都是广东地区出版社的优秀之作，代表了广东省文艺类图书出版、传媒类图书出版、岭南题材图书出版等出版领域的出版文化特色和水平。大部分省市图书馆的推荐书目是伴随阅读推广活动一次性发布的，但也有少数图书馆的推荐书目逐渐形成了规律性、周期性和品牌性。例如，大连少儿图书馆每年寒假都会发布"寒假学生阅读书目"，该书目刚开始仅有小学生推荐书目，后来增加了中学生推荐书目，阅读该书目推荐的图书成为不少大连儿童必备的"寒假作业"之一。

（三）读者比赛和演出

省市图书馆组织的读者比赛和演出活动丰富了读者的图书馆文化生活，加深了读者与图书馆之间的联系，激发了读者对图书馆与阅读的兴趣。省市图书馆的读者比赛和演出活动主要面向的群体是青少年，在笔者的调查中，超过80%的省市图书馆读者比赛和演出活动都是青少年活动，老年读者是图书馆读者比赛和演出活动的另一个参与群体，也有部分比赛和演出活动吸引了各个年龄层次的读者参加。省市图书馆组织的最常见的读者比赛类型包括书画比赛、摄影比赛、朗读比赛、演讲比赛、写作比赛、阅读比赛、歌舞比赛、设计比赛等，而读者演出的类型主要包括歌舞表演、诗歌朗诵、小型舞台剧等。省市图书馆的读者比赛和演出活动通常采取与学校、社区、协会等组织联合举办的模式，一方面扩大了比赛和演出的影响力，另一方面保证了基本的参赛者和参演者的数量，降低了活动组织的难度。有的省市图书馆还会与企业等洽谈冠名、赞助等事宜，或者寻求企业提供比赛演出的奖品和纪念品。省市图书馆读者比赛除了评选出一、二、三等奖，还会设置鼓励奖、参与奖、组织奖等奖项，以鼓励读者积极参与。比赛和演出结束后，有的省市图书馆还会将比赛和演出的作品制作成作品集、宣传展板等，在图书馆进行收藏和展览；也有的省市图书馆将比赛和演出活动结合在一起，组织朗诵、演讲、歌舞等比赛的获奖读者在图书馆公开表演，进一步扩大和延续比赛演出活动的影响力。

（四）影视展播

很多省市图书馆利用现有的多媒体放映设备和影音资源，为读者举行电影放映等活动，受到读者的热烈欢迎。影视展播活动要求图书馆具备基本的多媒体播放条件，随着我国省市图书馆设施建设的逐步完善，现在大部分省市图书馆都配备有投影设备和音响设备，具备开展影视音乐展播活动的硬件条件。因此，影视音乐展播活动可以说是一种经费要求较低、组织难度较小、读者参与度较高的省市图书馆阅读推广活动。省市图书馆的电影展播活动可以分为院线放映和免费放映两大类：第一类是指有的省市图书馆有专门的电影院，这类电影院会上映最新的院线电影。例如，重庆图书馆电影院、广安市图书馆电影院等。省市图书馆的院线电影放映活动通常要向读者收取一定的费用，与其他电影院相比，这些电影院的装潢设施相对简朴，但是票价比较亲民，因此也吸引了一定的群众前往观影。第二类按照放映地点又可以分为馆内展播和馆外展播两类。馆内展播通常在图书馆的多功能厅、会议室等封闭的大型公共读者活动区间内举行。独立的放映空间一方面能为读者提供较好的观影效果，另一方面也能防止电影和音乐的声音对图书馆其他读者的干扰。馆外展播则是图书馆将放映设备和影视资源带到市民广场、建筑工地、敬老院、福利院等，为当地群众提供露天或者室内的影视放映活动。省市图书馆的免费电影放映因为影视版权问题，内容通常选择科教纪录片或是经典老片，放映时间也主要选择在周末或是晚上，以方便读者前来观影。合肥市图

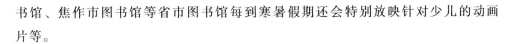

书馆、焦作市图书馆等省市图书馆每到寒暑假期还会特别放映针对少儿的动画片等。

（五）流动图书车

流动图书车是指图书馆通过将中大型客车改造成可以移动的图书馆，将图书借阅服务带出图书馆，把图书、文献、数据等资源送到读者身边。省市图书馆的流动图书车极大地满足了读者对图书和阅读的需求，为读者搭建了一个移动的学习平台，对阅读推广和构建全民读书学习的学习型社会起到了积极作用。省市图书馆的流动图书车阅读推广活动主要流行于图书馆服务地域较大、基层图书馆建设尚不完善、公共交通条件有限的省市。这些省市的流动图书车主要服务于经济条件较差的农村地区、地理位置偏僻的城市小区、留守儿童和打工子弟居多的学校、关押服刑人员的监狱、养老院、福利院等。例如，辽宁省图书馆首批流动图书车开入沈阳第一监狱，受到了监狱干警和服刑人员的热烈欢迎。监狱领导称赞流动图书车的服务便捷而周到，不仅丰富了干警的业余文化生活，开阔了他们的眼界，而且有利于监狱干警的队伍建设。对服刑人员来说，流动图书馆的服务不仅提升了这一特殊群体未来的就业技能，也使他们深深地感受到了社会的关爱，增强了重新回归社会的信心。除了图书更新，不少省市图书馆的流动图书车还同时承担了流动展览、流动讲座、流动电影放映等图书馆公共文化服务职能。

省市图书馆开展流动图书车活动往往存在两个障碍：一是预算障碍。一辆中大型客车采购加上改造的费用通常在15万元到35万元，需要图书馆一次性投入巨大的资金。二是图书规模障碍。一辆中大型图书车能同时装载的图书也仅在1000~5000册，严重限制了读者对图书的选择，从而降低了读者对流动图书车的兴趣。对于第一个问题，不少省市图书馆选择了和当地企业进行合作，寻求社会赞助。例如，襄阳市图书馆的一辆价值18万元的中型图书车就是由当地知名企业赞助的。而对于第二个问题，一方面，图书馆可以在流动图书车中增加体积小且轻便的影音资源、数字资源和数字阅读器，丰富流动图书车的资源内容，扩大流动图书车的资源容载；另一方面，图书馆还可以接受读者对流动图书车的"点单"。同样是襄阳市图书馆，襄阳市的机关、企事业单位和社区读者可以通过联系图书馆，申请预约流动图书车上门。预约的同时，这些单位和社区还可以向图书馆提交一份该单位和社区读者需求的图书、讲座、资料名单，图书馆会尽可能地安排流动图书车满足他们的"点单"需求。

（六）自助图书机

2008年，深圳图书馆和深圳海恒智能技术有限公司共同开发研制出"城市街区24小时自助图书馆系统"。"城市街区24小时自助图书馆系统"的主体是自助图书机。这台机器高约2.4米、宽约2.57米、厚约1.5米，所需要的占地空间面积不足10平方米，由图书展示柜、图书归还回收箱、自助服务终端、图书馆查询终端和布告栏五个部分组成。透明的图书展示柜由三层书架组成，大约可容纳400本图书，在环形传送带的带动下，书刊可以定时或者按照读者的指令在展示柜中旋转展示。图书展示柜的下方是图书归还回收箱，能存放800册读者归还的图书，还配有灵活的机械手，可以根据无线射频识别技术自动识别图书并将图书进行分类。图书展示柜的左侧是自助服务终端，自助服务终端操作简单易懂，读者除了可以利用这个终端随心所欲地借还图书，还可以自助实现图书馆借书证的实时办理。自助图书机的右侧是一台小型电脑，利用它可以搜索到深圳图书馆中所有的藏书，读者在查到所需图书后，可以提出预借请求，图书馆的工作人员将帮读者找到图书，送达自助图书机，并以邮件或短信方式通知读者在一定时间内凭证直接到自助图书机取书。而自助图书机的左侧是一个电子布告栏，可以显示图书机中所藏的书目信息和图书馆其他活动信息以及公益广告。可以说，深圳图书馆的"城市街区24小时自助图书馆系统"基本实现了一个小型图书馆的所有基础读者服务功能。自助图书机解决了部分省市图书馆读者接待能力饱和的现状，40万元左右的成本投入就相当于在读者身边再建一座图书馆，还是一家24小时不关门的图书馆，读者再也不用面临自己下班图书馆也关门的窘况。

同时，自助图书机还缓解了省市图书馆纸质图书库存和书架紧张的问题。深圳图书馆的图书机通过网络与图书馆中心数据库连接，与图书馆自动化系统完全集成，当系统内图书少于三分之一时，图书馆会及时补给，图书馆还会随时将读者预约借阅的图书分配送达最近的系统。以每台自助图书机存放400本图书计算，100台就能存放4万册图书，而每台一天借出100本，其存放与服务规模及图书流通的数量每年将是365万册，是深圳图书馆馆藏量的1.5倍多。继深圳图书馆之后，上海图书馆、首都图书馆、海南省图书馆等省市图书馆相继开发和启用了自己的自助图书机，图书馆、社区、医院、机场等诸多读者聚集的公共场所开始引入和设置自助图书机，努力为读者创建"随时随地，想看就看"的理想借阅方式。

（七）图书捐赠、漂流和交换

图书的价值在于阅读。很多读者向图书馆反映，自己买的图书，大多只看了一遍，甚至由于购买冲动，一遍都没看完就被搁置家中。于是，不少省市图书馆为了让读者家中这些"沉睡"的图书动起来，充分发挥它们应有的价值，推动环保阅读理念，推出了一系列图书捐赠、图书漂流和图书交换活动。图书馆的图书捐赠活动就是图书馆鼓励、动员读者将家中闲置的图书、杂志等无偿捐献出来，让这些图书能够再次发挥自己的阅读价值。通过图书捐赠得到的图书大部分被省市图书馆用于图书漂流、送书下乡、图书援建等公益阅读推广活动，也有少部分珍贵的书籍会被图书馆保留下来，作为增补馆藏或其他用途。图书漂流起源于20世纪六七十年代的欧洲，读书人将自己读完的书随意放在公共场所，如公园的长凳上，捡获这本书的人可取走阅读，读完后再将其放回公共场所，让下一位爱书人阅读。省市图书馆挑选部分捐赠的图书以及馆藏剔旧等方式淘汰下来的图书，将它们放在图书馆开放读者活动空间的漂流书架上。读者可以在漂流书架上挑选自己喜欢的图书，并把它们带回家，且不需要办理任何手续。读者阅读完后，可以直接将这本图书转给下一个需要它的人，或者放回任何一个漂流书架上。例如，你在首都图书馆的漂流书架上借了一本书，然后你在坐火车去上海的途中看完了这本书，你就可以将它还回上海图书馆的漂流书架上，这本书就实现了从北京到上海的漂流。图书馆的漂流图书内通常还会附有一张图书漂流卡，读者可以在漂流卡上记录该图书漂流的历程和阅读漂流图书的感受。这种没有借书证、不需付押金、没有借阅期限的阅读方式看起来似乎很浪漫，但是在我国省市图书馆的推行并不顺利。在笔者走访的多个省市图书馆中，大部分图书馆的漂流书架上几乎是空无一书。馆员表示他们经常将新的漂流图书增补到漂流书架上，但是读者拿走图书后，图书的回漂率非常低；有一些回漂的图书，因为书上留下了读者不文明的印痕或者缺少了书页，不得不撤下书架。另外，当笔者询问一些在漂流书架前驻足翻阅图书，甚至站着看了好一会儿书，却又把图书放回书架的读者时，其中很大一部分读者出乎意料地表示其实自己很喜欢其中的某一本漂流图书，但是怕自己拿了会被别人视作贪小便宜，或者是怕自己丢了以及由于没有期限压力而忘了或者懒得还回来，因而宁可放弃这本图书或者选择其他的方式获取图书。

省市图书馆组织的图书交换活动通常有两种形式：一种是图书馆提供场地，选定日期，组织读者带上自己闲置的图书，互相交换；另一种是图书馆先通过捐赠、剔旧、预交换等方式组织一批等待的图书，制作并公布待交换图书书目，然后在特定的日期，读者可以带着自己的图书，或是预交换得到的换书凭证，前来换取图书。第一种换书方式简单直接，在换书的同时增进了读者之间的交流和沟通，而第二种换书方式更好地保证了读者图书交换的预期和效率。

（八）读书节

读书节是鼓励人们发现阅读乐趣，培养阅读习惯，并对那些推动人类社会发展和文化进步的图书和图书人表示纪念、感谢和尊重的大型节庆式阅读推广活动。2004年，中国图书馆学会为了实施以"倡导全民读书，建设阅读社会"为宗旨的"知识工程"，在全国范围内举办大型阅读推广活动，首次将4月23日"世界图书与版权日"介绍给了全国读者。至今，我国省市图书馆已经组织各类读书节活动几百届，读书节已经成为许多省市图书馆每年阅读推广的高潮和亮点。省市图书馆的读书节通常会提出和确定一个该年图书馆阅读推广的主题。例如，有一年，兰州市图书馆阅读推广的重点是积极加强社会主义新农村文化建设，不断提高城乡公民素质，因此当年读书节的主题被确定为"共建书香农家，构建和谐兰州"。在读书节期间，围绕阅读主题，省市图书馆除了组织读书讲座、展览展播、比赛演出等常规读者阅读推广活动，还常常会举办大规模的广场图书活动，如图书作者签售、集体图书朗诵、阅读签名墙等；有的图书馆还将图书馆布置一新，制造节日气氛，形成读书热潮，吸引更多读者参与阅读。

与此同时，社会上也出现了一些质疑的声音。例如，有人认为阅读是一件安静的、高雅的、私人的活动，大肆搞活动推广阅读，特别是把每年的读书日当作节日来宣传庆祝是否有悖于阅读的传统和精神？读书节真的能起到促进阅读、鼓励阅读的作用吗，抑或只是形成了图书馆喧闹的假象？对此，笔者援引王余光教授在某次访谈中所表达的观点：读书日完全可以是一个全民共庆的节日。节日一般分为两类：一类是纪念性的节日，如国庆节、建军节等；另一类是信仰性的节日，如春节、中秋节等。阅读自古便是很多有识之士共同的追求，确立读书日并将读书日作为一个全国性的重要节日进行宣传、推广和庆祝，正是表明社会对全民阅读、终身阅读这一正确的人生追求和信仰的肯定与推崇。我国读者普遍存在着强烈的从众心理，图书馆通过大规模的读书节活动，使阅读成为一种风气、一股热潮、一种时尚，无疑能够吸引更多的读者关注和进行阅读。

四、省市图书馆在阅读推广活动中的定位与发展

在我国公共图书馆阅读推广体系中，省市图书馆处于承上启下的中间位置，是我国图书馆阅读推广服务的中坚力量。我国幅员辽阔、人口众多，国家图书馆的阅读推广能够直接惠及的读者数量非常有限。长期以来，我国区县级的基层图书馆事业发展又相对缓慢薄弱，因此，真正将阅读推广活动带到我国广大读者身边的正是这遍布全国的几百所省市级图书馆。省市级图书馆一方面积极响应国家图书馆阅读推广的号召，跟随国家图书馆阅读推广的大方向，学习和发展国家图书馆阅读推广的活动模式，因地制宜地开展读者阅读推广活动；另一方面以身作则，积极指挥和引导本地区县图书馆阅读推广的开展。

随着我国公共图书馆阅读推广体系的发展和完善，近年来，我国省市图书馆阅读推广呈现以下三大发展趋势。

第一，区域联盟趋势。一些地理位置相近的省市图书馆常拥有比较相近的社会环境、文化背景和读者基础，它们容易形成类似的阅读推广需求和一致的阅读推广模式。因此，省市图书馆成立阅读推广区域联盟有利于这些图书馆在阅读推

广中实现资源的共建共享，提升阅读推广水平，降低阅读推广成本。图书馆的阅读推广区域联盟按照联合合作模式主要可以分为资源共建共享式和合作服务式两类，按照联盟的管理模式则可以分为项目管理式、中心馆管理式、协议制约式三类。资源共建共享式是指图书馆共同建设、分享使用区域联盟内的阅读推广资源、经验和案例，但在阅读推广的具体实施过程中，仍然以各个图书馆独立组织为主。合作服务式是指图书馆基于自身的特点和优势，联盟合作，共同开展阅读推广活动。项目管理式是指阅读推广联盟确定若干阅读推广子项目，各子项目具体组织落实项目建设的所有相关事宜，对管理中心负责。中心馆管理式是指阅读推广联盟将一个实力较强的成员图书馆设立为联盟的管理中心，管理中心作为常设的管理机构接受联盟领导小组的领导，负责联盟的日常管理、协调工作。协议制约式是指阅读推广联盟的成员图书馆签订合作协议，依据协议开展合作。我国省市图书馆阅读推广区域联盟尚且属于萌芽和探索阶段，联盟区域数量有限，所采用的联盟合作模式主要是相对基础的资源共建共享，管理模式则采用中心馆牵头，配合协议制约的模式。

第二，地方特色趋势。因地制宜地发展有地方特色的阅读推广活动，是省市图书馆阅读推广活动不再机械、盲目地复制、抄袭国家图书馆或者外国图书馆阅读推广活动，逐渐进入自主改造、创新的成熟阅读推广阶段的重要标志之一。在美国，很多州、市图书馆都会将本州或者本市的代表物或者象征融入图书馆阅读推广活动中，一方面使图书馆的阅读推广活动更加亲近本地居民，另一方面增加本地读者对本土文化的认同和热爱。例如，狮子尼塔尼是宾夕法尼亚州的吉祥物。2011年，宾夕法尼亚州富兰克林郡图书馆在其下属的四个城市图书馆组织了"狮子尼塔尼读书会"少儿阅读推广活动。活动中，一位志愿者穿上狮子尼塔尼的外套，装扮成吉祥物来到图书馆，欢迎和拥抱每一个前来的小朋友，给他们念故事，与他们合影，并给他们分发本州生产的特色冰激凌。活动受到了本郡小朋友和家长的热烈欢迎，很多家长特地带着小朋友来图书馆和狮子尼塔尼合影，大大提升了图书馆的人气。

第三，重视建设和引导区县基层图书馆的阅读推广。区县基层图书馆依托数量优势和地理位置优势，已成为真正的读者身边的图书馆，其阅读推广活动无论是辐射读者范围还是活动深度与持续性，都有着省市图书馆无法比拟的优势。因此，重视开发利用区县基层图书馆阅读推广力量，提升区县基层图书馆读者服务能力和阅读推广水平，是省市图书馆阅读推广工作的一个重要发展趋势。

第三节 基层图书馆的阅读推广活动

我国并没有关于基层图书馆的明确定义，但通常来说，基层图书馆更贴近民众生活，是生长在广大民众身边的图书馆。本节中的基层图书馆主要是指市级以下的区县、街道（乡镇）、社区（村）图书馆。这些基层图书馆大多规模较小，其各项图书馆资源和服务的读者群体也相对较少，因此它们的阅读推广也呈现独特的优势和局限。

一、基层图书馆的阅读推广活动现状

据统计，截至2019年末，全国共有公共图书馆3196个，比上年末增加20个。其中国家级图书馆1个，省级公共图书馆39个，地市级公共图书馆379个，县级图书馆2777个，县级图书馆是省市级图书馆和中央级图书馆数量总和的6.63倍。《2019年中国统计年鉴》显示，截至2018年底，我国共有镇、乡、街道39945个，乡镇文化站41138个，虽然没有关于乡镇、街道图书馆的确切数据统计，但是我国乡镇图书馆大多依附于乡镇文化站，因此笔者认为我国乡镇、街道图书馆数量恐怕也是以万计的。根据1997年颁布的《全国"知识工程"实施方案》，我国要每年在全国发展1000个标准乡镇、街道图书馆。按此推算，截至2011年，我国建设的社区图书馆总数已超过14000个。截至2018年底，我国建成的农家书屋有58.7万家，覆盖了全国有基本条件的行政村。由以上一系列数据我们可以看到，我国基层图书馆数量庞大，为我国基层图书馆阅读推广的发展提供了必备的条件和基础。但是，比起如火如荼的基层图书馆的建设，我国基层图书馆的社会阅读推广发展却并不尽如人意。

（一）"重建设、轻服务"，阅读推广总体发展缓慢

调查发现，我国基层图书馆普遍存在重视图书馆馆舍、资源建设而轻视图书馆读者服务，阅读推广发展缓慢的问题。产生这一问题的原因总体来说可以分为两类：第一类是被动原因。近年来，我国基层图书馆数量飞速增长，一方面呈现图书馆遍地开花的喜人景象，另一方面也引起了学界对基层图书馆生存和发展的深深担忧。王子舟教授曾带领武汉大学的研究生对湘、鄂、豫、陕、桂5地10县的县级图书馆进行了实地调查，大多数基层图书馆都存在资金奇缺、名存实亡的问题。大部分基层图书馆不同程度地存在馆舍破旧、藏书少旧、设备紧缺的问题。在此现状下，用仅有的资金和资源加强图书馆基础设施、馆藏建设，满足读者的基本图书借阅需求，而放弃阅读推广等其他读者服务，也只能说是无奈之举。第

二类是主动原因。有一些基层图书馆，如较发达城市的社区图书馆、本地经济发展良好的县级图书馆，资金和资源相对充足；有的社区图书馆，其馆舍、设备和藏书水平甚至可以与西方发达国家的社区图书馆相媲美。但这些图书馆阅读推广的发展却仍然驻足不前。笔者认为造成这种现状的重要原因在于基层图书馆指导政策和评估标准不完善。与国家图书馆、省市级图书馆相比，基层图书馆的宏观视野和长期视野较窄，基层图书馆建设发展更加依赖于图书馆政策的指导和图书馆评估标准的规范。早些年，无论是我国基层图书馆指导政策还是评估标准，都集中关注基层图书馆的数量和规模。近年来，随着全国区县级图书馆评估标准中读者服务和阅读推广内容的增加，不少省市在当地的基层图书馆建设和评估标准中也开始加入对基层图书馆阅读推广发展的指导，但总体来说，这些指导和标准仍然显得比较片面、笼统和粗糙。

（二）图书馆知晓度与阅读推广活动参与度较低

北京市海淀区是北京乃至全国居民受教育水平和文化水平较高的辖区之一。然而在笔者对海淀区100名居民的随机调查访谈中发现，仅有6名居民知晓海淀图书馆，另有11名居民表示不太确定，剩下的83名居民则完全没有听说过海淀图书馆，在这100名居民中仅有2名居民去过海淀图书馆。无独有偶，2011年金陵图书馆成立6个社区分馆，即清江花苑分馆、富贵山分馆、化建分馆、明发滨江分馆、南湖街道分馆和仙居雅苑分馆。当年1月到10月这6个社区分馆办证总数为572个，平均每个社区图书馆办证量约为95个。如果平均每个社区人口以1万人计算，那么社区人口持证率仅为0.95%。王子舟教授在对县级图书馆的调查中，对各县主要道路上271位行人做了随机调查，不知道有图书馆或不知道图书馆在哪里的人数远超过知道图书馆的人数。在河南延津县，在县图书馆附近200米内沿街问去，两旁商店的店主竟没有一人知道图书馆在哪里，而有人说的"县图书馆"，实际上是一家较大的新华书店。新华书店的店员也把他们设在二楼的读者俱乐部当成了县图书馆。由此可以看到我国基层图书馆的读者普及度和知晓度普遍偏低。在此现状下，我国基层图书馆的读者阅读活动也存在影响范围有限和读者参与度较低的困境。以海淀图书馆为例，海淀图书馆每年都有十余场读者公益讲座，除了少数"名人"讲座现场火爆，大部分讲座人气较低，讲座现场冷冷清清。在笔者采访的100名海淀居民中，没有人参加过海淀图书馆的阅读推广活动。

二、基层图书馆主要的阅读推广策略

（一）传统阅读推广

我国基层图书馆的传统阅读推广活动仍然以讲座、展览、影视展播、读者培训、竞赛表演、推荐书目、读者俱乐部等形式为主，但是相比省市图书馆，基层图书馆的阅读推广活动无论是在形式上还是在规模上都呈现一些鲜明的特点，具体表现在以下几个方面。

1. 小巧玲珑，贴近生活

由于经费、场地、读者等资源的限制，基层图书馆的阅读推广活动总体在规模上要比省市图书馆小得多。以展览为例，我国区县级以下图书馆大部分没有专门的办展空间，有的基层图书馆在举办规模相对较大的展览时会临时将某一读者阅览室或是会议室布置成展室，但更加常见的基层图书馆展览则是利用图书馆门厅、走道以及阅览室等公共读者活动空间，以展板和图书展示的形式，进行大众阅读宣传展示。但是规模小并不意味着阅读推广效果差，相反，不少基层图书馆正是利用其阅读推广活动小巧玲珑的特点，拉近了读者与图书馆以及阅读的距离，使阅读推广活动起到了意想不到的效果。上海静安区图书馆讲座开办初期规模较小，参与人数不过十几人。该图书馆将读者的座位围绕主讲者的讲台环成一个半圆，主讲者不站在讲台上，而是走到读者中间，每当主讲者讲到读者感兴趣的话题或是读者有疑问时，读者就纷纷举手发言，如果言之有据、言之有理，主讲人还会对发言进行点评或是与读者辩上几句。现在虽然静安区图书馆讲座规模越办越大，但是一些老听众仍然很怀念当时规模虽小却热闹非凡的场景。

2. 形式多变，不拘一格

不少基层图书馆的阅读推广活动都存在影响范围有限和读者参与度低的问题，而这个问题在主要面向农村读者的县级图书馆和乡镇级图书馆尤为突出。寿县图书馆暨文化馆乡镇综合文化站开放之初，也曾学着上级图书馆举办过读书讲座、开展过科普展览，但村民读者并不"赏光"，图书馆始终冷冷清清。该图书馆工作人员心急之下决定放弃新模式，重拾土办法。该图书馆一方面在附近的县干道上拉起一道道大横幅，红底黄字明晃晃地写着"文化新工程，全村来读书"等阅读口号；另一方面逢年过节就将图书馆布置得红红火火、喜气洋洋，还组织寿县的民间戏曲团、秧歌队来图书馆门口敲锣打鼓、载歌载舞。

寿县四面八方的乡亲们都知道镇上新开了个图书馆，附近的村民被热闹吸引到图书馆，体会了一把"免费空调阅览室"和"免费上网冲浪"后，纷纷赞不绝口，于是更多的村民慕名而来，寿县图书馆一下子热闹起来。不少城市基层图书馆则从它们附近商场、超市学来了一些"揽客"妙招。海淀图书馆曾在国庆主题阅读推广期间，推出了"国庆走进图书馆有奖活动"。为了鼓励读者利用国庆假期走进图书馆，积极参与图书馆的各项活动，图书馆规定，从10月1日到7日，每天上午、下午到馆参与活动的前30名读者，都会得到一份纪念品。纪念品虽然都很小，但是印有海淀图书馆名称和标志的笔记本、购物袋、围裙、雨伞等，仍然吸引了不少中老年读者。图书馆工作人员称，还有好几个住在附近的老年读者国庆七天几乎天天"泡"在图书馆，这一"泡"还"泡"成了习惯，现在已经成了图书馆的忠实读者。而发出的小纪念品也逐渐发挥它们附带的宣传功效，已经有好几个读者来图书馆借书时，谈起自己就是看到购物袋或者雨伞上的图书馆名称才知道海淀区原来还有一个自己的图书馆。还有的社区图书馆采取了超市的"印花"积分制。读者每参加一次该图书馆阅读推广活动就可以得到一个图书馆阅读推广专用书本形状的"印花"，当读者积攒到相应数量的"印花"时，就可以用这些"印花"在图书馆读者服务台兑换相应的阅读奖品，如一本新书或一套书签等。"印花"每年过期一次，所以常能看到读者每到年底就带着一家人来参加图书馆的活动，群策群力攒"印花"，换取自己心仪的小礼品。很多读者都说，来看书听讲座，虽然也不全是为了这小小的礼品，但是到了周末，人总是容易犯懒，攒"印花"倒是成了一个外出的动力。

3."守馆待兔"不如"走出去"

相比省市图书馆，基层图书馆的阅读推广活动有更多"走出去"的理由，也更加适合走出图书馆。知晓度低和到馆读者少几乎是基层图书馆的通病，由于基层图书馆经费有限，大规模地采用媒体等渠道宣传图书馆又不现实。因此，基层图书馆带着自己的阅读推广活动走出图书馆，一方面能够为自己的阅读推广活动提高影响力，吸引更多的参与读者；另一方面也能够提高图书馆本身的知晓度，为图书馆宣传，一举两得。

另外，对于不少基层图书馆来说，不仅读者知晓度低，而且能便捷地到馆的读者更少。城市基层图书馆，特别是社区图书馆，通常坐落在街道或者居民小区内，很多图书馆并没有自己的独立建筑，而是在一座公共社区办公楼或居民楼内，不少读者表示完全摸不着头脑。而对于农村基层图书馆来说，读者到馆难的问题更为严重。县级图书馆一般坐落于县城，从村到县城的距离一般坐车也需要几个小时，有的村由于交通条件落后，去一趟县城甚至要花上1天，为了去图书馆借书、看书而去县城，这在很多村民看来是根本不可能的。因此，基层图书馆的阅读推广活动要想真正惠及大部分读者，起到有效地促进阅读、提高阅读的作用，只有走出图书馆，走到读者群众中间去。例如，陕西省泾阳县图书馆每年都会举办"新春群众文艺会演"活动，以此扩大图书馆影响力，丰富读者新春文化生活。

4.主打社区名人与乡土情怀牌

制约基层图书馆阅读推广活动发展的重要因素之一是缺乏社会资源，这一方面是由于基层图书馆知名度较低、影响力较小，另一个方面是由于基层图书馆缺少资金支持。因此，基层图书馆要想邀请专家进行阅读推广活动，就需要付出更高的代价。不少基层图书馆阅读推广活动通过在逆境中求生存，学会了变劣势为优势，反而使社会资源成为基层图书馆阅读推广的有力助推器。不少基层图书馆发现，"缺乏社会资源"其实只是它们"看得太远"。海淀图书馆每年最头疼的事之一就是为它们的讲座邀请主讲人，太热门的主讲人请不来，没有一定知名度的专家又吸引不来读者。2013年，海淀图书馆首次改变思路，邀请了海淀区文物所退休学者严宽。作为海淀知名的草根学者，严宽在文物、考古、民俗、书法、红学等研究领域颇有建树，更为重要的是他常年在海淀区为老干部开坛讲课，他的回目制《红楼梦》讲评，语言幽默，观点独到，受到很多老年读者的喜爱，在海淀区读者中拥有很高的人气和知名度。严宽老师一听说是在自己家门口的图书馆办讲座，便欣然接受了邀约，还一下子答应给图书馆每周二讲一场，连讲四场。海淀图书馆"听严宽讲'红楼'"讲座场场爆满，为图书馆、读者和严宽带来了"三赢"的大好局面。在2014年，海淀图书馆继续大打"海淀牌"，充分利用海淀文化大区、高校大区的地理资源优势，积极联系本区知名学者、文化名人，为本区读者打造更加经济而又高水平的阅读推广活动。还有一些基层图书馆，积极地开发和联络从本乡或本县走出去的成功人士和有识之士，邀请他们前来合作参与阅读推广活动，或是冠名赞助图书馆的阅读推广活动。这些方式一方面帮助离乡游子实现了衣锦还乡、回报家乡、建设家乡的愿望，另一方面为图书馆阅读推广活动争取了丰富的资金和资源。

（二）创新阅读推广

1.真人图书馆——宁波海曙区图书馆

2013年7月，由宁波市海曙区图书馆、海曙区新闻中心和月湖街道联合组织的国内首家区县真人图书馆正式开馆。今后，拥有海曙区图书馆借书证的读者都可以免费下单"借书"。海曙区图书馆通过网络和现场两种方式招募"图书志愿者"。图书馆为这些"真人图书"制定了三条标准：热心投身公益事业，提供免费借阅；在某一领域拥有独到见解或者一技之长；"图书"宣传内容健康向上。海曙区真人图书馆至今已经招募、筛选出多本"真人图书"，"真人图书"内容涉及经济、手工、社会科学、化学、设计5大门类。想要借阅"真人图书"的读者可以通过海曙区图书馆现场或网站两种方式填写"真人图书预约单"，预约自己想要"阅读"的"真人图书"和想要"读书"的日期，并留下自己的联系方式。海曙区图书馆通过与"真人图书"和"读者"双方沟通协调，为他们"配对"，安排确定一个双方都能接受的"读书"时间和地点。真人图书馆活动虽然最早起源于民间组织，但是小规模的基层图书馆组织真人图书馆活动有其独特的优势和必要性。

首先，公共图书馆为读者提供的阅读推广服务主要以"书"为媒介和内容。这些广义的"书"既包括纸质的图书、杂志等文献，也包括电子网络数据库和信息，还包括公益讲座、展览展示、现场演出等，而今甚至将真实的人作为"书"。公共图书馆通过这些"真人图书"向读者传播思想，教授知识，这是对公共图书馆阅读推广服务的一种自然延伸和发展。

其次，与传统图书不同，"真人图书"可以实现读者与图书双向的互动交流，让读者在短时间内领略"真人图书"一生中最精彩的章节，不仅有知识经验的传递，而且有情感的交流互动，直观可感，充满人文情怀，既提升了读者的阅读兴趣和阅读体验，也加深了读者对"书本"内容的记忆和理解。特别是对于一些操作性、实用性强的"图书"，如烹饪、毛衣编织等，"真人图书"不仅可以"手把手"地指导教学，还可以对读者的疑问进行解答，帮助读者更快更好地掌握技能。

最后，相较于大型省市公共图书馆，真人图书馆活动更加适合在区域性的中小型基层图书馆开设，具体表现在以下三个方面：一是真人图书馆的图书借阅通常需要图书和读者在同一时间聚集在同一个地点。对于大型省市图书馆来说，由于服务的读者地域范围相对广泛，将合适的"图书"传递给读者相对困难；而对于专注服务于本地的区域性基层图书馆而言，无论是招募到的"图书"，还是需求"图书"的读者，他们之间的距离通常比较近，图书馆能够相对容易地协调阅读地点，"配对"成功。二是真人图书馆的"图书"借阅从现实角度来看是两个陌生人在图书馆的安排下见面。为了保证"图书"和读者的安全，图书馆在"配对"时，必须充分了解"图书"和读者双方的背景，这在一定程度上限制了图书馆同时"配对""图书"和读者的数量，这样的阅读推广活动与省市图书馆需要广泛服务于全省市读者的宗旨相冲突。而中小型基层图书馆，由于服务读者规模相对较小，图书馆工作者有比较充足的时间和精力，容易满足有限的读者借阅需求。例如，之前提到的宁波海曙区真人图书馆一个月仅有29位读者提出了借阅请求。有的基层图书馆甚至可以考虑安排图书馆馆员来到"图书借阅"现场，引导读者阅读"真人图书"，保证和提高真人图书馆的阅读推广效果。三是真人图书馆阅读推广活动规模可大可小，形式场地灵活。"真人图书"一般采取志愿招募的形式，除需要图书馆投入人力成本外，对场地、经费等其他成本的要求较小。而且"真人图书"不同于一般的讲座、表演等阅读推广活动，其可以反复被"借阅"，又进一步提高了该项阅读推广活动的投入效果比。因此，真人图书馆活动非常适合资金、资源相对有限的中小型基层图书馆。

2.晒书会——苏州独墅湖图书馆

在一家金融公司任职的陈先生这个周末忙活起了"摆摊儿"。一大早，陈先生就带着家里悉数珍藏的旧书来到了独墅湖畔。在一排排整齐的蓝白色摊位前，陈先生迅速地找到了自己预定好的C4号展位，挽起袖子，开始"摆摊儿"。陈先生的摊位分为三个区域：最左边的是"好书推荐区"，这里的图书是陈先生从他读过的书中精心挑选出来准备分享和推荐给其他读者的图书。这里既有知识型的家庭理财类图书，也有人格培养和职场经验类图书，还有不少文化艺术、历史旅游和散文小说类的图书。陈先生认为这些书都是现在都市家庭或者职业白领值得一读的书。中间的是"图书交换区"，这里的图书大多是陈先生已经读过的书。陈先生还为这些图书写了内容概要和阅读体验，希望能用这些"旧书"和其他读者交换回一些他想要读的"新书"。这种方式一方面让这些"沉睡"的图书通过流动阅读、交换阅读"醒过来"，再次实现它们的价值；另一方面也体现了环保阅读的理念，节约了购书经费。展位最右边的区域是"免费图书区"，陈先生在这一区域摆放了一些品相略显陈旧的图书以及一些过期的杂志、画报等。

这些图书虽然有些破旧，但是并不影响阅读。这些过期的杂志、画报都是他从订阅的大量期刊中挑选后留下来的，印制精美，内容也很有价值。陈先生希望它们能找到一个"好归宿"。从 10 点到 12 点，虽然陈先生的"摊儿"只摆了短短两个小时，但是有超过 60 位读者来到陈先生的展位前，共有超过 100 本图书被交换。更让陈先生难忘的是，换书、晒书还结识了两位有着相同喜好的爱书人，可谓"以文会友"。这就是苏州独墅湖图书馆（苏州工业园区图书馆）组织的全民"晒书会"中的一段故事。"晒书秋日晚，洗药石泉香""三伏乘朝爽，闲庭散旧编"，中国古代的文人雅士常以晒书为乐，长辈领着子嗣，或是三五好友相约，边晒边翻，或感叹时光荏苒，或即兴吟诗斗文，传承爱书之心，共享读书之乐。苏州独墅湖图书馆沿用"晒书"这一古老的文化习俗，曾在世界读书日期间举办"晒书会"。苏州独墅湖图书馆"晒书会"以"晒书交友，'悦'读生活"为主题，不同于大部分传统图书类阅读推广活动，它创新性地为读者提供了一个同时兼容荐书、评书、换书、赠书的综合性图书阅读交流平台。苏州独墅湖图书馆"晒书会"自举办以来，已经形成了每年举办一次的惯例，规模和影响力不断扩大。苏州独墅湖图书馆在每次"晒书会"举办前数月，就会向图书馆热心读者，图书馆辖区内企事业单位、社区街道，以及全市各级院校和媒体组织等发出邀请函。

热爱图书的读者和组织可以通过"我要晒书""我要换书""我要荐书""我要买书""我要捐书""我要交友""我要学书"七种方式参与"晒书会"。一年一度的"晒书会"成为苏州市民传统文化交流展示的重要平台。在 2013 年的"晒书会"上，年过六旬的季老带来了他多年来创作的几十幅书法作品，这些书法作品吸引了不少读者驻足欣赏。虽然季老"晒"的不是书，但是在老人家看来，文化都是息息相通的。苏州独墅湖图书馆还将"晒书"的"晒"字与流行的英文"share"音译联系起来，取"分享"之意，在"晒书会"上鼓励读者亲身参与体验，共享文化之美。苏州独墅湖图书馆特别邀请了苏州桃花坞传统木雕年画的专业老先生来到现场，为读者展示娴熟的手法和精美的作品。同时，图书馆还安排了一些小朋友现场向老先生学习年画制作技艺，借助"晒书会"的交流平台，让小朋友在制作的过程中，体会优秀传统文化的魅力，共享优秀传统文化的传承。在举办一年一度大型"晒书会"的同时，苏州独墅湖图书馆还充分利用其区域图书馆的特点，与图书馆所属苏州工业园区超过20个社区及居委会展开密切合作，在各个主要社区举办小型的流动"社区晒书会"。这些"社区晒书会"形式更加丰富多样，包括主题图书展、科普展览、环保展览、亲子阅读活动、手工艺术品展览、社区跳蚤市场、乐龄合唱团等各种群众喜闻乐见的活动，引领工业园区居民共同打造清新高雅、爱读书、读好书的文化氛围。自苏州独墅湖图书馆的"晒书会"成功举办以来，东莞图书馆、温州市图书馆等省市图书馆也相继举办了类似的"晒书"活动，纷纷取得了良好的阅读推广效果。

这是一个典型的基层图书馆阅读推广成功案例被省市图书馆学习和发展运用的例子，也是我国图书馆阅读推广活动发展和创新的重要形式之一。首先，基层图书馆由于规模较小，组织结构相对简单精练，其阅读推广活动的策划、审批和组织流程也相对简单和灵活，因此更能适应阅读推广活动的创新和尝试；其次，基层图书馆资源、经费的限制，在已发展得比较成熟的传统阅读推广活动中缺乏与省市图书馆竞争的优势，因此不断开发和发掘新兴阅读推广活动也是图书馆阅读推广活动开展和发展的客观需求。最后，创新虽然是图书馆阅读推广活动发展的重要支撑和动力，但如果新型阅读推广活动理念过于超前、脱离群众，或是新型阅读推广活动形式过于枯燥，吸引不了读者，创新就不可避免地要面临失败的风险。基层图书馆一方面能够更方便地改变阅读推广模式，甚至是终止这一阅读推广活动，从而尽可能地减少创新失败对图书馆的消极影响；另一方面在小规模、小资源消耗的基层图书馆试验新型阅读推广活动，也是对全国整体公共资源、文化资源和图书馆资源的一种节约和优化配置。

三、基层图书馆阅读推广活动的定位与优势

我国幅员辽阔，人口众多，而中央及省市级公共图书馆仅有几百所，因此仅依靠大型的中央或者省市级公共图书馆的阅读推广，至多只能达到一个试点、示范的作用。而与此相比，我国拥有超过60万所基层公共图书馆，平均不到16平方千米就有一所基层公共图书馆。因此，要想真正将公共图书馆阅读推广作为一项普遍的、长期的读者服务，帮助大部分的读者切实地提高阅读水平，就必须依靠基层公共图书馆的阅读推广。我国基层公共图书馆虽然阅读推广发展总体较为落后、缓慢，但是只要其找准定位、抓住契机、坚持努力，在未来的公共图书馆阅读推广中必将发挥出更大的作用。正确的定位不仅能为基层公共图书馆阅读推广提供一个明确的目标，而且能使基层公共图书馆在有限的条件下，充分挖掘和发

挥自己的优势，为自身的阅读推广寻求读者市场和发展道路。

虽然在西方发达国家，基层图书馆一直都是国民阅读推广的主要力量，但是目前，由于条件、环境等不同，我国的基层图书馆并不应该一味地模仿西方发达国家阅读推广的定位，而应该结合自身特点，将自己的阅读推广定位为生活化的、补充性的和需求型的。阅读推广的生活化定位可以体现在基层图书馆阅读推广的内容和形式两个方面。从内容上说，基层图书馆在文献馆藏和专家资源上很难与大型公共图书馆竞争，因此，与其花大功夫、大价钱追求阅读推广内容的专业性、权威性，不如选择一些贴近读者生活的主题。从形式上说，基层图书馆的阅读推广在场地选择和布置时，比起设备先进的大型报告厅，也许社区公园的凉亭，再加上几把椅子更能吸引读者，也更显得轻松随意，同时还节省了场地费用。而在阅读推广宣传时，动员图书馆馆员和图书馆热心读者，使其在日常生活中多宣传，或者再配上几张图书馆馆员亲手制作的宣传海报，或是亲手送上宣传单，更能显出用心和诚意。在邀请阅读推广主持人或者嘉宾时，基层图书馆可以多从馆内人员着眼，发掘基层图书馆工作人员阅读推广兴趣，培养图书馆馆员阅读推广专长，或是注重发现热心读者中的"专家""能手"，邀请他们前来分享阅读经验、交换阅读感悟，这样既能增进读者对阅读的积极性，还能拉近图书馆与读者的距离。

阅读推广的补充性定位是指基层图书馆的阅读推广可以是对大型图书馆阅读推广的一种补充。这种补充可以是内容上的补充。例如，当地省市图书馆举办的敦煌艺术展受到市民读者的关注和热议，基层图书馆就可以适时地推出关于敦煌艺术的科普讲座或是背景介绍，帮助读者更好、更容易地欣赏和理解大型图书馆的展览。这种补充也可以是功能上的补充。例如，省市图书馆由于读者数量众多，无法为读者提供一对一的阅读咨询服务，而基层图书馆可以为每一位读者建立阅读档案，制订个性化的阅读计划，提供定期的专业一对一阅读咨询和阅读辅导。这种补充还可以是时间上的补充。例如，省市图书馆的阅读推广活动大多集中在周末，基层图书馆可以尝试在工作日或是晚上组织阅读推广活动，以适应不同类型读者的需要。这种补充同样可以是地点上的补充。例如，作为省市图书馆阅读推广的分站点，基层图书馆可以分流省市图书馆的读者，为读者节省前往较远的省市图书馆的时间和精力。阅读推广的需求型定位是指基层图书馆的阅读推广应该以本馆读者的需求为出发点。基层图书馆的资源非常有限，全面地涉足阅读推广往往容易导致阅读推广徒有形式，浮于表面，很难实现真正有效的阅读推广。

笔者认为，基层图书馆的阅读推广应该紧盯读者需求，抓住本馆读者最迫切的阅读需求点，并深度挖掘开发；集中用力，汇集资源，策划组织相应的经典、亮点阅读推广活动；用点睛之笔吸引读者，建立基层图书馆阅读推广的声望和影响力。同时，基层图书馆要不断关注读者阅读需求的变化，利用自身小巧灵活的优势，一旦发现大规模的读者需求转变，就要果断调整阅读推广策略和资源分配，以最快速度开发出适应新需求的阅读推广活动。

第五章　智慧图书馆服务创新的优势与价值

第一节　提升读者幸福感

读者是图书馆的灵魂，图书馆因读者而存在，没有读者，图书馆也就失去了存在意义。服务是图书馆的永恒主题，"读者幸福"是图书馆服务的核心。图书馆应当利用自身丰富的藏书、最新的期刊、舒适的环境、海量的数字信息资源，为读者提供优质的信息资源、舒适的学习环境、周全的服务，使读者在获取知识的过程中获得幸福感。

一、图书馆读者幸福感的影响因素

（一）读者的信息需求

每位来到图书馆的读者都有其不同的需求。读者因文化水平、爱好、专业和学习接受能力各不相同，对文献信息的需求也不相同。同一个读者由于具体任务的变化，其需求也会随之改变。特别是在当今环境下，信息技术和网络技术的发展，改变了图书馆的服务方式，也改变了读者的文献信息需求。对于读者而言，幸福感就是读者需求获得最大限度的满足。

（二）图书馆环境设施

对于图书馆环境，读者的反应比较直观。优美安静的学习环境让读者身心愉悦，有较高的幸福感；嘈杂的学习环境让读者心神不宁，大受影响，无法专心阅读、学习。因此，环境是影响读者幸福感的一个重要因素。

（三）文献信息资源

读者来到图书馆，主要是找书、借书、阅读。读者能找到自己需要的图书资料，自己的借阅需求得到了满足，读者就会感到幸福，其幸福感就会提升。在文献的数量、质量、文种和等级上与读者需求相吻合就是最佳的藏书结构。

（四）图书馆馆员服务

在日常工作中，图书馆馆员为读者提供服务，其服务态度、服务方式、服务质量将直接影响服务的有效性，从而影响读者的情绪，最终体现到读者的幸福感上。如果读者遇到问题向图书馆馆员询问时，其服务态度生硬、爱答不理、随便敷衍读者，读者就会感到不满，影响其幸福感。

二、图书馆读者的幸福感分析

在图书馆服务发展中，智能化与图书馆服务的结合、融合、发展与创新，会给读者带来更多的便利和更高的幸福感。

（一）读者需求行为数据分析的必要性

图书馆服务的目标之一是希望读者进入图书馆后就会爱上图书馆，享受图书馆提供的各项服务。要实现该目标，就要及时掌握读者需求，特别是暂时无法满足的读者需求，对这些需求应及时反馈、改进。进行读者需求行为分析、绘制读者群画像是实现该目标的基本手段。

1.读者需求行为的五个要素

读者需求行为由时间、地点、人物、交互方式、交互内容五个要素组成。对读者需求行为进行分析时可将其转换为各种事件。例如，读者在什么时间搜索文献、在什么平台或数据库上搜索、在哪个ID上搜索、搜索的内容是什么等。有了这样的事件数据以后，就可以把读者需求行为串联起来进行分析。例如，读者首次进入图书馆网站或进入一个数据库后就是一个新用户，他可能要注册，新人还要先进行入馆测试，那么其注册或入馆测试行为就是一个事件。注册或入馆测试要填写个人信息，随后读者可以搜索文献，浏览阅读文献，所有这些都是读者需求行为的一个事件。

2.绘制图书馆读者群画像，匹配读者需求形成精准服务

对读者需求行为进行分析后才能知道读者在图书馆网站上的各种搜索、浏览、点击等行为，并由此知晓其搜索的最终目标，绘制读者群画像。其中，在读者需求行为的分析中，应重点关注读者的借阅、下载、浏览等。在图书流通方面，读者需求行为分析能帮助图书馆了解读者如何流失、为何流失、在哪里流失。例如，某位读者一个简单的搜索行为：在某个ID上何时搜索了关键词，浏览了哪几页，

在哪个时间办理了图书借阅手续。读者的这一系列行为都有分析价值。如果读者对搜索结果不满意，他会再次搜索，且更换关键词，然后才能搜索到其想要的结果。图书馆可以个体读者为中心，通过对读者的行为数据集合进行分析和归纳整理，绘制不同类型的读者群画像，以推断其相关群体的需求；对不同类别读者群体的需求采取差异化配置，从而实现整体需求的覆盖。优质的图书馆服务要能真正为读者找到满足其需求的、有价值的图书资料，实现图书资源与读者的精确匹配，使"每位读者有其书""每本书有其读者"，从而有效实现图书资源和读者的双向匹配。

3.服务更精准，读者体验更佳

读者需求行为分析，无限接近真实读者。当拥有了众多读者需求行为数据之后，图书馆可以把读者需求行为数据做成一个按小时、按天，或者按读者级别、事件级别拆分而形成的结构化数据，从中可以了解不少相关信息，如哪些是图书馆忠实的"粉丝"，哪些是即将流失的读者，为什么会流失，有哪些需求是当前无法满足的，这些需求能否及时解决，等等。通过分析读者点击查看浏览详情、搜索行为、点击关注等行为，以及需求行为触发的时间、频次，可以知道读者最近在关注什么，对哪类图书感兴趣，对哪类文章感兴趣。从这些信息中对读者的需求按轻重缓急进行划分后，可及时推送给图书馆相关职能部门。由此，图书馆对读者的需求评估判断将更加准确，并根据读者的需求快速制定个性化的推送嵌入服务模式，使服务更精准，读者体验更佳。

（二）读者需求行为特征

1.读者需求行为呈现多元化、个性化

首先，读者的需求是多方面的，由于读者的注册信息、性别、年龄、学科专业、民族和阅读习惯，以及所处的社会地位及文化素养层次等不同，自然会有多种多样的兴趣和心理偏好，因而对图书馆文献资源的需求也千差万别，这种多元化的读者需求特征还表现在三个方面：第一，读者类型多样，如高校图书馆的读者有教师、学生、实验室人员、机关行政人员、后勤人员等；第二，同一类型读者对图书馆文献资源的需求差异较大；第三，大数据环境下，读者希望从图书馆获得的服务也不尽相同，如有的希望获得参考咨询服务，有的希望获得学科馆员服务，有的希望获得个性化的定制或嵌入式推送服务，等等。另外，读者希望能不受时空的限制，随时随地查阅或搜索文献信息资源，并可能会根据自身需求和偏好对图书馆提出个性化的意见。为此，图书馆需要依据读者的个性化意见进行调整，并为其提供个性化的信息服务。但图书馆提供的个性化服务内容也容易出现杂乱无章、缺乏针对性的现象。图书馆需要依靠数据挖掘技术对读者需求行为进行分析，从而准确预测读者需求。

2.读者需求行为呈现碎片化、涣散化

媒介技术的变革与创新把人们带入了信息碎片化时代，读者需求行为方式也随之发生了翻天覆地的变化。全媒体环境下，超链接、吸引人眼球的标题、各类信息干扰和信息噪声等分散着人们的注意力。海量的信息和快速的更新，也导致读者的注意力多数情况下是片刻的、转瞬即逝的，常被下一个能刺激其神经的信息所吸引，所以读者的信息获取行为也是碎片化的。此外，碎片化时间也造成了读者需求行为的碎片化。读者在获取知识和搜索文献时，有的是在图书馆，有的是在家里，有的是"信息偶遇"；有的是运用搜索引擎，有的是通过网站进行浏览，有的是使用移动终端；有的是快餐式阅读，有的是移动式阅读，有的是随机性阅读。读者需求行为不仅呈现明显的碎片化与涣散化，而且日益突出。

（三）读者需求行为数据获取

1.捕捉正确的"场景"，找到对的"人"

图书馆拥有海量的业务数据、读者数据，要实现精准服务，首先要对图书馆拥有的大数据进行梳理，选择合适的数据来源，尤其是针对描述读者使用文献资源行为的查询、浏览、点击、下载、借阅等数据，通过技术手段予以采集记录；其次将采集的数据通过清洗、算法分类、聚类、关联等预处理，将采集的读者数据标签化，并通过高度精练的特征标识，抽象出读者的行为标签、场景标签、属性标签、兴趣偏好标签、定制化标签等，以建立读者群组画像，形成可操作的读者需求集，即捕捉正确的"场景"，找到对的"人"；最后针对可操作的读者需求，快速地提供信息推送、资源订购、专题分析等多种互动性强、个性化强的"点对点"服务，并在图书馆业务服务中予以反馈，进一步引导开发形成新的标签，追踪读者需求的演变，形成图书馆精准服务可持续发展的现实路径。

2.数据获取

读者数据的采集、挖掘是构建读者群组画像的基础。在数据采集阶段，应针对图书馆各类数据（业务数据、读者数据）制定数据采集标准与处理标准，并依据标准对数据进行格式化和规范化。图书馆的读者数据主要包括静态数据和动态数据，这些数据均可以从图书馆的后台数据中获取。图书馆的后台数据包括图书馆门户网站数据、书目检索平台统计数据、图书馆数据库网络日志数据、移动阅读终端统计数据、门禁系统数据、互动社交平台和微信日志数据等。图书馆门户网站数据中存储了读者的静态数据，如姓名、性别、年龄、学科专业、注册信息等；书目检索平台统计数据记录了读者的动态行为与兴趣偏好数据，如借阅信息、检索偏好与途径、订阅与收藏、图书荐购等；图书馆数据库网络日志数据记录了读者登录数据库次数、检索途径与频次、下载频次、使用偏好、学科主题等，这些数据客观体现了读者的学科需求和兴趣偏好；移动阅读终端统计数据记录了读者的登录次数、主题类型、订阅类型、评论与分享等，体现了读者的阅读需求和兴趣偏好；门禁系统数据记录了读者到馆的地点、时间、频次信息，以及参加的培训讲座；互动社交平台和微信日志数据则体现了读者的信息资源需求、服务获取需求、主题偏好等。通过挖掘这些数据，能够分析出读者的需求行为特征，进而对读者进行分类、贴标签，帮助图书馆馆员充分利用图书馆资源，为读者提供更加有针对性、更加精准高效的"一对一"或"点对点"的服务。

3.数据处理

采集读者数据后，需要进行数据清洗、文本预处理、聚类分析等，数据只有经过加工处理后才能被利用。在数据挖掘与处理阶段，根据数据格式规范读者数据、业务数据、管理数据，并从中提取读者特征数据，通过关联识别、梳理、融合等构建读者标签体系。不同读者在被细分之后即被进行差异化标签描述。标签对读者身份数据和行为数据进行语义化分类分级，是人为概括、高度精练的特征标识。画像的标签内容和对应权值决定着每个细分群体的差异程度，并展示读者个体特征和群体特征。

4.读者群组画像

读者的行为标签、场景标签、属性标签、兴趣偏好标签、定制化标签等构成了读者的基本画像，图书馆馆员可对标签进行层次分析，系统、多元地对读者画像进行描述。读者画像的构建是随着读者数据动态不断调整、逐步完善的过程，应结合图书馆实际应用场景将所有标签综合起来，不断完善，形成读者的标签建模，最终勾画出读者的个体画像，再通过聚类分析读者群组，勾画出读者群组画像。我们的最终目的不是处理数据，而是理解、使用这些数据挖掘的结果。对读者数据的标签化能让图书馆馆员快速了解读者的需求，从而方便图书馆馆员理解和使用数据，更好地为读者提供精准服务。

第二节　充分利用资源

人工智能为图书馆服务提供了更多可能，同时也要求图书馆做好资源建设这项基础性工作，制定更为合理的资源建设方案，为各项业务的开展提供支持。图书馆可借鉴百度等搜索引擎的经验，借助语音识别、知识图谱、个性化推荐等技术，从互联网和开放数据库中抽取信息，组建具有特色的知识网络。从用户体验角度来看，图书馆要利用数据挖掘、云计算、机器学习等技术，打造一个库库相通、信息互联的文献资源服务平台，促进纸质资源与数字资源融合，实现线上线下结合，让平台上的每个节点都体现智能化的特点，促进信息资源的高效组织、流通与利用。例如，古代南海海图数字图书馆借助人工智能技术，系统性地整理收集南海海图，对海图中的地名与关键视觉信息进行分析，建立智能化人机交互模型，保障用户需求与相关知识对象的有效匹配，实现了对珍贵历史文献的数字化保护与开发。

一、馆藏资源创新

（一）图书馆馆藏资源开发的优势

1.特色资源推广更加便利

以社科院系统图书馆为例，地方性社科院图书馆系统内都具有一定的专业性与针对性，很多省市社科院图书馆由于地域特色，拥有很多独有的珍贵史料与文字，这些都是地方社科院科研工作得以有效开展的坚实基础，但纸质资料无论是在保存，还是在借阅、利用、开发等方面，都存在极大弊端。智慧图书馆利用信息技术参与馆藏资源开发后，可以解决这些问题，把年代久远的纸质资料扫描传输，既避免了反复查阅给珍贵史料带来的磨损与消耗，也增加了资料的阅读率和使用率，同时还扩大了资料的受众群体，在时间和空间上使资料发挥其最大价值，获得效益最优化。

2.提高读者受众的使用积极性

智慧图书馆可以更全面、更便捷地展示现有特色馆藏资源，避免了人力和时间的浪费。以往需要读者到图书馆实地查询、借阅资料，如果没有就会空跑，浪费时间和精力，一些年纪大的科研人员更是精力、体力有限，还需要图书馆工作人员帮助协调查阅，在一定程度上降低了工作效率。智慧图书馆可以实现远程移动借阅查询功能，科研人员在家连接客户端即可获得权限查询自己需要的资料是否可借阅，可以通过个性化服务预约下次借阅次序与时间，还可以查找类似在馆资料等信息。另外，智慧图书馆可以做到24小时服务，提高了服务时效性，减少了人力资源有限造成的阅读限制等。这些便捷功能，都潜移默化地提高了科研人员的积极性，降低了互动沟通成本。

3.便于实现信息与资源的共享

智慧图书馆不仅利用互联网信息技术，也同样运用了语义分析和数字仓储等知识服务，在运用智慧图书馆过程中，实现了个性化分析，能够不断提高数据资源的整合效率和分类标注能力，以数字对象为基础，把个性化服务与研究数据内容相结合，进行有针对性的分类、存储、封装、集成，借助知识本体拓展的方式，实现检索过程与定义结果元数据的分析利用，实现科研数据、科研资料的归类分析与共享发布。

4.实现图书馆职能突破

智慧图书馆对馆藏资源的开发与利用，有利于最大限度地发挥珍稀馆藏资源的价值，加深国内外交流合作，从而激发图书馆的科研功能。在辅助科研人员、提供资料的基础上，也可以围绕特色馆藏的保护、整理、开发、利用来拓展图书馆的职能，激发图书馆工作人员的科研积极性。还可以与馆外相关机构展开合作，积极整理修复现有馆藏资源，加大尚未开发资源的开发力度，循序渐进地充分利用智慧图书馆，寻求新技术与新视角的合作，不断探索馆藏资源的新价值。

（二）图书馆馆藏资源建设的创新

1.做好有特色馆藏资源的智慧图书馆建设

智慧图书馆建设规划把建设有特色馆藏资源的智慧图书馆上升到图书馆建设的主要规划之中，要分阶段、分步骤地制定短期与长期目标，重点打造符合时代特点、符合自身要求、符合读者个性化需要的智慧图书馆。智慧图书馆建设的根本目的是要各级图书馆重视智慧图书馆与馆藏资源的融合发展，让新技术、新理念与传统理念、传统资源碰撞出鲜活的生命力，做到各地馆藏资源的充分发掘与利用，打造百花齐放的智慧图书馆新局面。

2.完善智慧图书馆馆藏资源开发的技术支撑

图书馆应提高工作人员的技术水平，充分利用云计算与互联网技术，突破数据存储、检索、采集、管理的瓶颈，引入新工具、新技术，化繁为简，为用户尽可能提供更高效、便捷的检索方式和方法，提供更具个性化的科研数据关联内容，以及更完善、更准确的跨库资源共享服务；还要阶段性地更新馆藏资源内容，加强馆藏资源与其他馆的分享与互动，尽可能地为科研人员提供跟踪、定位、深入服务；此外，还要在新技术的协助下，延长服务时间，提高服务效率，提升服务质量，增强与科研人员的互动，通过定期反馈，对馆藏资源进行有针对性的检阅，不断开发与进行深度研究利用。

3.打造特色馆藏数据库与共享平台

利用智慧图书馆的特性来开发馆藏资源的过程就是对已有馆藏资源进行重新整理、分类的过程，这个过程不是简单地把现有馆藏资源进行数字化，而是二度开发利用的过程。利用大数据时代的信息技术做好珍贵馆藏资源的数字化处理，包括电子版文字化、图片高清扫描、文字修复整理等。在完成数据采集后，进一步跟进馆藏资源的分类、整理、上传、加密、分级、维护、监管等工序，这不仅是一个丰富数字馆藏资源的过程，也是对传统纸质资源进行保护、修复、整理、传承的过程。通过构建特色馆藏资源数据库，针对专业科研人员开放使用权限，这种有益互动也是对珍贵古籍馆藏的再度研究。同时，数据库的不断完善，需要对用户的信息和科研需求进行跟踪与记录，这个过程不仅是构建数据库的过程，也是完善专业智慧图书馆个性化服务的过程，有利于打造个性化数据库品牌，以及深度开发特色馆藏资源。在数据库的基础上，打造共享数据平台，有利于丰富馆藏资源，实现资源共享与交流合作，同时也有利于扩大馆藏资源知名度，加强科研院所的科研合作。

二、人力资源结构创新

科学合理的人力资源结构，是保障图书馆服务效率的关键。人工智能与图书馆的融合不是一蹴而就的，需要图书馆馆员的长期努力，也需要用户的配合与反馈建议。人工智能的应用对图书馆馆员提出了更高的要求，也促使图书馆创新人力资源结构，打造更高水平的服务团队。图书馆需要改变自上而下的决策模式，建立科学的人员组织结构，激发图书馆馆员的内在潜能，确保分工合理、管理科学、服务有效。要想适应人工智能时代的要求，图书馆馆员要掌握与岗位相关的专业技能，包括大数据采集能力、信息咨询能力、科学决策能力等，并合理使用和维护智能化设施设备，不断提高自身核心竞争力。随着图书馆服务的日益智能化、泛在化与多元化，图书馆馆员需要具备终身学习的意识，通过多种方式学习新知识，不断优化自身知识体系，强化人际交往能力，以为用户提供更加优质的服务。

三、能源资源创新

图书馆在为读者提供服务的同时，也直接或间接地对环境产生了不利影响，因此需要图书馆做出积极反应，主动承担与相关利益者和自然环境之间保持和谐的责任，发出声音，做出表率，确立低碳服务的现代图书馆可持续发展理念。

（一）图书馆建筑规模要适度和生态化

图书馆建设规模要适度，建设标准应引入绿色发展理念，节约资源，避免盲目攀比，不能脱离建筑实用性和经济本质。新建、改建和扩建图书馆要突出和谐、人本思想，引入绿色建筑理念，保护自然生态环境。在图书馆建筑全寿命周期内，最大限度地节约资源，循环使用材料，保护和维持原生态环境，达到绿色建筑标准，为读者提供健康、适用、高效和舒适的使用空间，减少单位建筑的能耗，降低设备运行的年均费用。同时，要提倡在图书馆界融入生态文明的理念，将绿色环保的发展理念和具体措施落实到图书馆的建筑设计、空间布局、管理服务之中，摒弃贪大求多的传统发展理念，将适度的发展理念、提高效能的服务创新、节能低碳的生态举措等融入图书馆未来的发展计划和任务之中。

（二）数字设备科学采购与精细化管理

图书馆在引进数字设备之前要进行科学决策论证，既要满足读者的信息需求，又要实现资源利用效率的最大化，同时采购数字设备要考虑节能指标，确保硬件设施具备良好的节能减排性能，选择有社会责任感的供应商和发行商。做好规划，避免走传统工业化增长的模式道路，即高投入、高污染、高排放、低产出、低效益，避免为此付出更大的资源和环境代价。重视设备维护与保养，提高现有设备的利用率和使用年限。图书馆界还应加强数字设备采购决策和利用率的研究，为科学采购提供决策依据。图书馆数字设备科学采购与精细化管理的具体措施包括：第一，确保一些设备在闭馆期间关闭，除24小时须运行的数据中心设备外，其他大多数设施均可以关闭。第二，减少设备开启运行能耗，根据后台监测数据确定开启时段，张贴"节约能源"提示语。第三，节能设置。许多图书馆没有进行节能设置，如计算机屏幕一直亮着，主机一直运行，没有启用更节能的电源管理。第四，根据数据访问量分别存放在不同性能的服务器中，以降低能源消耗和运行成本。第五，通过系统统计读者使用量，分析设备的使用率等指标值，避免继续采购低使用率的相关设备，或考虑将其迁移到有使用需求的空间，也可以在每个区域根据情况关闭一大部分设备，将一些设备分配到分馆、社区图书馆使用或捐赠到其他图书馆，避免设备的浪费以及设备原材料、加工制造对环境的负面影响。第六，推进资源循环利用工作。

（三）共建共享资源图书馆

加入集群模式或图书馆联盟，利用其他图书馆的馆藏资源补充自己的馆藏，构建一种基于共享的虚实结合的馆藏体系。借助原文传递、馆际互借、网上免费资源开放获取等资源共享方式，在满足用户信息需求的基础上，也可以减少因设备重复购买带来的资源消耗。图书馆联盟资源共建共享，既能节约购置经费，又能满足和保障教学科研人员对文献资源的需求，还减少了信息服务系统服务器、数字资源存储设备、网络设施等的使用，实现了数字信息服务经济、社会和环境的三维复合以及系统的可持续发展。

（四）开展环境素养教育

1.用户环境素养教育

环境素养教育作为图书馆的新型信息服务，可以嵌入图书馆的用户教育活动中。可采取联合环境工程专业的教师或社会人士开展对用户环境可持续发展的教育活动、建立和提供生态环境相关的馆藏资源、采购宣传节能环保的书籍杂志、举办绿色环保展览和讲座、利用废弃物进行DIY手工制作等形式多样的措施，大力宣传绿色环保理念。培养用户的环境保护意识，对未来从业者也能起到潜移默化的引导和示范作用，努力为绿色校园、低碳城市和资源节约型、环境友好型社会的建设起到积极的促进作用。

2.图书馆馆员环境素养教

图书馆领导和从业者必须意识到，在图书馆快速发展的进程中，如果忽视节能降耗，一味地强调发展的速度，势必造成不利后果，制约图书馆发展的可持续性。因此，要不断强化和提高广大图书馆领导和图书馆馆员的节能意识、责任意识，形成以节能和节约资源为荣的良好氛围，全体图书馆馆员齐心协力，形成合力，共同参与到环保活动中。当广大图书馆馆员携起手来，必然会解决好图书馆运行和服务过程中对环境造成的影响问题，实现资源消耗最小化，并为环境污染综合治理，营造友好、和谐的生态环境作出应有贡献。图书馆馆员要注意了解和学习如何在工作和日常生活中减少环境污染等问题，提升低碳意识，了解低碳技术。图书馆要做到节能减排，就应该向图书馆馆员普及节能环保知识，提高图书馆馆员的环境素养。只要广大图书馆馆员具有了较高的环境意识，必然会在日常行为中采取低碳行动。国外的图书馆还曾专门设立生态图书馆馆员、可持续发展图书馆馆员等，可以借鉴。

（五）倡导以读者服务与资源节约并重的发展模式

资源与能源节约并不等于降低图书馆的服务水平，节能体现在改善图书馆运行和服务过程中的业务流程的绿色化和精细化管理上，旨在提高资源和能源利用效率，减少碳足迹和对用户信息获取与图书馆发展产生的消极影响，而不是以持续的资源大量消耗为依托的图书馆粗放式发展模式。加快实现从重社会效益、轻环境保护向保护环境与读者服务并重的转变，完成在保护环境中求发展的转变，创新图书馆读者服务与低碳发展并重的体制机制，才能切实有效地加快科学发展进程，实现图书馆的可持续发展。如果离开图书馆发展，片面地强调保护和改善环境，节能降耗，环境保护就会变得毫无意义；同样，不顾生态环境的承受能力而盲目地追求图书馆规模和发展速度，只能是粗放模式，以牺牲环境来换取发展是盲目、不明智和不理智的。

第三节　促进社会服务模式转型

一、人工智能时代图书馆的服务定位

人工智能是涉及遗传算法、机器学习、神经网络等技术的新兴学科，是研究

用于模拟人类智能的理论、方法与应用系统。得益于物联网、大数据等技术的支撑，如今人工智能已经在自动驾驶、电商零售、仓储物流等领域实现了广泛应用。人工智能颠覆了社会生产方式，驱动社会向智能化方向发展，成为提高信息利用效率、促进行业融合发展的新引擎。

（一）图书馆引入人工智能技术的价值

1.提升整体服务品质

人工智能时代各种新技术的应用，为用户获取信息提供了便利，为图书馆改善服务质量提供了新方法。广大用户对图书馆的要求，不再局限于其作为信息获取的节点，而是要求其在服务、空间与功能上不断延伸拓展。人工智能让图书馆处理信息更高效，能够辅助提高资源整合效率，改进服务系统性能，不断优化服务环境。试想在一个智能化的图书馆中，温度、湿度与光照适宜，可以给用户带来舒适、愉悦的感受，也就能吸引更多用户走入图书馆。若用户遇到困惑，可由智能机器人提供解答，或者借助馆内智能检索系统搜索答案，极大地提高了信息获取的便捷度。可以说，人工智能将改变图书馆的整体面貌，让图书馆的服务品质升级。

2.缓解人力不足的压力

人工智能浪潮的冲击，促使图书馆重新思考自身定位，同时促进图书馆服务理念与模式的变革。很多图书馆纷纷引入智能化技术，如智能机器人、射频识别系统等，这些设备设施的应用，能够提高文献采集、整合效率，辅助开展图书整理、信息咨询等工作，将图书馆馆员从烦琐的工作中解脱出来，缓解图书馆人力资源不足的压力。同时，自然语言、深度学习、视觉计算等技术的成熟，为用户借助人机交互获取信息提供了便利。智能服务系统可以为用户提供个性化内容，取代了图书馆馆员的部分工作，让图书馆馆员摆脱了机械的体力劳动，能够专注于扮演知识的组织者、传播者与引导者角色，也让用户与图书馆馆员之间能够平等对话，有助于两者建立更为和谐的关系。

3.提高图书馆的竞争力

当今时代是一个重视知识与创新的时代，图书馆虽然拥有丰富的知识资源，但面对用户多样化的需求依然感到力不从心。究其原因，在于图书馆无法掌握用户的个性化知识需求，无法保障知识资源与用户需求的无缝对接，加上各类信息服务机构不断涌现，势必影响到图书馆的竞争力。而依托人工智能打造智能化服务环境，无疑为图书馆与用户之间搭建了沟通桥梁，有助于图书馆全方位掌握用户需求，以更为智能化、智慧化的方式传递知识，让知识服务更加个性化、精准化、便捷化。图书馆发挥自身业务优势，顺应弱人工智能向强人工智能转变的趋势，将全面提升整体服务性能，实现人工智能时代的成功转型。

（二）人工智能给图书馆服务带来的改变

人工智能为图书馆发展带来无限可能，改变了图书馆的内外部环境，也启发图书馆重新思考，明确自身服务定位，以更好地实现转型升级的目标。

1.以智能数据挖掘提高服务效率

图书馆对人工智能技术的引入，可以将大规模数据作为基础性资源，将稳定的用户群体作为应用资源，将智能化设施设备作为技术资源，实现对信息服务的改进与优化。图书馆要想满足广大用户的需求，必须以大数据的采集、挖掘与处理为基础，强化数据资源建设工作，为各项业务的开展提供数据支持。图书馆在与用户交互及在提供信息服务的过程中，会产生大量数据与新知识，对这些数据进行挖掘与整合，有利于图书馆更好地掌握用户需求，进而提升信息服务效率。

2.打造全方位智能服务体系

人工智能对图书馆服务的创新，就是对图书馆传统的价值思维、服务系统重新审视的过程。借助人工智能与移动互联网技术，图书馆可以创建符合时代特点的新媒体平台，创建符合用户需求的服务形式，实现对服务环境的动态感知，实现对信息生产、采集、接收、传播等全过程的跟踪监管，形成智能化的信息服务体系。人工智能时代，图书馆已经从以文献建设为中心，向以数据的智能处理为主体的方向转型。打造全方位的智能信息服务系统，不仅能满足图情数据、用户信息的感知、采集、整合需求，也能让用户自主选择服务模式，而系统可以根据用户反馈进行智能学习与优化，不断适应多变的信息环境。

3.以智能化拓展服务优化体验

人工智能时代，图书馆可用的工具与方法增多，催生图书馆服务、人力资源、技术等的全面变革，加快了智能图书馆的建设步伐。图书馆在重新审视既有服务的过程中，要合理利用各类技术工具，借助智能化技术处理数据资源，将物联网、大数据、云计算等与人工智能相结合，为打造全方位智能化服务体系提供支撑。英国广播公司借助大数据分析，统计300多个未来可能被人工智能替代的职业的概率，发现传统图书馆馆员是易被替代的人群。这就要求图书馆馆员转变服务理念，拓展更为智能化的服务形态。面对用户的多样化需求，图书馆不仅要发挥现有业务优势，开发符合时代特点的智能化服务项目，也要让智能感知、深度学习等新型服务方式成为常态，促进信息资源建设、人力资源重组、服务系统改进等全方位的改进，为用户提供具有针对性的智能化服务，让更多的用户感受到人工智能带来的变化。

（三）基于人工智能的图书馆服务新模式

人工智能改变了图书馆内外部服务环境，形成智能采访、智能编目、智能咨询等新的服务模式，并促使图书馆加强标准化与规范化建设，以全新的思维与业务形态，推动图书馆重塑与转型。

1.智能采访决策系统

人工智能时代信息更新速度加快，信息渠道增多，要想在浩瀚信息海洋中找到满意的文献，仅凭借图书馆传统的采访方式显然不可行。借助神经网络模型建立的智能采访决策系统，成为很多图书馆制订采访计划，结合用户需求开展馆藏资源建设的重要工具。根据图书馆文献采访中涉及的多样化数据，结合经费预算情况，建立智能采访决策系统，有助于从庞杂的数据中找到可用的文献信息，并根据需要呈现在用户面前，方便用户自由选择与订购。系统会自动记录用户的订阅信息，并自动产生订购结算清单，减少了文献采访的中间环节，保障用户需求与资源供给的动态平衡，实现对各类资源的最优化配置。同时该系统能够识别机器语言，通过深度学习的方式积累经验，实现对采访文献的自动编目与整理，完全可以胜任或取代由专业技术人员开展的编目工作。

2.智能检索系统

现代图书馆既有丰富的纸质资源，又有海量的网络数字化资源，让读者从大量数据中精准检索信息，不仅需要技巧，也会耗费精力。借助自然语言处理、深度学习等技术，图书馆可以实现对用户兴趣爱好的识别，以大数据抓取、分析与挖掘的方式，掌握不同层次用户的需求，主动提供符合要求的关联检索，提高OPAC（联机公共检索目录）检索平台的智能化水平。如今常见的读秀系统、必应学术搜索等，均是基于人工智能的集成检索系统，为图书馆打造智能检索系统提供了借鉴。智能机器人则保障了线下文献流通的有序性，可以在熟悉馆藏建设要求与布局结构基础上，主动为用户提供文献检索、位置导航、借阅办理等服务。

3.智能参考咨询系统

从数字化角度来看，所有数据对象都可以被语义识别、解析与标注，成为具有关联性的知识对象，以可计算、可重组的方式被利用，为用户提供个性化、动态化、精准化的知识内容。借助人工智能具备的情境分析、词条模糊匹配等功能，可以建立智能参考咨询系统，实现对复杂学科知识的语义识别与分析，实现与不同用户的有效交互，并在交互过程中强化学习与认知，形成百科全书式的智能问答模式，更好地解决用户提出的问题。如今很多图书馆通过引入智能参考咨询系统，支持任何信息服务环节的用户咨询，形成了保障学科建设与学术交流的知识体系，并借助虚拟现实技术，在线向用户展示、推荐虚拟馆藏，既丰富了信息咨询形式，也提高了用户的价值体验。

二、人工智能背景下图书馆的地位与智能

（一）文献生产方式的发展与图书馆活动模式的形成

从古代各种藏书形式到近现代图书馆的历史发展进程，我们可以看到，文献生产方式的发展，对于文献（包括其内涵的信息资源）的处理模式及其相关专业活动有着重要影响。东西方文明的历史记录，都是人类早期的文献集藏实例。图书馆学研究者在追溯历史渊源时总喜欢提到它们，并引以为豪。但事实上，它们与近代以来的"图书馆"之间，除了在文献集藏的现象上有相似之处，更有许多本质的差别。在世界范围内，近代社会出现的公共图书馆与古代各种文献集藏的最大区别在于，近现代图书馆是一种社会性的文化机构，其社会功能或公开宣布的宗旨，是向全社会所有成员平等地提供集藏的文献。这是现代社会文明进步的成果，在这里需要进一步探究的是，这一文明进步的前提是什么。明确这一点，对于探索未来数字化环境下图书馆的地位与功能，有着极为重要的意义。回顾近代图书馆的出现与社会服务，可以发现图书馆产生的重要物质前提是书刊等文献的机械化大规模印刷。文献生产技术的进步从根本上改变了人们对文献使用的态度。这从一个侧面推动了图书、报刊等印刷型文献的急剧增加。

到了二十世纪七八十年代，随着计算机激光照排技术的出现，印刷文献周期大大缩短，引发了"知识爆炸"。对此，我们是否可以得出这样一个结论：由于社会文献的大规模生产，形成了文献总量的巨大增长，原先以个人意愿为主的小型文献集藏活动，其地位便逐渐被社会化的文献管理服务机构——图书馆取代。同时，社会化的文献集藏、整理与供给、利用等活动，使图书馆工作成为一种社会职业。将这种社会专业活动在理论上加以提升，就逐步发展为一门学科——图书馆学。当代文献的电子化生产的出现与发展，改变了人们使用文献的方式，多种形式的电子文本似有取代传统印刷文本之势。对于这一点，人们见仁见智，看法不一。而作为图书馆工作者，关注的应该是另一方面，即面对数字化、网络化环境，文献资源的整理与供给活动，是进行调整或改变，以适应新的环境而继续发展，还是随着文献生产新技术的出现，被计算机自动化技术淘汰。

（二）文献社会传播过程中图书馆的位置与功能

自有文献出版活动以后，文献信息的传播途径大体为"作者—出版发行者—读者"，而近现代图书馆的位置，主要处于出版发行者与读者之间。研究图书馆的这一社会地位，探索图书馆在文献传播途径中的特定功能，或许能证明图书馆作为一种社会文化机构得以存在的价值。众所周知，近代以来图书馆的活动分为三个步骤：第一，从不同的出版发行者那里，采集若干专门、特定领域的文献，经

过集中组织整理，使文献按一定标准序列化以后，再纳入本馆的文献集藏中。第二，通过书目、索引等检索工具，以多种方式对集藏文献进行公开揭示，向社会所有读者和用户报道、提供集藏文献的有序信息。第三，以阅览、外借等多种形式将馆藏文献提供给有着不同文献需求的读者。尽管当代图书馆提供利用集藏文献的方式与手段多种多样，但宗旨是尽可能地将文献及其内包含的知识、信息提供给社会各界的用户。图书馆的社会存在价值便在于此。

1.文献规模化系统集藏的增值意义

近年来强调图书馆提供"信息服务"者颇多，但一切信息服务都是以规模化的文献集藏为基础的，否则，一切便无从谈起。首先，图书馆进行的文献集藏，是建立在文献大规模生产的前提下的。这种社会化活动的意义，在很大程度上替代了以往以社会个别成员为主的文献集藏。其次，图书馆在大规模文献采集之后，对源于出版发行者的庞大的、分散的文献资源，进行了系统的整理并使之序列化，图书馆向社会读者和用户提供的已经是一种有序的系统文献集藏。最后，系统而有序的大规模文献集藏本身，就蕴藏着集群文献内部知识价值提升的特殊内涵。"任何有序的东西都含有能量"，系统有序的图书馆文献集藏，与分散于社会各处的文献，在社会保有量相等时，前者的社会效用将大大高于后者。更重要的是，我们目前的认识尚限于图书馆集藏文献的公共反复使用效能，而对于集藏文献系统化后的增值效能，还缺乏深入的探讨。

2.文献规模化系统集藏的社会经济意义

社会化文献集藏机构的出现，是由社会运动中的内在经济规律决定的，它是一种历史的必然，其经济意义至少表现在以下两个方面：一方面，社会个别成员基本上不再需要建立个人的文献集藏，而是根据文献使用的需要，随时到文献集藏机构获取相关的文献。处于图书馆集藏系统中的各个文献单元，因此具备了供不同社会成员反复使用的可能，较之社会成员的各自购买、各自利用，图书馆文献的使用价值显然要高于社会成员个人的收藏价值。另一方面，用户面对出版发行市场时，得到的是庞杂、分散的文献信息，但市场上的文献一旦进入图书馆系统集藏，用户获得的相关信息量和其得到社会利用的概率也必然大大增加。这样，从文献的出版、集藏的整体投入与社会成员具体使用的频度两者之间的实际效益思考，图书馆活动应该是社会文献生产与利用过程中最为经济的一个自然选择。因此，近代图书馆模式的出现，在严格意义上并不是人们主观意愿指导下的产物，而是近现代社会文化生活中的一种自然发展过程。这个过程实际上是由近现代社会生活的内在规律支配的。

3.文献规模化系统集藏的供给服务

当代各类图书馆的规模、内涵差异甚大，服务方式也各有千秋。最基层的图书馆开展的服务形式比较单一，而规模较大、专业性较强的图书馆的服务形式就比较多样。每种服务形式都适应于社会特定群体的需求，因此不应该从技术水平的单一角度判定某一种服务形式是先进的，抑或是落后的。不同环境下的图书馆所提供的服务均立足于文献集藏这一共同基点。决定图书馆服务能力与水平的主要因素，一是集藏的规模，二是有序化的水平。当前不同图书馆的多种文献整理、开发活动，实际上也可以解读为有序化的不同形式。图书馆的文献集藏离开了规模、有序化，就谈不上提高服务水平。由此，可将图书馆的地位与功能简单归纳如下：第一，现代社会中的图书馆活动，是社会文化投入在文献集藏与利用领域中内在的、自然形成的一种经济运作方式。它的存在，内含着现代社会生活发展的一般规律。第二，图书馆是处于文献生产者与使用者之间的社会文化机构，其职责是从不同来源搜集文献，并使之有序化，系统有序的规模化文献集藏不能简单地理解为一般的文献集合，文献的知识内涵在其规模化和有序化的过程中得到了提升。第三，图书馆各种社会服务都是建立在文献的规模化、有序化的集藏基础之上的，图书馆向社会不同成员提供的文献信息服务的能力或效率，主要取决于文献集藏的规模大小与有序化水平。

（三）数字化环境下图书馆的社会定位与专业职能

在电子出版技术和网络技术的不断冲击下，人们似乎认为，计算机信息处理技术和网络通信技术的结合，将最终解决社会成员的信息（包括文献信息）资源获取问题。

1. "信息资源"与文献单元的关系

文献单元应该是一种"知识（信息）综合载体"，不管它是一部专著，还是一篇论文，甚至是一种文学创作（如小说、诗歌等），也不论它是一个印刷文本，还是一张光盘，抑或是互联网上的某个网页，对于使用者而言，每个文献单元都是一个相对稳定的知识系统，也可以认为它是传递知识（信息）的载体形态之一。当代人们将文献归于"信息资源"之中，或许是因为文献单元中含有一定量的信息，并且能够供给他人利用。若因此把不同的单元文献一概解读为单一的、简单的"信息"，或许会把原先简单、清晰的事物范畴弄得模糊不清、难以理解。图书馆馆员以编制书目、索引等形式，将单元文献的信息以及单元文献的内涵信息等整理、揭示出来，这种形式的"信息"与一般的"事物信息"概念比较吻合。在中国的文字表达中，一般人可能将"情报"与"信息"等同，但绝不会被专业情报工作者认可。在专业情报工作者的理解中，只有将多方收集的信息经过综合处理后，才能成为有用的情报。情报是一种文献单元，也可归之于信息资源，但和"信息"不能简单画等号。图书馆工作者在面对各种文献单元时，也不应简单地将其列入单一的"信息"概念范畴。目前比较流行的一种看法是，计算机信息处理技术相对于文献处理活动，是一个可覆盖的概念。理由是文献信息及其内含的知识、信息等，均为社会信息资源的一部分。由此推理，当然可能会得出"计算机信息处理技术将替代传统图书馆的文献工作"这一结论，但就庞杂的社会"信息资源"而言，绝不是如此简单的替代关系。首先，图书馆的信息服务并不局限于向用户提供关于文献单元的信息。传统图书馆的文献服务之所以得到社会的认可，主要是因为按某文献集群单元内容——知识（信息），从各种特定角度所作的整体性宏观揭示。这种"信息供给"形式的价值，在于对集藏文献内含的"知识（信息）"进行了系统组合。这种系统组合是图书馆依照具体的用户需求，结合图书馆馆员自身的知识基础，根据可利用文献范围等条件，通过人的创造性劳动产生的。在此，图书馆馆员的知识基础及其信息取舍、分析能力起着决定性的作用，计算机技术可以帮助图书馆馆员提高工作效率，但无法替代图书馆馆员的智力活动。其次，信息资源这一概念的内涵至今尚未有科学、完整的定义。虽然可以说文献资源是信息资源的构成之一，但在信息资源这个整体中，文献及其内含的知识（信息）处于何种地位，这一部分与其他部分的差异是什么，如何将它与其他部分进行界定等问题，只能由图书馆文献管理专业的研究人员才能给出科学的回答。

2.用户获取文献内容的方式、成本与图书馆活动的联系

互联网的优势是信息传输速度快。文献实现数字化生产后，可以在网上全文传递给读者、用户，由此就出现了是否还需要图书馆的问题。众所周知，在现实中，人们获取文献内容的方式，是因环境等具体条件的不同而表现各异的。首先，目前的电子文献阅读方式远未达到替代纸张印刷文本，为读者所普遍接受的程度。尽管绝大多数人希望看到刊物的电子网络版问世，但对于真正用于阅读的形式，大多数读者选择了印刷文本。这表明电子网络主要用于满足人们对信息的快速了解的需求，而对于获取文献内容，人们仍将印刷文本列为首选。其次，图书馆的大部分读者、用户并不需要通过网络快速服务来了解学科前沿的信息，他们所需求的，主要是相关文献单元的（存放位置）信息，对于文献内容中的知识（信息）获取则完全是因人而异的。即便是图书馆馆员对文献内容作了许多深入的开发，不同的读者因为各自的知识基础差异，在同样的图书馆馆员或工具的指引下，他们的知识或信息获取情况也各不相同。从这一点看，网络电子文本与印刷文本两者之间并无高低、优劣之分，就目前的阅读方式而言，印刷文本的实用性还是远高于电子文本的。最后，并不是在所有情况下网络数字文献的获取成本都低于印刷文本。图书馆遵照与电子期刊出版商订立的协议，让读者通过互联网从大型数据库中查找、阅读相关论文，若仅是一些单篇论文的阅览，内容获取成本显然低于印刷文本。但在相反的情况下，成本的计算结果大不相同，例如在一些热门期

刊被专业读者群反复借阅的过程中，图书馆几乎没有新的成本投入，而反复进入同一数据库往往就需要在通信、利用等方面一次次地支付相关费用。此时，以网络方式获取内容的成本就可能超出单本印刷期刊的一次性投入。同时，众多读者选择通过图书馆，而不是用家庭电脑进入网络出版商的期刊数据库，也从一个侧面反映了前文提到的近现代图书馆活动中内在的社会经济活动规律。

3.数字化文献生产商的数据库与图书馆文献集藏

众所周知，数字文献出版商拥有巨大的文献资源数据库，并依此开展商业性服务。但这并不意味着他们将承担起文献资源的长期保存职责，其原因至少有两条：第一，商业社会的竞争规律必然会淘汰部分原有的出版者。届时，被淘汰的出版者的数据库由谁来管理，以及数据库内的文献资源如何继续向社会提供服务，就是一个现实问题。第二，随着网络文献出版量的增加，出版商是否有可能无限制地扩充自己的数据库。出于商业利益，当数据库内的一部分文献收入不足以维持数据库自身的运行费用，或者说不能为出版商带来利益时，试图再指望他们长期保存是不现实的。如同机械化印刷使文献产量大增，成为近现代图书馆的重要物质基础一样，电子版文献的数量达到相当规模以后，也会产生社会化的储存问题。在这种情况下，仍然由图书馆来承担这一任务还是会产生新的机构来履行这一职责？文献资源的社会化集藏是社会发展的一个客观规律，电子文本出版总量达到相当的规模时，出版商终将无法承受长期保存维护的费用，最终只有社会化的专门机构才能承担起这一职责。

4.商业化的文献数据库与图书馆的规模化

文献有序集藏数据库的信息检索功能明显高于传统图书馆的手工服务，这或许是部分技术人员否定图书馆存在的主要依据。计算机信息处理技术的神奇之处主要在于其高速的工作能力。现在的网上数据库大多是按照商业服务的需求建立的，计算机信息处理技术的开发与应用自然以此为前提。技术手段的领先，使它在人们的观念中几乎是完美无缺的。技术开发商在市场竞争中不断推出新的方法与技术，对此图书馆馆员很少有异议。究其原因，首先是图书馆馆员受自身技术水平的制约，难以发现当前技术中的不足；更主要的原因，是过分相信出版商和计算机厂商推出的技术产品和宣传广告。例如，对不同文献数据库的检索平台不一致问题，所有的讨论都是从技术角度着眼的，鲜见从基础方法方面进行思考。

第六章　智慧图书馆服务的构建思考

第一节　读者的视角

一、建立智慧图书馆服务模式

智慧图书馆嵌入模式是运用最新信息技术于图书馆服务和管理的各个环节，让读者能够便捷获取图书馆信息资源，从而有效提升图书馆服务质量。当前是大数据技术、云计算、新媒体普及时代，因而智慧图书馆管理模式能够提升图书馆的服务和管理效率，进一步改善读者阅读体验。

（一）智慧图书馆的特点及优势

1.从智能图书馆到智慧图书馆

从图书馆发展历程的角度来看，由数字图书馆向智慧图书馆的转变不是一蹴而就的，通常我们认为有一个从智能图书馆到智慧图书馆的发展过程。智能图书馆顾名思义，主要是人工智能技术在图书馆中的实际应用，是通过物联网连接的各种智能化设备及其提供的各种智能化服务所形成的统一整体。智慧图书馆则是智能图书馆的更高级阶段，是在新技术支持下致力于实现深层次知识服务和智慧服务的图书馆形态。两者的区别主要在于，智能图书馆的主要优势是技术的智能化带来的便捷性，属于技术导向型；而智慧图书馆是在智能技术应用下的人机交互系统，属于知识导向型。智能图书馆主要通过对外在方式手段的转变解放图书馆人力，提高服务效率；智慧图书馆则主要通过提高内在资源的整合深度和服务精度，提升图书馆的服务质量和服务效果。可以说，图书馆智能化是发展智慧图书馆的基础，智能图书馆是其发展的必经阶段，由依靠物和技术到依靠人和知识，正是图书馆由智能化向智慧化发展的本质体现。由智能图书馆到智慧图书馆的过渡还体现在它们所提供服务的侧重上，智能图书馆主要体现图书馆的自动化服务能力，通过完整的人工智能系统可以自动化地实现文献信息资源的获取、整合、传递、应用等环节，为读者提供方便快捷的文献借阅、检索等服务；智慧图书馆主要体现图书馆的智慧服务能力，对智能技术的综合运用和图书馆馆员能力提出了更高要求，需要充分发挥人的智慧提供更深程度的学科咨询、信息检索、知识获取等服务，通过服务提升为读者提供更加舒适的阅读环境及体验。

2.智慧图书馆的特点

智慧图书馆的智慧性使其具有不同于其他类型图书馆的一些特征，主要包括泛在性、互联性、共享性，并且泛在式的外部环境、互联式的技术体系和共享式的服务方式，使智慧图书馆具有明显的便捷高效、个性互动、节能环保优势。

（1）泛在式的外部环境

①泛在网络环境。互联网的普及使用和其跨时空互动性特征给人们的工作生活带来了巨大影响，特别是使信息交流方式发生了极大改变。网络信息交流具有无纸化、跨时空以及公开性、群体性、共享性等特征，打破了原本的人—人交流方式，以人—机—人形式实现广泛互联，极大提高了信息传播速度，扩大了信息传播范围，但同时也会因网络资源分布的不均造成信息分布的不均和传播效果的差异，影响信息资源的获取和利用效果。随着网络技术的提升和网络基础设施的覆盖，"泛在网络"的概念应运而生。泛在网络指广泛存在的、随时随处的网络环境，具有更强的包容性和共享性特征。它是网络信息环境普遍发展的产物，在移动通信、无线射频等技术支持下实现的泛在信息环境。它可以实现人与人、人与物、物与物之间的沟通交流，衍生出更多的信息产品和服务。泛在网络环境的形成，一方面大大提高了信息的渗透性和传播速度，另一方面也加速了信息量的增长，提高了信息产生的影响效果，但也增加了人们在海量信息资源中获取所需内容的难度，因此信息服务机构的作用进一步凸显。图书馆作为文献信息资源的重要集中地和服务机构，对泛在网络环境的适应性和融合应用能力至关重要。智慧图书馆在网络覆盖环境中通过物联网和RFID技术将人、资源、工具连接成统一的整体，信息和知识可通过各项图书馆服务在其中自由联通，读者和读者间也可以实现异时空的文献资源传递和沟通交流。并且，泛在网络还可以使图书馆的管理变得更加直观便捷，大数据和云计算技术下的集成化阅读管理平台由后台管理向前端参与转变，增强了读者的互动感和体验性，可实现真正的智慧化管理和服务，为读者在海量信息中的知识获取和利用提供帮助。

②泛在知识环境。泛在知识环境是指一个深度的信息共享环境，是由广泛的文献信息资源和互联网、自动化设备、应用系统等形成的知识共享网络和信息体

系，是在泛在网络基础上，可以使人、数据、信息、知识、应用工具充分互联和关联，充分发挥共享和相关优势的整体性知识环境。它将人—知识、知识—知识、知识—设备的线性交流模式打破，形成各要素之间互相联系的统一网状信息交流体系。智慧图书馆有了物联网、大数据、云计算等技术的支持，使其具有加工、处理、整合海量知识资源的能力，以及检索、获取与利用这些知识资源的条件，可以充分适应泛在化知识环境的需要。并且随着图书馆馆员能力的提升和各种智能化设备的运用，以知识关联为基础的学科服务成为泛在知识环境下智慧服务的一项主要内容。这种知识服务下，图书馆馆员需要更加全面深入地了解馆内资源和学科专业教学科研内容，在海量文献资源中梳理相关知识点及其相互关系，同时需要准确掌握读者的知识需要，以便在知识网络中快速找到并反馈给读者所需资源。这种知识环境也不是一成不变的，它会随着知识和需求的变化而更新变化，因此知识环境和智慧服务是相互促进、相互发展的关系，这也是其泛在化的又一体现。

③泛在学习环境。泛在学习环境即无处不在、无时不有的学习环境，是学习者可以在任何时间、任何地点实现信息获取自由的自主性学习情境，具有持续、交互、主动等特征。泛在网络环境和泛在知识环境为泛在学习环境的实现提供了支持和可能，智能化的信息设备和丰富的知识资源使泛在学习具备强有力的硬件和软件支撑。图书馆作为人们学习和获取知识的主要场所，应当具备泛在学习环境的条件和要求，智慧图书馆的各类资源存储量及多样化的提供方式，使其可以充分满足人们随时随地的学习需要，形成泛在化的学习环境和氛围。智慧研讨室、24小时读书室为读者提供了良好的学习场所；读者阅读行为分析系统记录和分析读者的阅读喜好和阅读倾向，可以及时推送和提供读者所需信息资源；咨询导航服务系统为读者提供了工具支持，解答读者学习和资源获取利用过程中的普遍性和个性化问题。在泛在学习环境中，外在学习共享空间的建设和内在学习资源的整合，是图书馆提高服务主动性和个性化的必然要求，也是智慧图书馆发展的目标和趋势。

（2）互联式的技术体系

①立体互联网络的发展和革新不仅拓宽了网络的覆盖范围，还使网络结构发生了变化，由原来的点对点平面互联向立体交叉式互联转变，网络的智能化特征凸显。智能网络的立体互联使其跨时空优势更加明显，大到国家之间、城市之间、行业之间、学科之间，小到单位之间、部门之间、专业之间、楼层之间、座位之间，都可以在网络环境下实现多维度的广泛互联。它不仅将人、机、物通过网络简单连接，更在它们的联通间实现更多的信息交流和服务功能。智慧图书馆正是在泛在网络基础上，通过立体互联式网络结构实现空间上的馆馆相连、层层相连、

室室相连、桌桌相连，实现业务上的组织相连、机机相连、人人相连，实现资源上的库库相连、书书相连，并在它们的相互关联中开展和实现各类智慧服务。例如：通过智慧图书馆综合管理系统可以实现对馆内资源、设备、人员的专业、科学管控，清晰了解各类资源的利用状况、设备的运行状态和人员的工作效果；智慧图书馆的安全保障系统可以实时监测馆内的温度、湿度变化，有效做到水、电、火、盗等突发安全事故的防范和应急处置；智能座位预约系统可以使读者提前了解馆内阅读座位的使用情况，实现座位预约，选择自己喜欢的阅读位置，增强读者的自主性，合理规划使用图书馆空间资源，营造良好阅读氛围。

②全面感知泛在化的环境特征和立体式的网络特征都为智慧图书馆服务的开展提供了良好基础，而智慧服务又以全方位感知读者的信息需求和匹配馆内文献资源为前提。全面感知，即非局部、非片面化的感知，是通过先进的技术设备，自动化地全面了解、获悉周围事物的状态、特征、需求的感知过程。智慧图书馆以智能化电子设备为基础，通过物联网将馆内的资源系统、检索系统、借阅系统、门禁系统、读者系统、馆员系统、管理系统等有机连接，实现对各系统和组织信息的有效获取、传递、整合、分析、处理和反馈，对各系统实现全面的组织、协调、管理和统筹，以为读者提供精准清晰的智慧化服务。通过全面感知，图书馆不仅可以了解读者的静态属性数据，还可以追踪读者的动态行为信息，结合到馆借阅数据和网上借阅信息，在信息交互中主动了解读者需求，进而满足读者需要。图书馆气温控制系统还可全面感知馆内各阅览室、办公室、自修室的温度、湿度，监测空气质量，并对所控环境状态做出及时调整，将气温维持在最适宜范围，为读者营造良好的阅读环境和阅读氛围，让读者拥有最佳的阅读体验。从组织管理的角度，统揽全局的全面感知也为图书馆的管理和决策提供了基础性和整体性的内容支持，全面感知基础上的深度感知更能提高服务的精准化程度。

（3）共享式的服务方式

①整合集群智慧图书馆的体系架构和系统特征决定其服务的提供和管理都以整合集群方式进行。整合即将各系统部分通过一定规则联系起来并相互作用，使每部分充分发挥各自的价值。智慧图书馆形态下，不仅资源量急剧增多、馆员业务范围扩大，系统的构成和运行状况也更加复杂，各工作组和子系统各行其是的工作管理模式已不能适应集成化的发展模式，对各部分的统一调配、统一管理至关重要。目前，智慧图书馆已具备进行整合集群管理的硬件和软件条件，并主要通过智慧管理平台实现对资源、图书馆馆员和读者的集中服务与统一管理，形成跨系统、跨机构、跨部门的信息共享和交流体系，形成便操作、利监管的整合集群管理形态，充分发挥资源技术效能，在一定程度上解决信息资源分布不平衡的问题。

②共享协同在广泛互联和物联的环境中，物的极大丰富，使其所有权界限不再明显，特别是对于泛在存在的信息资源，比起拥有某一条信息内容，人们更注重所处的信息环境和对其中资源的自主选择和使用，并且意识到信息只有在流通和共享中才能充分发挥其效能，实现信息增值。共享协同理念，即多个个体或组织共同享有某种资源，并且相互协作，共同推动整体发展，进而达到共同进步的效果。它是经济发展和人们精神水平提高的产物，是部分与整体间相互作用、相互促进的良性发展方式。图书馆作为文化交流的主要场所，其性质和功能决定其中的各类资源都具有共享性特征，并且担负着传播文化知识的社会职责，同时也通过信息连接着各组织机构，形成文化共享网络。智慧图书馆作为图书馆发展的最新阶段，无论是资源使用方式还是资源存储方式都更加先进，拥有更多可供共享交流的内容资源，数字化、网络化的传播方式也更加方便快捷。物联网络使各部门间有效协作，保障并且推动资源共享有效进行，实现共享基础上的协同和协同配合下的共享。目前，智慧图书馆的共享协同特征主要表现在线下和线上两个方面。线下通过馆内和馆际间的各项服务实现资源的互联互通，形成读者交流空间，实现信息的基础流通和利用；线上通过各类数据库、网站平台和应用软件扩大资源共享空间，拓宽信息服务范围，延长信息服务时间，实现跨时空的信息交流互动，提高信息的利用和增值效果。

3.智慧图书馆的优势

（1）便捷高效

任何事物的发展、转型、升级都是趋向于解放人力、服务人类、提升效率的，智慧图书馆的产生和发展也不例外。新技术、新设备在智慧图书馆中的应用，极大地提高了人们的感官能力，加快了处理各类事务的灵敏度和反应速度，提升了图书馆的整体工作效率，使图书馆的管理和服务趋于智能化、智慧化。这种便捷高效体现在资源组织、服务提供和人员管理的各个方面。例如，传统的图书馆导览服务主要依靠熟悉馆舍构造和馆藏分布的图书馆馆员完成，而在智慧图书馆中，利用虚拟现实、三维影像等技术实现的自主导航服务，使读者可以随时自主地了解一个图书馆的整体构造和资源分布情况。随着馆内资源量的逐渐增多和资源类型的复杂化，图书盘点的工作量逐渐增大，不可避免地会出现误检漏检问题，智慧图书馆中引入的智能盘点机器人可以对馆内图书进行全自动化盘点，并可做到自主规划路线和主动避障，盘点精准率可达98%；另外还可连接数据资源管理系统，将盘点结果自动写入RFID数据库，并以报表的形式呈现给管理员，节省了工作时间，提高了工作效率和工作质量。

（2）个性互动

智慧图书馆智慧服务的优越性除服务内容增多、服务质量提高外，还主要体现在服务的精准性和个性化程度提高，以及读者的互动参与度增强。智慧图书馆所有的服务都围绕读者需求展开，智能化的服务管理体系打破了原有的读者参与模式，图书荐购、座位预约、意见反馈等都有了全新模式，与读者的互动通道大大拓宽。读者可通过资源管理与服务平台的图书荐购模块推荐购买所需文献资源，进行图书预约，图书馆馆员根据读者荐购及时了解读者需求，进行精准采购；图书到馆后可及时通知读者进行借阅，缩短资源获取时间，实现精准服务。智能化的阅读推广互动平台可以使读者清晰了解活动主题、参与方式和活动结果，引入投票机制和话题互动提高活动影响力，还可通过活动形成读者交流圈，保持活动后的持续交流。图书馆定期开展的讲座、展览等线下活动，也都为读者进行阅读交流、分享阅读心得提供交流场所，实现多元化的个性互动，推动全民阅读环境的营造。

（3）节能环保

绿色健康的可持续发展理念是当今经济社会发展的主要趋势，也是智慧图书馆发展的一大目标。如何平衡好资源结构，在满足读者阅读需求的同时，做到节能环保、绿色发展，是图书馆智慧化发展需要关注的问题。节能环保、绿色发展需要图书馆馆员与读者共同努力，在树立并强化节约环保理念的同时，以身作则、付诸实践，积极转变工作方式和阅读习惯，而智能化的技术设备也为节能、绿色的图书馆环境提供硬件支持。目前，智慧图书馆的节能环保理念首先体现在建筑构造上，新型图书馆建筑不再以传统的多层"藏书楼"结构为主，而是多采用低楼层的大平层结构，一方面可以节约读者楼层切换间等待电梯的时间，另一方面可以节省电梯运行产生的能耗。加之利用风能、水能、太阳能等清洁能源进行的景观设计和绿植摆放，提高了环境的美观度和舒适度。另外，图书馆的智能管控系统可以自动感应和调整馆内温度、湿度，控制感应电梯、感应用水、感应照明，大大节省开关反应和持续消耗。同时，电子资源量的增多，以及高效便捷的数字化网络化文献传递和存储方式，大大减少了图书馆的纸张消耗，这些都有利于形成节能环保的图书馆绿色发展模式。

（二）基于读者需求型智慧图书馆服务模式

读者需求始终是图书馆开展服务的核心依据，需求型智慧图书馆服务模式从读者阅读需求出发，通过用户行为分析技术和读者交互技术，分析研究读者阅读习惯趋势，为读者提供个性化定制服务，优化服务模式，提高智慧化程度。

1.用户行为分析技术下的智慧图书馆服务模式

（1）用户行为分析技术

用户行为分析最早应用于网站平台的技术改进和服务提升，是通过用户对网站或应用软件的访问数据，如用户位置、时间、次数、习惯等内容，发现用户平台使用规律和趋势，以及运行问题和漏洞，并及时做出改进和弥补。这种源于用户真实使用行为分析的数据结果，对了解机构和产品的运行状况，升级服务内容具有重要作用，因此被逐渐应用于各领域之中。图书馆的用户行为分析指图书馆通过摄像头、传感器、门禁系统、检索系统、网站平台等设备采集读者本身及其到馆或线上的详细阅读数据，分析读者阅读行为，了解读者阅读习惯，以此来优化馆藏结构和布局，提供个性化推送服务，实施精确管理，助力图书馆智慧化建设。

（2）主要服务模式

用户行为分析相较于其他技术已在图书馆中应用较长时间，传统的读者行为分析较为简单，主要包括一段时间内读者的入馆数量、入馆次数、入馆时长，单本图书的借阅次数和单个读者的借书量等内容，由此分析读者的阅读喜好、入馆高峰和最热图书等，指导图书采购和管理决策。这种行为分析内容较为单一，对更进一步提升图书馆的管理和服务质量的帮助有限。随着图书馆智能水平的提升，各种技术设备的应用使数据采集方式更加多样，数据采集过程更加便捷，可用于分析的数据量也较之前增加很多，可以更为精准地分析出读者的阅读需求和行为趋向。目前，图书馆主要通过读者行为分析技术构建读者的用户画像，来提升服务的智慧化水平。读者用户画像，是通过收集图书馆内文献资源及到馆和馆外读者的各类数据形成的标签化模型，可以勾勒出读者信息全貌，预测潜在阅读需求。简单地说，就是真实用户的虚拟形象，使用户形象清晰化、透明化，通过用户标签全面展现读者阅读倾向，便于图书馆馆员深入挖掘阅读需求，及时主动地提供所需服务。读者用户画像的形成主要包括数据采集、行为建模、画像构建三个环节。所采集数据包括静态属性数据（图书的题名、分类、作者、关键词等，读者的姓名、年龄、身份、专业等）和动态行为数据（借阅次数、借阅数量、借阅时间、借阅时长等），通过数据类型分析选择标签构建用户标签体系，再将具体数据匹配进所构建的模型框架，即可完成对读者画像的勾勒。

2.用户交互技术下的智慧图书馆服务模式

（1）用户交互技术

交互是指人在自然社会环境中与各方面数据、信息、情报、知识的交流活动，交互技术则通过技术手段促进这种交流方式的进行。随着信息技术的发展，除了人与人、人与物的交互活动，还产生了人机交互与物物交互，并且实现交互的方式和范围都在不断扩大。用户交互可以理解为使用同一产品、服务，或参与同一活动的主体间进行交流活动的过程。通过用户交互可以起到一定的宣传推广和经验分享作用，有助于促进产品和服务的改进升级，扩大活动的影响力和影响范围。

传统的用户交互主要通过主体间面对面的线下互动交流方式进行，随着信息技术的进步，融合在各类应用中的用户交互技术给用户群体的交流沟通提供了更多跨时空的交互方式和场所，也为图书馆领域中的科研学术交流、阅读经验分享和阅读推广活动开展提供了极大的便利条件。

（2）主要服务模式

相较于传统的读者交互式服务模式，智慧图书馆的泛在智慧化环境、先进技术设备以及丰富的线上和线下活动都为读者提供了更加多样的交互条件和方式。首先，在传统图书馆馆舍陈列经验基础上，智慧图书馆在空间布局上更加考虑人性化和实用性需求，结合馆藏特色、资源利用、空间架构、色彩搭配综合进行馆舍各区域设置，合理划分书架陈列区、精品展示区、阅读学习区、研讨交流区、娱乐休闲区、用户体验区和读者交流区等活动范围，动静相宜，满足读者的各种交互式需求。其次，先进的技术设备为读者交互进行提供了强有力的辅助支持，联机检索系统支持包括自然语句在内的多种检索方式；导航服务系统可直观展示馆藏结构和功能区布局；智能咨询系统可直接与读者进行现场交流和馆舍介绍，回答读者常见问题；阅读本、朗读亭、24小时自修室等的设置也为读者交互体验提供了更多方式。最后，读者交互技术的提高还为读者提供了更多跨时空的线上网络化交流方式。手机、电脑、平板等多设备的技术支持和微博、微信、论坛等多渠道服务的开通和联结，使读者能够随时选用适合自己的方式获取图书馆的资源、应用和服务，也可以在虚拟空间畅所欲言地进行交流和互动，自由组建活动群体。图书馆馆员可以通过各种渠道了解读者的需求和意见，组织开展各类展览、讲座，邀请相关专家与读者面对面进行交流，为兴趣爱好相同的读者群体提供线下交流场所。读者也可以与图书馆馆员进行线上交流，表达服务体验和感受，为图书馆服务改进和提升建言献策。

二、打造第三空间服务推广全民阅读

第三空间是美国社会学家欧登伯格（Ray Oldenburg）在自己的代表作《第三空间》中提出的，他认为，人们公共活动由三个空间组成，第一空间是家庭生活空间；第二空间是工作单位和学校；第三空间是前两个空间之外的城市和社区，包含广场、公园、社区服务、图书馆、美术馆、咖啡屋与休闲酒吧等大众可以聚集和交流的地方。一些公共图书馆成功建立了"第三空间"，充分考虑读者需求，转变图书馆空间布局，从而打造交流互动空间。在第三空间，公共图书馆为读者配备网络、沙发软座、电子设备、调研空间、信息共享空间、热水设备、影视资源观看间等服务，为读者提供安全、宁静、舒适的学习环境，读者还可以在公共图书馆内扫描和打印相关资料，获取信息。在第三空间，公共图书馆为读者提供个性化服务和专业服务。公共图书馆借助大数据技术收集读者兴趣爱好，针对不同年龄阶段提供个性化服务，如给青年学子提供学习、心理、就业等信息服务平台，为中老年人举办养生与怀旧专题讲座，为父母和孩子举办亲子阅读活动，等等。同时，公共图书馆周围还有大型超市、地铁、银行、商圈等配套设施，从而有效融入城市周围发展之中，最终共同承担起社会责任，让公共图书馆成为大众的文化交流会客厅与最佳休闲场所。

第二节　资源的视角

一、基于技术的图书馆资源建设

（一）构建与读者有效沟通的平台

有效沟通就是交流的双方或者是多方能够在交流中正确、真实地表达自己的看法和意见，使双方能够相互理解，以有效解决工作中的问题。图书馆 2.0 正是体现了这样的理念。将图书馆 2.0 理念引入资源建设工作中，使图书馆可以网络为平台，拉近与读者之间的时空距离，使读者能方便地参与资源建设，从而有利于图书馆打造读者满意的实体与虚拟相结合的馆藏资源体系。

1.博客的应用

博客是指某种定型化的网络平台，是一种作者和读者以日志风格进行交互的中介，让使用者能够非常轻松地张贴文章、设计版型，与网友互动，并且能累积成一串可以追索、回顾的历史。将博客应用在资源建设工作中，作为采访人员发布图书出版信息、关注网络热点、与读者交流的一种手段，其可以成为采访人员了解读者倾向和阅读需求的新方法。

2.维基的应用

维基是一种可供多人编写、上载和发布内容的网络服务，它提供的是一种超文本系统，支持在一个社群内共享领域知识。维基站点一般针对某一领域的问题展开讨论，有一定的相关性，有共同的关注主题。把维基应用到资源建设工作中，能更好地运用读者的智慧，促进图书馆开发和建设新资源，为图书馆的资源建设工作提供一种新的模式。维基使读者的作用被突出，读者不再是图书馆服务的被动接受者，而是享有合作参与、共同创造的权利，与图书馆、图书馆馆员是一种共生关系。

3.RSS（新闻聚合）的应用

RSS是一种Web内容联合格式，包含了一套用于描述Web内容的元数据规范，具有一套新颖的，能够实现内容整合者、内容提供商和最终用户之间的 Web 内容互动的、多赢的联合应用机制，是站点用来和其他站点之间共享内容的一种简易方便的技术。网站直接把新闻送到用户桌面，用户可以通过阅读器订阅自己感兴趣的内容，当网站内容更新时，用户可以在第一时间看到新消息的标题和摘要，并阅读全文。对图书馆资源建设工作来说，RSS 技术提供了一个实时、高效、安全、低成本的信息发布渠道，读者不需要在网上逐页寻找所需信息，只需要通过 RSS 阅读器就可以及时了解图书馆的资源建设动态情况，极大地维护和发扬了读者的个性，体现了图书馆服务的人文精神。

4.标签的应用

标签是一种分类系统，每个标签都由用户自建，不必遵从某一分类体系。通过标签，不同用户可以进行交叉查询，即用户可通过关键词找到其他用户的收藏列表，也可以通过大家收藏的统一 URL（资源定位符）找到其他用户。这样，用户在提供信息的同时，也从他人的信息中受益。标签在资源建设工作中的应用就是对信息资源添加标签，进而形成标签表的过程。添加标签看似杂乱无章，却能集合集体智慧，形成多种分类或聚类规则，增强了读者之间以及读者和采访人员之间的交互性。图书馆 2.0 以其简单、互动、透明的交流方式，使图书馆的资源建设工作能更有效地满足更多读者的阅读需求。它信任读者，给读者提供了参与的自由，有利于图书馆打造读者满意馆藏，从而吸引更多读者走进图书馆，提高图书馆馆藏的利用率。

（二）建立网络导航系统

1.建设学科导航库

学科导航库是以学科为单元，对互联网上的相关学术资源进行搜集、评价、分类、组织和有序化整理，并对其进行简要的内容揭示，建立分类目录式资源组织体系、动态链接、学科资源数据库和检索平台，发布于网上，为读者提供网络学科信息资源导引和检索线索的导航系统。学科导航库实际上是一个虚拟的信息资源库，从物理上讲它并不存储实际的信息资源，而是按学科或主题收集互联网上的网址，以导航库为桥梁对相关的学科或主题网址进行集中访问，从而快速准确地获取所需信息，是一个既省时、省力又节省网络通信费用的系统。

2.建设电子报刊导航库

网上电子报刊很多提供免费全文服务，且具有信息存储量大、时效性强、出版快速和交流容易等特点，对读者具有很大的吸引力。为充实图书馆的网络免费学术信息资源，图书馆应加强对网络电子报刊的收集、整理和组织，建立电子期刊导航库和电子报纸导航库，满足读者对网络信息资源的需求。

3.建设主题网站导航库

图书馆可以借鉴百度、谷歌等商业搜索引擎的成功经验，对网上信息资源进行筛选、分类、加工，建立诸如英语学习园地、就业信息、论文写作、生活实用等主题网站导航库，为读者查找学习、生活信息提供方便。

（三）积极整合图书馆资源

随着电子阅读器、智能手机等移动终端的发展，数字阅读已成为新阅读时代发展最为迅速的一种阅读方式。数字阅读是指使用手机或带有通信功能的电子书阅读器等通信终端进行的口袋化、移动化、个人化的电子阅读行为。对于读者而言，移动设备的便捷和随时在线的特点，可以使阅读变得更加及时和随意，同时还能满足个性化需求。对于图书馆而言，应对数字阅读的异军突起，图书馆需积极整合各类馆藏资源，为读者提供查询数字资源的统一检索平台。

1.基于异构数据库的资源整合

异构数据库资源整合是对多个不同数据库中相同学科专业的数字资源进行系统的优化整合。由于这些资源是由不同的数据库厂商研发出来的，在数据库标准、数据库结构、检索界面、检索方法、登录方式上都没有统一的规范，即便检索同一个题目也需要在不同的数据库中进行多次登录和使用不同的检索方式去完成；同时它们之间也存在相互重复和交叉的信息，用户在检索后得到的结果还要花时间、精力进行逐一筛选。这就严重影响到图书馆丰富的数字资源的利用价值。因此，图书馆应将这些异构数据库资源进行技术上的有效整合，为用户提供一个统一的检索界面和视图来实现同时检索多个数据库，使用户从庞大零散的数据库资源中获取所需的信息。

2.基于OPAC系统的资源整合

OPAC系统即联机公共目录检索系统，是基于传统书目管理的一种整合模式。利用OPAC系统高访问率的优势，依托图书馆自动化管理体系，通过功能扩展，可以实现对其他信息资源的整合。整合方式分为横向整合和纵向整合两种：一是通过Z39.50协议（信息检索应用服务定义和协议规范）建立本馆与兄弟馆的OPAC数据库，进而生成联合的公共目录查询系统的横向整合；二是通过在MARC数据增加856字段进行书目信息的揭示和电子信息资源的链接，实现不同类型资源的纵向整合。基于OPAC系统的资源整合能够将无序化的资源有序化，同时将不同类型、不同结构、不同检索平台的一系列异构数据资源、网页信息资源等整合在一起，构成一个强大的资源管理体系。

二、基于空间的图书馆资源建设

图书馆空间再造、智慧图书馆空间建设、图书馆虚拟空间构建等已成为图书馆界广泛关注的研究内容，图书馆从过去以收藏、阅览为主要功能的传统图书馆到如今开放、智慧、包容、共享的现代图书馆，体现了图书馆空间再造追求高质量发展的进程。

（一）图书馆服务空间再造的转型要素

1.以智慧再造理念为宗旨要素

空间再造不仅是阅读空间的改进，更多的是赋予图书馆空间多元化功能，提供深层次的优质服务，进而打造智慧图书馆。伴随外界环境的变化，图书馆提供开放、多元、舒适的空间，满足读者学习、研讨的创新需求已然是趋势所向。图书馆空间再造应顺应时代发展的潮流，以智慧再造为理念，注重图书馆空间与功能的智慧化建设，开展多样化的智慧服务。首先，图书馆智慧空间要实现物的智能化，提高图书馆新技术、新设备的配置。例如，借助RFID、GPS、人工智能等技术，实现自助借还、机器盘点、语音导引、语音问答等无人化服务；提供3D打印机、3D扫描仪、USB充电插座、个性化桌椅、智能台灯、多媒体研讨室等人性化智能设备和多功能交流平台。其次，图书馆智慧空间要提供智慧服务。例如，通过数据挖掘、数据融合等大数据技术分析海量的结构化和半结构化用户数据，准确定位读者的兴趣爱好和知识服务需求，构建用户画像，为用户提供科学、合理的知识资源和动态推荐服务。最后，图书馆智慧空间要以提高人的智慧为最终目的，在坚持阅读推广的基础上，开展智慧检索、论文指导、科研选题、课题分析等服务，引导用户主动学习，积极开发其探索性、创造性的学习精神。图书馆空间再造应牢牢把握智慧再造的理念，满足用户多样化、个性化的需求。目前，信息技术发展迅速，随之衍生的高科技产品也不断增加，图书馆需引进智能产品以进一步发挥空间环境的优势。

2.以服务创新为灵魂要素

图书馆是生态环境建设与资源建设结合的场所，它不仅是知识馆藏中心，更是学习交流场地。新一代图书馆承载的是一种全新的图书馆形态，它既需要表现图书馆外在空间价值，也需要专注其内在架构和功能。服务创新是促进图书馆再造的灵魂，主要体现在图书馆空间形态多样化、资源数据智慧化、服务多元化、人才培养体系化等方面。目前，图书馆有馆中馆、馆外馆、馆馆联盟、数字图书馆、移动图书馆、网上图书馆等各种形态，每种形态的发展不仅致力于物理空间建设，也在逐步提升内部服务。从服务理念创新层面剖析，图书馆空间服务理念应更多地追求服务开放与信息共享，注重服务的均等化与平等化。从服务方式创新层面探讨，数字技术给图书馆空间再造带来了更多可能，图书馆的读者服务、信息服务等传统服务应积极寻求突破和发展。同时，在现代信息技术的支撑下，图书馆空间服务应朝着数字化、网络化、智能化方向优化与拓展，提高跨界服务、移动服务、自助服务、公共文化服务等新型服务能力。例如，融合音乐厅、剧院、咖啡馆、画室等多形态发展，满足用户的现代化精神需求；借助移动互联网、5G技术等建设移动图书馆，打破用户享受图书馆空间服务的时空限制；构建公共文化服务云平台、文旅云平台等虚拟空间，创新文化服务。服务创新为图书馆的进一步发展提供了灵魂支撑，肯定了图书馆空间自主发展的生命力，促进图书馆向多元、开放、共享、包容等方向发展，使图书馆在空间再造、空间治理和空间发展的研究上具有系统的理论支撑。

3.以用户服务为核心要素

图书馆空间再造需时刻注重"以读者为核心"的理念，充分结合读者需求及当地或学校的特色，准确把握图书馆再造空间的服务理念。用户体验直接影响图书馆价值的实现，图书馆空间再造要始终把握以用户服务为核心要素，具体体现在以下三个方面：

第一，图书馆空间的规划布局和功能设置要充分考虑用户需求的多样性、群体性和差异性等特征，保证空间大小布局与需求规模高度适配，空间功能设置与需求种类高度匹配，能够满足用户学习、检索、研究、交流、演讲、展示、创新、文化休闲等基本需求，以及其他个性化需求，同时不能忽略特殊人群的需求。

第二，图书馆空间再造要坚持以人为本，体现人文精神，营造愉悦、舒适、灵活的空间形象。例如，合理运用色彩搭配，提高视觉审美，使用传感技术实现温度、湿度等的智能调节。

第三，要提高图书馆馆员素质，培养智慧图书馆馆员。图书馆馆员是图书馆空间建设的重要参与者与管理者，图书馆馆员需与时俱进，不断提高自身的智慧素养，熟悉智能设备，掌握现代信息技术，提高科研创新水平，更新服务理念，为用户提供更高水平的服务。

4.以助推能动性学习为目标要素

能动性学习是一种面向过程的探究式学习方式和立足于学习内容的体验式学习方式，具有很强的主观自觉性，打造能动性学习空间和提升内涵服务是能动性学习教育的资源保障。图书馆空间再造应注意从以"提供信息服务为主"走向"以培养多元素养能力为主"，进一步通过整合优质资源、分析用户痛点、借助智能手段等激发用户求索知识、创新创造的主观能动性，注重提高用户的多元化、协同化素养和能力。图书馆可构建创新能动性空间，为读者提供创客空间、研究室等物理场所。图书馆的管理体制也应转变为以读者的创造性发展为主的模式，鼓励读者主动学习，不断总结反思，进而提升自身素养。图书馆空间再造不仅需要实体空间重构带来的客观改进，更要建设和推广数字图书馆、移动图书馆、泛在图书馆，营造去中心化的线下线上学习氛围，嵌入学科化管理模式，为用户提供专业的团队支撑和资源配置，使读者高效利用碎片化时间，激发读者的主观能动性。同时，图书馆应提供提高学习能力的关键服务，这就需要图书馆构建学习共同体，挖掘个体优势，全力释放空间服务价值。图书馆的空间再造服务，既是图书馆转型发展的重要一步，也是探求图书馆价值承载的需求。新一代图书馆不仅要注重图书馆空间改造，更要注重基于创新服务的图书馆空间改造，让空间不仅是空间，更是图书馆的一项重要资源，为图书馆的发展和创新提供保障。

（二）图书馆空间再造服务的实施架构

空间再造是一项复杂的系统性工程，涉及建筑、设计、环境等专业知识，也包含管理学中的规划、评估和规章制度等，因此对空间再造的方方面面要求较为严格，需要根据实际情况实现馆内物理空间和服务空间的最优配置。

1.掌握用户需求动态情报

掌握用户需求动态情报是图书馆空间再造服务的基础，图书馆空间再造服务是围绕用户需求开展的，只有通过了解用户的个性化需求与行为习惯，提升用户在图书馆空间再造中的参与程度，才能设计出人性化的空间布局，合理优化和利用图书馆的空间资源。为了提升用户在图书馆空间再造中的参与程度，图书馆可以通过问卷调查、访谈、实地观察等方法进行调研与分析，深入了解用户需求，获取用户反馈，满足用户在学习、研究、服务、图书馆功能使用等方面的需求。例如，深圳图书馆通过实地观察发现，每日到馆人数远超图书馆可提供的阅览座位，无法满足读者的阅读需求，因此在"南书房"和"讲读厅"中增加了大量的阅览座位，当这两个区域没有业务工作时，能为读者提供额外的阅览场地。用户需求调研是一项持续性工作，需要实时跟进和反馈，可以在图书馆中设置用户建议角，收集读者意见，实时了解用户的动态需求，有针对性地对图书馆空间进行改良。图书馆馆员的素养也应不断提升，提高其满足用户需求的能力，积极了解用户的反馈意见，对用户需求进行定期跟踪与反馈。

2.设计合理的规划结构

图书馆空间再造是一个复杂的系统工程，图书馆的战略规划是空间再造服务实施流程中极其重要的一环，需要提前进行空间规划，指导空间再造的实施，然后根据图书馆现有的空间结构进行合理划分和布局，进而建设有创新、有活力、开放、包容的图书馆空间结构。首先，图书馆应从设计类、建筑类等专业角度出发对图书馆的空间规划进行合理布局，在规划过程中确保图书馆空间的高利用率，设计包含文化空间、学习空间、交流空间、创客空间等在内的图书馆空间格局。其次，图书馆的空间布局和规划应结合用户需求，设计能够满足用户需求并可以提升用户体验的合理空间结构，在满足藏书等传统功能的基础上，围绕用户需求进行业务和功能设计。最后，在设计空间布局时，应具备前瞻性思维，设计合理的可扩展性空间结构，保障图书馆的空间结构能随着信息技术发展及用户需求增长进行扩展和再造。

3.设置价值评估体系

空间再造评估体系能够直观体现图书馆空间再造服务的价值，包括图书馆空间现状评估、空间满意度评估及空间管理评估等，能为空间再造的科学决策提供支持。空间再造评估体系可以全面、系统地评估图书馆空间的利用现状、运作效能，还可以了解图书馆现有空间结构是否发挥了预期价值。同时，能快速了解读者对空间使用频率、偏好、满意度等方面的情况，明确读者对空间布局和空间服务的需求与期望，使图书馆不断提升自身价值，为后期发展提供实践支撑。因此，在进行图书馆空间再造的同时，也应重视空间价值评估体系的建设，保障用户服务权益，为用户提供良好的服务，进而促进图书馆事业发展。

4.制定标准规章制度

制定完善的规章制度对保障图书馆空间再造服务效能具有重要意义。目前，大多数图书馆未在空间再造服务方面设置相关的管理制度，所以应加紧步伐制定和完善相关措施和制度，确保图书馆空间再造服务的规范性。在制定规章制度时，应在管理规则中明确管理对象、使用范围和人数、预约方式、联系方式、违规处罚等内容，规范读者空间使用行为。采取线上和线下相结合的方式加大宣传力度，如线上可在图书馆官网、公众号中进行信息推送，线下可通过读者用户手册、图书馆电子屏幕等方式让读者快速、清晰地了解相关规定。图书馆空间再造方面的规章制度能保障图书馆提供优质服务，促使读者养成良好的空间使用习惯。

5.秉持绿色发展理念

图书馆空间再造要紧跟国家政策步伐，融合生态文明建设发展理念，从馆内基础设施建设到读者文化知识供给，秉承可持续发展理念，打造"绿色空间"。图书馆在进行空间再造建设时，应考虑生态价值、机会成本和建设成本，在不破坏生态环境的情况下，扩展图书馆空间区域，优化馆内设施配置。在空间建设上，提高设施、材料品质的同时，也应该控制建设成本，杜绝铺张浪费。在空间使用上，要促使读者提升自身素养，合理利用图书馆空间，在满足自身需求的同时，与图书馆共同打造生态循环系统，建设可持续发展的绿色图书馆。

（三）图书馆智能空间的服务应用

1.图书馆智能空间的服务应用场景

基于大数据和人工智能技术的发展，通过人工智能实现的场景化已是"人工智能时代"与"场景时代"的最佳结合，于是有人喊出了人工智能时代"场景为王"的口号。在图书馆领域，人工智能技术也有了一定的发展应用，从最初无形的聊天机器人，到人形化不明显的盘点机器人，再到现在类人的咨询机器人、导购机器人、安保机器人，图书馆的人工智能服务功能越来越强大、越来越多样，也已成为图书馆减轻图书馆馆员劳动负担、提高服务质量和水平、实现转型升级的有力帮手。综合来看，图书馆目前已在生物识别、智能算法等弱人工智能领域得到了长足的探索和应用，这些服务应用的场景也将是图书馆智能空间未来一段时间的主要服务应用场景。从图书馆智能空间的服务应用场景可以发现，尽管人工智能目前在图书馆的应用主要还停留在特定领域——帮助用户进行感知、记忆、存储、应用的弱智能应用层面，但图书馆智能空间未来的服务应用将远超这些场景，实现强人工智能场景应用已具备技术、实践等方面的基础。

一方面，随着人工智能进入移动互联网时代，图书馆内外各类智能终端设备的应用，必将推动从图像、声音、视频到位置、轨迹、动作等多类型的图书馆服务数据呈现指数级的增长，这也使多维度、多场景的大规模智能数据场景化开发应用成为可能；另一方面，虽然目前图书馆的强人工智能、超人工智能及通用人工智能应用还不成熟，但这也主要受限于人工智能的发展还未达到强应用、通用应用的阶段，而清华大学图书馆的探索应用也说明特定场景下的人工智能垂直化强应用是图书馆能够实现的发展方向。从人工智能技术发展的角度来看，人工智能在漫长的60多年发展历程中经历了三次低谷，第一次低谷遇到的瓶颈是对于认知算法的基础性障碍，而第二次低谷遇到的瓶颈是计算成本和数据成本问题。上述两种瓶颈问题的突破也解决了人工智能的算法和计算力两大必备条件问题，并且明确了算法的应用方向（计算机视觉、语音交互、深度学习）。第三次低谷则是数据集的问题。大数据技术的发展很好地解决了这一问题，这也就是人工智能经过了60多年漫长的发展历程，但在大数据时代来临之后才迅猛发展的原因所在。对于图书馆人工智能应用而言，在新型计算架构（如平台运算）均已满足所需的用户服务计算力和场景驱动发展的背景下，图书馆场景化数据集的规模和质量，一度是图书馆场景化服务的发展瓶颈，但智能化IT基础设施的建设让智能空间的场景数据采集不再是发展障碍，而大规模图书馆情景标签数据集可以使图书馆智能空间服务的模型及性能不断优化。

2.图书馆智能空间的典型服务应用

从图书馆应用人工智能实践的角度来看，目前的应用主要包括专家系统（如知识发现系统Primo、EDS、Summon等）、自然语言处理（如文献检索、文献分类、在线访问公共目录、发现平台、关键词查找等）、模式识别（如文本挖掘、文本分析等）、机器学习（如叙词表自动建模、自动索引等）和机器人服务（如咨询、导航等）等领域。在未来典型的图书馆智能空间服务中，当属代表且已初露端倪的为机器人服务和下一代图书馆信息系统服务。

（1）图书馆智能空间的机器人服务

早期的清华大学图书馆"小图"，近期的上海图书馆"图小林"，都让业界及社会体验和见识到了图书馆中的机器人如何进行互动式聊天、导航及检索等服务。然而不管是从可以实现的服务还是应用的技术来看，这些探索实践还处于人工智能的初级开发应用阶段。从本质上讲，聊天机器人只是一个基于机器学习和自然语言处理的机器人，通过语音命令和文本聊天来模仿人类谈话并和用户进行虚拟聊天。但目前的聊天机器人还欠缺基于机器学习的情感分析，即不能通过语言分析来确定在与用户的聊天中应该表现出来的态度、情绪和语气。其实具有情感分析的场景构建也是目前智能机器人发展中的最大困境，即使是最先进的聊天机器人，也无法完全检测识别到语音命令中的情感表达。多维度用户画像在一定程度上提升了聊天机器人的情感分析能力，商业领域的聊天机器人如智能客服等的探索，也正在推动机器人以越来越像人类的方式继续发展和自动学习，在这一基础上，图书馆智能空间的机器人智能服务等强应用将不再遥远。

（2）图书馆智能空间的下一代系统

服务技术的发展让知识发现成为现实，基于知识发现的下一代图书馆服务系统（如 Primo、EDS、Summon 等）也已应用于图书馆的服务之中。但在人工智能环境下，这些系统平台的深度学习技术利用还有待提升，每条检索结果并不会随着用户需求，即场景的改变而改变。微软研究人员巴斯卡·米特拉（Bhaskar Mitra）和尼克·克拉维尔（Nick Craswell）的研究表明，信息检索的神经网络排序模型使用浅层或深层神经网络来根据查询对搜索结果进行排序。神经网络模型可以从原始文本材料中学习语言的表征，以弥合查询与文档词汇之间的差距。此外，神经网络模型也推动着计算机视觉、语音识别和机器翻译的性能进步，如微软 Bing 为用户提供了视觉搜索功能，即用户通过手机拍摄需要搜索的东西，Bing 即可为用户在互联网上搜索相关信息，全过程只需要用户操作手机按下快门即可。因此，基于机器学习深度应用的下一代图书馆系统服务，将会是图书馆智能空间服务应用的最佳体现，人机交互、决策支撑、专家系统等多个应用场景将通过下一代系统得以实现。

（3）图书馆智能空间的信息组织与文献分类服务

信息组织与文献分类一直以来都是图书馆的核心业务，传统的图书馆文献资源主要按照学科或主题列表的知识组织体系进行组织和分类，如杜威十进分类法、美国国会图书馆分类法、中国图书馆分类法等。随着人工智能技术的蓬勃发展，文献自动分类由基于规则的分类转向被广泛应用于垃圾邮件检测、定向客户的产品推荐、商品预测等领域的机器学习分类。谷歌的一项研究成果也表明，将计算机视觉和语言模型通过CNN（卷积神经网络）与RNN（循环神经网络）叠加进行合并训练，所得到的系统可以自动生成一定长度的文字文本等。这些研究成果非常适合应用于图书馆自动分类、自动摘要、主题提取、文章聚类、图片自动标引、图像识别、业务预测和分析等内部业务上。

三、基于人文的图书馆资源建设

（一）提高采访人员的综合素质

在新阅读时代，图书馆采访人员的工作任务已不能仅停留在书目订购或现场采购等传统的图书订购模式上，而应全面了解各类数字资源（包括数据库等电子资源和网络资源）的出版、内容、更新、技术支撑等多方面的资讯，以满足多样化馆藏建设的需要。为此，图书馆的采访人员应全面提高自身的综合素质。首先，必须具备图书馆专业知识，这是开展采访工作的基础，只有掌握采访工作的流程、原则等基础知识才能顺利开展采访工作。其次，要有快速识别和搜集信息的能力。网络时代，各类信息鱼龙混杂，采访人员对信息进行筛选、鉴别、使用的能力和快速反应能力就显得尤为重要，这是为读者提供便捷、及时和健康资源的保障。再次，要有一定的技术操作能力。随着计算机技术、网络信息技术的发展及其在图书馆中的广泛应用，采访人员对信息的搜集、整理，订单的录入、生成，以及图书采访数据的下载、传送、查重、统计等业务主要依赖现代技术设备来完成，工作人员不仅对本馆使用的系统软件要有充分的认识和了解，还要对涉及采访工作的软件技术、现代化的采访工具熟练掌握。最后，要有为读者服务的奉献精神。要真正做好采访工作，仅坐在电脑前看看订单、搜罗网络信息是远远不够的。采访工作的一个"访"字，就意味着采访人员必须走出办公室，走到读者中间去，了解他们的阅读需求和阅读倾向，要将"一切为了读者"作为自己工作的首要宗旨，要有为读者服务的奉献精神。

（二）加强阅读指导

1.重视网络阅读指导

随着数字时代的到来，阅读方式、阅读习惯的变化，数字化阅读方式接触率的不断增长，图书馆提高全民信息素质，指导社会大众网络阅读的责任越来越重大。图书馆应加强信息导航，指引阅读方向，避免广大读者在海量信息面前迷失阅读的方向。首先，图书馆应分别描述网络信息资源的内容特色、检索方法，并提供网络浏览导航。其次，针对网络阅读的特点，图书馆馆员应指导读者掌握有效的网络阅读方法，培养读者的信息处理能力，提高读者的网络阅读效率，促使读者养成良好的网络阅读习惯。再次，还可以在图书馆的网站上开辟读书论坛。网上论坛的参与性是有目共睹的，它不仅能实现图书馆馆员对读者的导读和推荐，更可以利用数量庞大的读者能量，实现读者间的导读。最后，图书馆可以邀请各专业知名的专家、学者做客论坛，与读者一起针对一些内容健康、较为经典的书籍进行专题讨论，共同交流阅读感受，探讨在阅读过程中存在的疑问，解答疑问的同时，专家可对读者的阅读偏好和阅读方法进行积极引导。

2.多形式开展读书活动，营造全民阅读氛围

图书馆是当今世界组织读书活动的主要力量之一，倡导阅读是图书馆开展社会教育职能中不变的核心。图书馆是促进阅读的重要阵地，应大力宣传、积极参与全民阅读活动，有效地利用各种媒介，让全民广泛地了解图书馆、利用图书馆，提高图书馆的社会认知度，进而推进全民阅读的发展。图书馆在倡导阅读的过程中应从读者本身出发，提升读者的阅读兴趣，让读者享受阅读，发展读者的阅读能力，最终促进阅读社会的建设。为实现这一目标，图书馆应根据不同读者群的需求设计各具特色的读书活动，避免活动流于形式。活动形式上一定要不断变化，保持活动的新鲜感和吸引力。要经常开展一些面向社会的有吸引力的活动，如定期举办英语角、讲座、征文等，经常举办有影响力的展览，开展形式多样的读书活动等吸引读者到馆，让读者在参加活动的过程中自觉地培养阅读意识，并养成利用图书馆的习惯。在新阅读时代，阅读融合了文字、图像及影像的魅力，让读者拥有了更加广阔的获取信息和知识的空间，但同时也在杂乱无章、参差不齐的网络资源面前显得应对无措。面对新阅读时代的这一特点，图书馆应充分发挥其服务和教育的社会功能，从资源建设的源头着手，构建健康向上的资源体系，引导读者树立正确的阅读意识，给读者提供全面、科学、优质的阅读服务，同时在这场阅读革命的浪潮中为自己赢得更为广阔的生存空间。

第三节　开放的视角

随着大数据时代的到来，信息与智能技术突飞猛进，对海量数据收集、处理、分析和储存的需求不断攀升，新一代图书馆服务平台的产生即是图书馆与大数据等科技发展相结合的产物，其开放性能够帮助图书馆更好地利用大数据和互联网，解决传统图书馆服务平台中资源整合不足、与用户交互效率低下等问题，推动图书馆良性发展。

一、图书馆智慧服务平台开放性的体现

（一）系统开发的开放性

新一代图书馆服务平台打破了传统的封闭式开发，采用完全开放的开发模式。提倡由图书馆、服务方、开发方以及其他机构组成向所有人开放的合作社群展开交流。这种模式改变了传统图书馆平台对单一供应商的依赖局面，使更多的业内人士和相关人员，甚至用户，可以聚在一起交流合作，共同建设图书馆智慧服务平台。这种开放的开发模式有利于及时引入先进理念，提高开发应用的效率，完善服务功能，使图书馆智慧服务平台保持活力。

（二）应用程序的开放性

清华大学图书馆的姜爱蓉曾在文献中指出，面向服务的架构是新一代图书馆服务平台应采用的体系架构，其特点是粗粒度、松耦合，每个服务相对独立、自包含、可重用。下一代图书馆服务平台基本结构分为系统层、接口层、应用层和用户界面层四层，其应用程序的开放性主要体现在应用层。在基于"软件即服务"理念的架构下，图书馆的功能体系可以被拆分成独立的应用模块，可以被任意选择和搭配。这种模块化、开放式的微服务模式可以根据个人习惯和需求个性化定制组件，灵活调整工作流程，从而给予用户更大的自主性，提升用户个性化体验，优化智慧服务。

（三）数据库的开放性

传统的图书馆管理系统的封闭性导致各独立数据库之间的信息交换和共享困难。而新一代图书馆服务平台采用开放的云架构，充分利用规模庞大、可靠性强的云计算，使用户不用进行烦琐的安装和运维，仅通过接入网络就能直接访问、使用信息。运行在云端的系统平台可以同时为多个图书馆提供标准化甚至可定制化的服务。同时，不同图书馆用户可以根据自身实际情况选择数据存储策略和系统部署方式，既可以使用共享数据库也可以使用独立数据库，既支持本地部署也支持云端部署。云端数据库的规模性和开放性能更好地满足用户的信息需求，实现智慧服务。

（四）操作机制的开放性

新一代图书馆服务平台的核心是系统消息总线API（应用程序接口）网关，当收到来自外部的应用程序请求时，API对这些请求进行代理，将其发送到对应的应用功能，得到回应结果后再回复给服务请求方。API网关的开放性体现在它对编程语言没有规定，只要确保接口统一，可以采用任何描述格式编写，即任何

用户都可以访问、创建、再造数据。这种可以跨系统的互操作机制满足了日益增多的数据整合需求，有利于实现数据共享，给予了新一代图书馆服务平台更大的发展潜力。

二、图书馆向社会开放的服务模式创新

以数据运算、深度学习、知识服务为主导的人工智能时代的到来，改变了大众的阅读模式及阅读体验，图书馆向社会开放的服务模式由原来的图书借阅、文献传递、电子阅览向知识管理、数据挖掘服务转变。

（一）人工智能颠覆了图书馆服务业态

在以技术为引擎、需求为动力的当下，国家战略从基于"云物移大智"（云计算、物联网、移动互联网、大数据和智能化）的"互联网＋"，向更加强调数据分析、深度计算、神经网络的人工智能迈进。

1.人工智能行业，改变了阅读模式

"人工智能"是一个交叉学科，在其发展中涉及计算机学、神经学、传播学等学科，这使人工智能的影响涉及各行各业。"人工智能＋行业"的深度融合，不仅带来了社会环境、信息技术、学术交流及评定模式的变革，也因广泛应用于知识、智能较高的活动中，催生了一大批新兴应用领域。这些新技术应用打破了传统的阅读环境，也改变我们的阅读模式。

2.人工智能搜索引擎，改变了阅读体验

阅读是一个认知过程，是人们获取经验和知识的主要渠道。人工智能颠覆了社会生产方式及思维认知，并驱动着阅读向智能化、智慧化方向发展。随着纸质阅读近年来持续走低，网络化、数字化、移动端阅读受到追捧，而新技术下的阅读行为与搜索引擎密切相关。搜索引擎的使用，为我们的阅读提供了数据、知识的关联。从传统的搜索引擎到"互联网＋"时代，咨询机构、智库等的服务还是需要人工参与的，知识表达也还需依靠专业人士完成。人工智能背景下，搜索引擎提供的是数据间的强关联，用户获取的答案更加精准，阅读过程也变得更轻松、愉悦。换句话说，阅读行为发生时产生的问题无须用户自己思考，搜索引擎便可以直接回答，从而使用户获得智慧化的阅读体验。

（二）人工智能背景下图书馆向社会开放的服务模式创新

1.基础层

人工智能由能存会算（运算智能）、能听会说与能看会认（感知智能），到现在能理解会思考（认知智能），虽然还未发展到人工智能"超智慧"的高级阶段，但其发展依托的基础是庞大和高耗能的，如数据、大型计算设备、通信设备、网

络基础设施、深度学习中心、大数据处理平台、智库平台、公开共享平台等，这些基础设施的完善，为图书馆向社会开放提供了支撑。

2.技术层

以基础层为支撑，在对理论方法进行探索的同时，对所应用到的技术、模型、算法、设计还需要进一步研究，要与具体的应用环境相匹配才可以。在图书馆向社会开放的服务实践中，要摒弃过去的算法，在新的科技条件下，强调算法与实践的匹配。图书馆应通过适合当下的算法组合构建出最优的向社会开放的路径与模式。

3.应用场景

场景最初是指戏剧、电影中的场面，而后逐步应用于社会学、传播学等学科，指人与周围景物的关系总和，其核心是场所与景物等硬要素，以及空间与氛围等软要素，或者说是基于空间、基于行为与心理的环境氛围。新技术产生新场景，人工智能时代，智能连接取代了数字内容分发技术，大数据技术、移动传感技术有效地记录、捕捉了用户的阅读行为数据，并通过对历史阅读记录、时空状况和人机交互数据的分析，在洞察到用户的阅读习惯、行为动机的同时，能够迅速地找到并准确地推送与他们需求相适应的阅读内容和服务，为用户提供个性化的阅读空间、阅读氛围、阅读体验。场景就是把用户阅读行为、空间与环境、社交氛围、阅读体验这些要素综合起来进行考虑，使阅读推送的内容、形式与特定场景下的阅读需求相适应。图书馆可通过场景和阅读的结合，定制与服务社会化相匹配的场景，实现图书馆资源、服务向社会开放，为大众所用，这也体现了人工智能在图书馆向社会开放服务中的实用价值。

第七章　智慧图书馆服务面临的挑战

第一节　来自社会的挑战

一、人工智能时代图书馆的社会认知

图书馆当前融合意识的产生主要来源于三个方面：一是自身发展建设过程中谋求技术手段赋能的需求，二是人工智能市场开拓的需求，三是读者的需求。当前，虽然图书馆主动融合人工智能的意识不仅没有削弱，反而因为人工智能技术的发展，图书馆通过与之融合实现了自身延伸服务范围、拓展服务方式、革新服务理念等发展目标，对融合人工智能更加积极主动，但在融合过程中产生的相关资金、技术、人才等制约因素，也在知识付费、知识产权、市场主导等局限下被明显放大，以至于图书馆在融合人工智能的过程中心有余而力不足。

（一）人工智能市场的供应链制约

细究人工智能市场的供应链制约图书馆融合意识的原因，主要包括以下几点。

1.人工智能市场及其行业牵制融合意识

基于人工智能市场及其行业领域的视角，图书馆处于消费者地位，因此图书馆在融合人工智能时，处境相对被动。人工智能对于图书馆来说本质是工具，对于人工智能市场及行业而言，人工智能的本质却是商品，以低廉的成本生产基于图书馆定制化的智能设备或软件服务并谋取利润才是相关企业的根本目的；另外，图书馆在人工智能市场中往往采购供应链末端产品，但供应链末端的企业管理、产品服务和意识往往是最不完善的。一旦图书馆不能直接与供应链上终端产生联系，这也意味着图书馆的思维只会越来越难融入图书馆系列的人工智能产品。而

且无论是需求设计环节、软硬件开发环节还是产品生产环节和售后服务环节，图书馆都将越来越难把自身需求合理、全面、深入地融入智能设备与服务中。这也是图书馆引进相关智能设备与服务时，容易存在智能设备或服务的性价比不高、应用功能局限、使用权限常受阻等缺点的根本原因。

2.企业市场竞争衍生技术壁垒与知识产权垄断

技术壁垒原是指科学技术上的关卡，即指以技术为支撑条件，国家或地区政府对产品制定的（科学技术范畴内的）技术标准，如产品的规格、质量、技术指标等，在进出口商品时利用不同的标准，为出口提供便利，对进口形成阻碍，最终达到维护国家和消费者利益的目的。在图书馆融合人工智能的过程中，也受技术壁垒的影响。知识产权原是保护发明创造积极性的有效措施，但当前许多企业利用知识产权保护的法律法规，对技术专利强行购买；对类似技术进行打压；对自身产品严格保护，搞降价销售占领市场份额；对售后服务再增设权限、另加费用；对图书馆购买同款产品服务开放不同的功能、权限，以刺激图书馆或读者对其服务额外付费；对核心技术人才强行签订"反竞争协议"，离职后不得再从事与原单位有竞争关系的行业；等等。形成了技术研发与使用、产品生产到售后服务、技术人才的培养到离职的多方位、全流程垄断。对图书馆招录人才、研发人工智能和馆内二次设备和服务造成了一定的阻碍。

（二）来自读者需求方面的制约

细究读者需求影响，人工智能仍非读者的刚需，这也是致使图书馆融合意识不坚定的原因。对于读者而言，当下文娱休闲活动越来越丰富多彩，网络社交平台、网络阅读平台和短视频平台的出现，占据了读者大量的业余休闲时间。根据调研，图书馆对读者提供人工智能相关产品或服务，其关键在于吸引读者，扩展馆内访问流量和提高读者满意度。但究其根本，研究发现读者去图书馆的需求，往往是基于体验图书馆的阅读氛围、学习知识、提高工作技能和爱好发展等动机，以人工智能去满足读者的"猎奇"需求永远不如去满足读者的"求知"需求。

二、人工智能时代图书馆面临的法律困惑及解决策略

伴随人工智能时代的到来，各类人工智能技术已经在图书馆得到了广泛运用。但在人工智能时代，图书馆也面临人工智能地位未获相关法律明确认可、服务内容与标准缺乏相关法律指引、敏感性人工智能应用的具体程序和损害救济机制欠缺相关法律的明确规范等法律困惑。

（一）人工智能时代图书馆面临的主要法律困惑

各国图书馆经历了漫长的发展，目前大多已经建立起较为完备和系统化的法

律体系。我国近年也先后颁布了《中华人民共和国公共文化服务保障法》《中华人民共和国公共图书馆法》等一系列同图书馆领域相关的法律法规。这些法律法规的实施，无不有效保障了图书馆的可持续发展。但法律制度天生具有滞后性，人工智能本身又是高科技新兴产物，随着人工智能时代的到来，当前各国图书馆都遭受着不同程度的法律问题的冲击。

1.人工智能自身地位尚未获得相关法律的明确认可

随着时代的发展，人工智能在图书馆领域的运用越发普遍。无论是馆藏资源建设还是管理利用，抑或用户个性化服务以及图书馆安保，各类人工智能技术都纷纷开始获得大力推行。国内外近年兴起的借助机器人书架扫描系统进行馆藏库存管理，依靠人脸识别技术展开图书借阅，利用安保机器人实施图书馆内外周边环境的安全监控等。例如，南京大学图书馆使用图书库存盘点机器人，清华大学图书馆则推出了基于人工智能标记语言的专业咨询机器人"小图"，湖南株洲市等很多城市的图书馆都逐步推广起了人脸识别图书借阅系统……凡此种种，不一而足。但和上述人工智能技术大行其道的现实形成鲜明对比的是，这些全新的高科技措施还很少得到各国图书馆相关法律法规的明确认可。现行《中华人民共和国公共图书馆法》虽然对图书馆信息技术运用做了不少规定，如第四十条强调："国家构建标准统一、互联互通的公共图书馆数字服务网络，支持数字阅读产品开发和数字资源保存技术研究，推动公共图书馆利用数字化、网络化技术向社会公众提供便捷服务。政府设立的公共图书馆应当加强数字资源建设、配备相应的设施设备，建立线上线下相结合的文献信息共享平台，为社会公众提供优质服务。"可这些条款内容依旧无法完全覆盖人工智能的各大方面，充其量仅能算作我国公共图书馆法对信息社会和数字化条件下公共图书馆服务的一种宏观要求。诚然，法律制度本身必须具备高度的抽象概括性和简约性，法律条文不可能做到对社会生活各方面的绝对化面面俱到，但正如柏拉图所言，"我们的立法的全部要害，是让公民在尽可能相互友好的环境中过最幸福的生活"。假设相关图书馆法律法规不能结合时代气息涵盖人工智能在图书馆领域中的具体应用，科技含金量极高的人工智能便会一直得不到相关图书馆法律法规的明确认可，要么会因欠缺法律强力保障难以全面推广，要么则会因很多技术手段属于法律尚未界定的模糊地带而随意应用，损害相关人员的合法权益。

2.人工智能的具体服务内容与标准缺乏相关法律指引

从实践应用角度来看，当前人工智能在图书馆领域的投入运用多体现于主体性和辅助性两个层面。前者即以人工智能技术为主体建立和开发一系列智能工具，如图书馆智能检索系统、智能咨询系统、用户评估系统、安全监控系统等；后者即以人工智能技术作为辅助性技术手段嵌入其他系统、工具或程序中，从而更好地实现这些系统、工具或程序的功能，如用户的适应性学习服务系统、图书馆绩效评估系统等。这些人工智能技术的广泛应用，无不极大地提升了图书馆服务的质量和水准，但人工智能毕竟为新兴技术，其提供服务的具体内容和标准究竟是什么，法律还鲜有明确规定。从广义上讲，图书馆服务也属于服务行业范畴，若其具体服务内容和应达到的服务标准都没有明文规定，就无法保证服务达到相应的要求。首先，在人工智能主体性应用层面，如现行《中华人民共和国公共图书馆法》第三十九条规定："政府设立的公共图书馆应当通过流动服务设施、自助服务设施等为社会公众提供便捷服务。"韩国现行《图书馆法》也明文指出，"国家及地方自治团体采取各项措施，便于知识信息弱势群体利用图书馆设施和服务"。毫无疑问，上述法规所指的"流动服务设施"、"自助服务设施"或"图书馆设施"在人工智能时代显然都包含了以人工智能技术为主体开发的图书馆智能检索系统、智能咨询系统等。但这些设施带有极其强烈的高科技属性，如清华大学图书馆专业咨询机器人"小图"便具备强大的学习和记忆功能，能够迅速分析各种提问并给出准确答案。可它们的具体服务内容和标准究竟是什么，法律往往语焉不详。如此一来，我们就难以科学判断"小图"等图书馆人工智能主体性应用是否达到了相应要求，社会公众或知识信息弱势群体是否真正获得了便捷服务。况且当下人工智能应用还处于仅能解决特定领域问题的弱人工智能阶段，若以后发展到可以胜任几乎所有人类工作的强人工智能，甚至比人类大脑更加聪明的超人工智能阶段，对于这种服务的满意度就更难作出明晰判断。其次，在人工智能辅助性应用层面，如现行《中华人民共和国公共图书馆法》第三十三条要求："公共图书馆应当免费向社会公众提供下列服务：（1）文献信息查询、借阅。（2）阅览室、自习室等公共空间设施场地开放……（3）国家规定的其他免费服务项目。"英国现行《公共图书馆法和博物馆法》第八条也规定阅读无须借助电子、缩微、其他装备的书面资料，咨询任何形式书目、索引或类似项目均免费。这些法律条文都是对公共图书馆免费服务项目的具体规定，但以人工智能技术作为辅助性技术开发的用户适应性学习服务系统等是否都属于免费范畴？若不是，它又有哪些服务属于免费服务，哪些属于有偿服务范围？毕竟从广义言之，借助人工智能技术进行的用户适应性学习会涉及"文献信息查询、借阅"、"公共空间设施场地"或"咨询任何形式书目、索引或类似项目"。假设它们一概收费，显然与上述法律条文内容不符；若完全免费，人工智能产生的各项开支尤其是像我国国家图书馆这样各类藏书近4000万册的超大型图书馆，机器人数据分析、机器人导读等费用长期来看不容小觑。故而在人工智能辅助性应用层面，不能对具体服务内容和标准作出明确规定，也会带来一系列问题。

3.敏感性人工智能应用的具体程序和损害救济机制欠缺

敏感性人工智能，是指一些特殊人工智能技术在图书馆领域的应用，因其本身极易造成相关人员合法权益被侵害，故对其应用须慎之又慎。这类敏感性人工智能，目前在图书馆领域中应用的主要有易造成歧视性人工智能和易造成信息侵犯性人工智能两种。对其应用的具体程序和相关损害救济机制若缺乏国家法律法规的明确规范，造成的危害非同小可。首先，易造成歧视性人工智能，主要表现为具备强大人机交互能力的人工智能因事先设计不当或操作人员人为因素，导致其容易在应用过程中造成对他人种族、性别、生理等的歧视。若无任何限制和损害救济，便极易造成各类种族、性别、生理等人权侵害；若限制过多或过分强调他人权益保障，则又会束缚具备强大人机交互能力的人工智能在图书馆智能咨询、智能导读等范畴的应用。其次，易造成信息侵犯性人工智能，主要表现为图书馆利用人工智能算法技术对数量庞大的结构化、半结构化和非结构化数据进行分析实现"智慧搜索"时，往往会在有意无意间获得大量用户阅读习惯、生活兴趣、教育背景、家庭成员、地域分布等信息。这些信息很多带有私密色彩，与用户隐私权密切相关。甚至在某些特殊情况下通过对此类用户信息（如阅读账号密码等）进行分析，还能推测出银行账户密码、保险箱密码等重要财产信息，进而给私人财产安全带来风险。而图书馆数据信息历来都是不法分子攻击的"重灾区"。可当前各国法律大多在这方面的规定并不具体详尽，留下不少空白之处。例如，现行的《中华人民共和国公共图书馆法》第四十三条规定："公共图书馆应当妥善保护读者的个人信息、借阅信息以及其他可能涉及读者隐私的信息，不得出售或者以其他方式非法向他人提供。"但上述法律条文显得过于宏观，毕竟人工智能搜索分析数据有很多是由机器自动进行，与图书馆工作人员无关，且很多信息是用户自愿公开的，他们也未意识到这些信息被他人获取的严重性。故很难判断我国公共图书馆是否在具体应用程序上尽到了"妥善保护"的义务，继而更无从判断是否造成相关人员合法权益受损以及如何加以救济。这样长期处于模棱两可的法律空白地带，势必会严重阻碍该类人工智能的合理应用。

（二）人工智能时代图书馆法律困惑的解决策略

面对当前人工智能时代各国图书馆的种种法律困惑，我们究竟该如何破局方能确保人工智能在图书馆领域真正发挥正面效能而不至于受到诟病？法律的目的是产生最大多数的利益，或在最低限度地牺牲其他利益的情况下，产生在我们的文明中分量最重的利益。针对存在的主要法律困惑，逐一化解显然是最关键的出路，以我国为例，对解决策略可从如下三个方面展开设计。

1.明确人工智能自身的法律地位

要全面彻底地引导某类行为或活动正常进行而不出现法律困惑，首要一点便是该类行为或活动在现行法律中有明文规定，令现行法律承认其合法地位。若连自身法律地位都得不到明确认可，那它遭遇的法律困惑自然会越来越多。故对人工智能时代的图书馆而言，为化解面对的种种法律困惑，确保人工智能得到科学合理应用，第一步无疑就是明确人工智能自身的法律地位。虽然从法律层面认可某类行为或活动的地位，最权威的做法即是在国家最高立法机关制定的相关法律（如《中华人民共和国公共图书馆法》）中对其地位进行明确规定，但国家最高立法机关制定的法律往往用来解决社会生活某方面的最基本问题，而人工智能更多属于一种具体化技术应用措施，直接放置在这些基本性法律中，就会使法律体系越发庞杂臃肿，进而造成实际应用的不便。可倘若不写入基本性法律，仅列入相对较低位阶的行政法规或行政规章中，则又会令其权威性大减。为解决这一问题，笔者主张，不妨先借助高度凝练概括的立法语言在基本性法律如现行的《中华人民共和国公共图书馆法》等法律制度中对人工智能作一些基本表述，对于其具体表述则列入部门规章中。部门规章是国务院各部委、中国人民银行、审计署以及具有行政管理职能的直属机构根据法律和国务院行政法规、决议、命令，在本部门职权范围内，依法制定的普遍适用于本部门、本地区的规定、办法、实施细则、规则等规范性文件的总称。它作为行政规章的主要表现形式，数量多，内容详尽具体，且制定主体乃国务院各部委等行政机关，因此也有较高的权威性。在相关部门规章中对人工智能地位作出具体明确规定，即可化解"名不正言不顺"的法律境地。此外，为保证各位阶法律形成首尾相顾的完整体系，在地方性法规（如各地颁行的图书馆条例等）中也需要适当就人工智能应用的合法地位进行简单表述。如此一来，得到了国家基本性法律的承认，专门的部门规章更是围绕其作了较为详尽规定，各地方性法规也对其作了提及，前文所述清华大学图书馆专业咨询机器人"小图"等各类人工智能的法律地位自然会得到全方位的有效肯定。

2.设定人工智能的具体服务内容与标准

随着科学技术的发展，人工智能在图书馆领域正得到日益广泛的应用。但其具体服务内容包括哪些，服务标准又有何种具体要求，现行法律大多缺失相关规定。若此方面问题不加以解决，必将为其应用前景蒙上一层阴影。而对于人工智能的具体服务内容和标准，从立法简约因素考虑，很显然国家基本性法律如《中华人民共和国公共图书馆法》等不适宜就其作出具体翔实的规定。不过，在其他一些相对较低位阶的法律制度中展开全面设定，则不会出现基本性法律方面所担心的问题。首先，在具体服务内容上，可通过相关部门规章进行明确规定。毕竟部门规章法律相对国家基本性法律位阶较低，能够更多地囊括某些具体领域的问题。而考虑到当下图书馆人工智能应用多集中于主体性和辅助性两个层面，该部门规章则宜主要从这两个层面展开规定。譬如，该部门规章可以分设人工智能主体性应用和辅助性应用两章，前者主要针对以人工智能技术为主体建立开发的智能工具，如图书馆智能检索系统、智能咨询系统、用户评估系统、安全监控系统等的具体应用范围、应用条件、是否收费作出明确规范；后者则主要针对以人工智能技术作为辅助性技术手段嵌入其他系统、工具或程序中构建的用户适应性学习服务系统、图书馆绩效评估系统等的具体应用范围、应用条件、是否收费作出明确规定。这样人工智能的具体应用就能切实得到法律的全面保障和约束。其次，在具体服务标准上，鉴于图书馆服务标准是判断图书馆提供的各类服务是否满足相关用户需求以保证其实现合理使用的标尺，具备很强的微观专业技术性，那么在人工智能服务标准上就应由全国图书馆标准化技术委员会来进行制定。通过全国图书馆标准化技术委员会来主导制定图书馆人工智能服务具体标准，秉承"感知、可靠、适应、体贴"的现代人文服务理念，参照现行《公共图书馆服务规范》模式从总则、服务资源、服务效能、服务宣传、服务监督五个方面进行规划，人工智能在图书馆领域应用缺乏服务标准的问题便能迎刃而解。

3.设置敏感性人工智能应用的具体程序和损害救济机制

敏感性人工智能应用较其他普通人工智能，往往更容易使相关人员的合法权益受到侵害。对此，除借助前文在部门规章中设定的人工智能具体服务内容条款来予以规范外，还须专门设置其应用的具体程序和损害救济机制进行约束。

首先，在敏感性人工智能应用的具体程序上，可以通过前文所言的部门规章来进行设置。无论是易造成歧视性人工智能还是易造成信息侵犯性人工智能，鉴于其可能导致相关人员的合法权益被侵害，均必须明确规定应用主体、应用范围、审查主体和相关数据信息保存要求。在应用主体上，只能是图书馆专门工作人员（操作人员），应用范围则仅限于图书馆相关数据信息检索和咨询交流。为尽量避免歧视性信息和隐私信息被扩散，部门规章还应明确要求图书馆设立信息服务审查机构（办公室），在这些信息发布时仔细审查其是否含有歧视性或者某些不宜向社会公众公开的隐私信息。若存在此类情况，则坚决不得允许对普通大众公开。

另外，考虑到保护网络和数据安全是人工智能发展的前提，部门规章还应就相关数据信息保存要求作出规定。对于通过敏感性人工智能应用获得的不宜公开但又需要保存的数据信息，在部门规章中明确规定各图书馆应安排具体保存场所，根据数据信息重要程度设定保存期限。若保存期限届满，则须立即销毁。若数据信息在保存期内不慎泄露，可能会造成相关人员人身、财产等合法权益受到严重侵害时，则必须及时告知当事人并向司法机关报告。其次，在敏感性人工智能应用的损害救济机制上，虽然现行《中华人民共和国公共图书馆法》等法规已就违法处置文献信息、非法向他人提供读者信息等行为的法律责任作了规定，但这种规定较笼统。在部门规章中，可专门围绕敏感性人工智能应用造成损害的法律责任作出具体规定。被遗忘权是指个人数据信息已经和收集处理目的无关，数据主体不希望其数据信息被处理或控制者无正当理由继续保存时，数据主体可随时要求数据收集者予以删除；可携带权是指数据主体可以向控制者索要数据信息，也可以将这些数据信息转移到其他信任的控制者处。当凭借敏感性人工智能应用获得的数据信息保存期限已满时，与这些数据信息有关人员便可随时随地无条件要求图书馆立即将其全部删除，或向图书馆索要数据信息并要求其将此类数据信息移交给自己的信任者。另外，除了通过部门规章法条进行各类损害救济，为配合部门规章真正落实，还需在各地文化主管部门设置专门的敏感性人工智能应用审查机关。若相关人员认为易造成歧视性人工智能或易造成信息侵犯性人工智能给自身合法权益带来了损害，便可根据部门规章向审查机关提出申请，要求图书馆不得动用此类人工智能。审查机关审查后发现人工智能应用的确存在不当的，则应立即予以纠正。人工智能时代对图书馆的发展影响深远，而且伴随人工智能技术的不断深入，这种影响还将越来越大。只有真正了解、重视、掌握并理解相关理论和应用问题，才能判断人工智能可否在图书馆领域得到最大化推广应用，也才能保证它是安全可靠的，避免其在道德、伦理和法律方面出现问题。

第二节　来自技术的挑战

一、数据安全成为图书馆的重点工作

实质上，人工智能是由海量的数据和一系列算法程序组成的人脑模拟系统，其核心是数据和算法。因此，人工智能下的图书馆离不开大数据的支撑。对于用户来说，图书馆数据的采集、存储和利用都存在网络安全风险，所以数据安全就成了图书馆的重点工作之一。无论是用户的个人信息，还是图书馆内部的知识数据，都属于极其重要的信息。但在目前网络环境下，数据安全依旧存在隐患。移动智能化终端是采集图书馆信息的一条重要途径。用户的个人信息、部分图书馆文献资料等都存在被泄露的风险。而且一些不法分子也会铤而走险，利用图书馆数据资源牟取利益。所以基于人工智能的图书馆在数据安全上需要提高重视程度，意识到图书馆不仅存在信息泄露的风险，网络攻击、虚假或恶意信息传播也有可能发生在图书馆的系统中。图书馆作为社会知识服务体系的一部分，蕴含着众多数据与知识信息。在互联网发展迅速的今日，图书馆也需要与时代接轨，甚至走在时代前列，通过优质的科学技术研发和知识理论体系建设，为解决数据安全及

其他重要问题提供强有力的理论支撑。所以相比传统图书馆数据安全，基于人工智能的图书馆，保证数据安全已经成为而且将长期成为图书馆的重点工作，也是图书馆需要重点解决的问题。

二、云存储技术的数字化图书馆布局问题

随着科学技术的进步和社会的发展，传统的图书馆已然无法满足现代人的信息资源需求，因此数字化成为现代图书馆的一项主要建设内容以及发展方向。传统图书馆与现代云存储技术相结合，能够形成强大的可以自我更新的管理系统和资源体系，因此在数字化时代下，图书馆应当更加注重自身的布局问题，以使不同人群的需求都能够更快地得到满足。

（一）云存储概念

云存储是指将众多的存储系统进行整合，形成庞大的存储系统，再进行自主的拆分，拆分成无数个小的数据模块，然后移交至存储资源的硬件设备进行分布存储，形成云资源的存储。其核心是将应用软件和存储设备相结合，实现应用软件的资源向存储设备的导入并且实时变更。事实上，云存储的概念和云计算的概念有一些部分是非常接近的，都是指通过分布式文件系统和网络技术等，使大量的网络存储设备协同工作，形成虚拟的可访问和数据存储的系统。从云存储的根本性质来讲，云存储已然不是传统意义上的存储，而是一种服务，因此云存储技术在数字化图书馆中显得尤为重要。所有的数据资源都储存在云中，如此更加方便数据的管理和资源共享，管理和维护都会更加方便。

（二）云存储技术的数字化图书馆

数字化图书馆的数据存储方式多种多样，但是云存储技术有着网络技术、集群应用、文件系统管理等功能，通过相应的应用软件将不同类型的信息存储设备结合起来工作，形成一个可以访问的、对外提供数据的、可存储的统一系统；云存储和互联网有着相同的云状结构。云存储更不是单一的某个设备，更多时候它是指多个服务器和一个存储设备组成的整体。数字化图书馆主要分为基本存储管理层、技术应用管理层和用户访问层。

1.基本存储管理层

数字化图书馆服务平台中的基本存储管理层，是最基本的结构布局。它是在整个结构布局的最下方，经过虚拟化以后，硬件资源和相关管理功能的集合。该层结构主要包括设备管理系统和存储设备两个方面。其中，设备管理系统是整个系统管理的基础，通过一个统一的管理平台对服务器和存储网络平台进行统一的管理，用户不仅可以享受到一个统一的管理平台，还可以享受多种管理方式。

2.技术应用管理层

在云存储服务系统中，技术应用管理层属于中间层，是数字图书馆云存储的核心层。它可以进行存储监控、调度、副本管理等，还可以根据数字图书馆的需求，在某个时刻对外提供同一种服务，这项功能可以使更多的用户同时使用数字图书馆的资源。事实上，它是通过集群、分布式文件系统、网格计算等，完成云存储系统中多个存储设备间的协同工作。在这层结构中，数据通过备份以及加密数据容灾技术，保证存储系统的数据更加安全和稳定。

3.用户访问层

在云存储服务系统中，用户访问层是最上面一层。用户访问层主要包括信息采集、加工、管理等。任意用户只需要获取授权即可，接入互联网的终端设备，如PC、手机、平板电脑等，可在任意地点通过用户访问层来到数字图书馆的存储资源平台，获取所需要的信息和资料。

（三）云存储在图书馆布局中的劣势及解决方式

1.降低存储成本

在数字图书馆构建过程中，为了保证信息能够正常使用，经常需要支付大量的各类计算机存储设备费用以及相关设备的管理和维护费，这样的设备通常是很昂贵的，维护设备开支同样较大，这让数字图书馆的管理员非常困扰。当用云存储时，就可以节省大量的经费。云存储的运营和维护都是由"云"商管理的，数字图书馆只需要做前期的投资和建设，后期不再有额外的支出。与此同时，云存储技术的所有信息资源都是在云端的，云端的所有服务器和计算设备都是云集群。如此一来，费用较低，更加方便快捷。

2.信息资源安全

信息资源的安全和对访客的操作监控，是数字图书馆的核心内容之一。计算机设备的交叉使用，极容易导致计算机之间的病毒传染，因此杀毒软件的安装是必不可少的，于是也增加了支出费用。不仅如此，还需要定期进行更新检查，一方面检查软件自身，另一方面防止杀毒软件发生误删的危险。云存储提供数据知识，也要为大量的数据资源提供安全保障，因此就需要使用者使用账号和密码进行知识的存取。如此一来，大大地减少了存储设备的损坏以及数据的丢失等情况，同时也降低了病毒入侵的概率。将数据存储在不同的数据中心，由相应的管理员进行管理监控，也能够有效地降低成本。在科学技术飞速发展的今天，图书馆数字化、自动化是必然趋势。数字图书馆在应用云存储之后，在各方面都有了很大的提升，提高了图书馆信息资源服务的水平，为数字图书馆的开展和推广提供了强有力的保障。云存储是信息化时代信息技术飞速发展的产物，也是必然结果，但是与此同时也会给图书馆管理者带来新的挑战。尽管其中还有诸多问题，但是云存储必然会应用在数字图书馆中，它是资源整合的有力手段，将来也会得到越来越多的应用。

第三节　来自自身的挑战

一、人才储备不足

（一）图书馆馆员的招聘、培养与晋升机制有待改进

在人才培养方面，存在高等院校对图书馆行业输出人才有延时、人才市场供需不均、专业技能与实际工作不完全适应等问题。在人才招聘方面，当前图书馆对具备"正式"身份的图书馆馆员招聘主要由上级部门负责，图书馆主要根据"编制"空缺制订招录的岗位数、考核科目和专业等招录计划，在这个过程中主要有以下三种情况：一是专业科目的考核比重往往只能占50%～60%，除专业科目外往往还有其他非专业科目考核，且考核的具体题目往往由专门的人事考试中心负责，面试考核往往由上级监督或指定团队，面试考核往往是"结构式提问"，这就导致理论不全面但是专业突出的人才成为图书馆馆员的可能性降低；二是图书馆相关的专业往往与计算机类、电子类、信息类等技术类专业共同竞争上岗；三是技术馆员可能放弃技术积累，非技术馆员也可能放弃自身图书馆专业知识提高与学习技术知识的机会，而都转向努力提高应试能力，长此以往，可能导致馆图书馆用于新馆员的培养成本越来越高。在待遇方面，获得"编制"身份的图书馆馆员在后续培养与晋升时拥有更多机会与优势，同样身份前提下的技术馆员与非技术馆员则在获得培养、晋升机会方面基本相同，鲜有定制化地培养模式或成文机制。

当前机制可能导致以下不良趋势：一是技术馆员在获得正式工作机会后，因为培养、晋升机制的忽视技术方面的深造与实践机会；二是图书馆基于上述情况，很难逐渐打造自身的技术开发团队。当前，即使是拥有编制的技术馆员，在培养与晋升时，与同样在编的非技术馆员相比，并无特殊之处。在实际业务中，多数技术馆员主要从事管理与技术维护岗位，主要职责是行政业务管理，以及和技术方面的交接工作，其入职后的培养项目也偏向管理，且缺少有关信息技术开发的内容。技术馆员的晋升途径也主要依靠相同的管理办法与非技术馆员竞争。

（二）缺乏技术馆员团队的弊端显著

目前，大多数图书馆自行开发馆内智能设备或应用是非常困难且难以持续的，

当前许多图书馆采购的智能设备，在调试与维护方面，都处于高度依赖设备提供商的状态。导致此类问题的直接原因是资金与招聘机制，图书馆大多属于事业单位性质，正式员工的招聘方式需要由上级行政机关进行统一招聘与报备管理，招聘应试的内容与实际技术开发素质需求高度不符合，有技术经验者难以正式馆员身份进入图书馆；且图书馆受上级财政支持，对于员工薪酬具有较为统一的限额规范，导致图书馆难以招聘到技术开发经验丰富的技术群体，也缺乏对技术团队的待遇资金，因此形成馆内的智能设备在采购、调试和维修方面高度依赖第三方机构的局面。缺乏技术馆员使图书馆面临信息风险。图书馆目前以采购方式引入智能设备或智能软件用于读者服务的比重越来越大，互联网产业的厂商又对其出售设备与服务后台拥有绝对的控制权限，对使用的用户（包括图书馆与读者）隐私授权，常默认设置"霸王条款"，用户必须默认自愿提供自身产生的使用痕迹与数据信息。用户信息既被商家用来改善产品，也常容易由于企业管理问题而被泄露，对此类"监守自盗"问题短时间很难形成有效监管，还容易引发大规模公共或个人隐私泄露问题。图书馆或图书馆所购置的第三方设备或软件，可能还与第四方的服务器或数据库接口相连接，即使发生公共隐私泄露事件，追究责任也非常困难。大量的读者使用数据将在服务器或数据库内产生历史痕迹，服务器或数据库的开发商、运营商对数据拥有实际的使用权限，且不受全方位的监管，这对图书馆和读者来说都是一大隐患。究其根本，是因为图书馆缺乏专门的网络安全技术团队，大量技术层面的设备与服务"外包"给第三方，必然导致图书馆在网络安全方面得不到长久的保障。

二、空间服务拓展与延伸的思考

图书馆建筑是一段时期内社会主体价值观、审美潮流以及地方特色文化的客观反映，其内部空间是图书馆服务理念、服务制度与用户需求相契合的结果，由此相关建筑、设计理念与空间服务理念等可整体概述为图书馆空间问题。进入大数据时代，虽然以数字技术、虚拟技术、移动互联技术为代表的现代信息技术进一步将图书馆的空间服务延伸到了虚拟领域，但一般意义上的图书馆空间服务并未留住更多的用户，反而是在一些网络信息服务机构的影响下发展愈加艰难。

（一）国内图书馆空间现状

在社会经济条件、建筑理念、服务理念等相关因素的影响下，图书馆空间体量、物理结构、功能划分正朝着多元化、个性化层面发展。特别是在国内，近年来由于经费的增加、理念的变化，图书馆空间在面积上有了明显的提升。动态空间、实体空间与虚拟空间、物理空间与精神空间都是图书馆空间前沿研究的重要组成部分。然而，当前国内的大部分图书馆空间功能构建整体上还存在如下问题。

1.空间服务理念与实践不同步

随着图书馆空间开放服务理念的不断变化，休闲、社交、创新等功能也逐渐成为图书馆空间功能的重要内涵。由此，传统意义上的非图书馆空间，如会议厅、展览厅、共享空间、休闲空间等，逐渐成为图书馆现有空间结构的重要组成部分。然而，这仅是部分一流图书馆的空间设置，大部分图书馆还未能实现这种空间转型，未能随着社会进步和读者需求的变化主动地进行革新，为读者提供创新型空间服务，由此显现出国内图书馆空间服务理念与实践并未完全同步。

2.基础设施空间缺乏系统调整

当前，图书馆正处于高速发展期，数字资源的发展对长期以来一直以纸质文献资源为主要服务载体的图书馆产生了很大冲击，对于图书馆的空间建设也提出了很多新的要求，各种技术设备的引入不仅在服务环节对图书馆提出了要求，在服务基础设施条件改造方面也迫使图书馆开展相应的变革。但大多数情况下，图书馆的数字化服务改造仅是在线槽、强弱电井、机房的原有空间条件上进行加装，用以实现基础网络服务，智慧空间、智能机器人等概念在图书馆中的应用则需要图书馆对空间进行系统规划与调整，从根本上保障图书馆基础设施空间功能的延展性。

3.空间设计满意度不高

图书馆空间作为用户接触图书馆服务的主要渠道之一，业务流程和用户需求是图书馆空间设计的主要依据。在数字服务愈加多元化的现代社会环境下，图书馆空间的象征意义在读者的价值评判体系中一定程度上已经超过了其服务能力，这也是当前图书馆空间越发朝着构建多元、精致的服务场景发展的主要推动力。然而除部分近年来新建的图书馆之外，用户对图书馆空间的服务满意度并未明显提升，其主要原因在于：一是整体服务空间与读者多元需求之间的矛盾无法解决；二是图书馆空间设置相对于社会有偿服务或商业服务空间的设置更新较慢，空间舒适度有待提高；三是体验与美学要素在图书馆空间设置中的比重还有待提高。

4.空间管理能力有待提高

阅览服务、展览服务、读者教育服务是图书馆主要的基础服务内容，图书馆的空间配比也主要基于读者的基础需求与创新需求的比例，但由于图书馆馆员配置与管理手段等方面的原因，部分图书馆的空间管理能力有待提高，主要表现为基础空间的有序化管理能力不强，公用设施使用权争端时有发生。虽然部分图书馆采用了微信预约、自助图书馆的模式减轻图书馆空间管理的压力，但图书馆空间管理的执行力还有待提高。

5.过于强调建筑和空间特性

图书馆文化功能的辐射虽有共性，但是在空间设计过程中部分图书馆却过于追求图书馆建筑作为文化象征的独特性。大多数国内图书馆在设计之初、改造之前都会经过大量的调研和论证，这也使一系列新的建筑设计、建筑用材与空间设计理念得以在各地有效传播，然而部分图书馆在论证时却过于强调建筑本身的特点以及空间设置的独特性，使图书馆的标志性价值凌驾于用户的使用需求与感官体验价值之上。大量异形空间布局、特色景观建筑布局不仅造成图书馆建筑的空间异化比例上升，也容易降低图书馆整体的空间利用率，加大后期空间功能变革的难度。所以，如何平衡建筑的标志特性与服务功能仍是国内图书馆空间设计的重要问题之一。

（二）图书馆空间发展趋势

图书馆空间功能的变化不仅是对社会经济条件、建筑技术、信息技术等客观因素的反映，更是对用户需求这一图书馆空间变化的主体诱因的响应。在完善图书馆空间服务硬实力的同时，还应当注重提升图书馆空间服务的软实力，即向读者提供温馨舒适的环境、丰富多元的资源、充满人文关怀的空间（如公共书房、交流室等），在注重各种空间功能复合共融的同时，满足人们对沟通交流空间和独处私密空间的多重需求，实现"亦馆亦家"的场景服务。

1.空间格局：从物理隔离到生态融合

图书馆空间格局不仅是社会经济、文化的缩影，更是对图书馆服务理念、育人观点的有效体现。发展至今，图书馆已经不再仅是独立于社会服务体系之外发挥保存功能的藏书空间，还是融合于读者日常生活、学习之内的社会空间的组成部分。所以，图书馆空间在生态学视野下是一个内外结合、平衡和谐、持续发展的生态系统，如四川美术学院图书馆在馆舍外部布局设计时就融合了石桥、水塘、农田、陶罐、古旧物品等元素，实现了图书馆空间布局与生态环境的有效统一。吴建中（2016）指出，图书馆应注重空间的生态环境设计，将生态技术有机地融入各种服务功能之中。因此，从物理隔离到生态融合是图书馆空间格局发展的趋势之一，在公共图书馆的空间布局中，应当从保留生态元素角度着手，通过融入更多的自然元素（自然风、绿色植物、日光等），在营造自然内部空间功能的同时，打造自然、舒适的阅读空间。例如，广州市南沙区图书馆就采用外立面结构遮阳、双层幕墙采光与自然通风、雨水回收利用等方式起到了对图书馆空间的生态化补偿，实现了生态理念与图书馆空间的有效融合。另外，在图书馆空间层面，现代图书馆空间在各种建筑材料、建筑技术的支撑下，个性空间、可变空间的建筑理念已相应实现，特别是在空间展示上，融合历史、文化、绿色生态等理念的空间设计与规划已经成为现代图书馆发展的主要趋势。图书馆空间的生态性应弱化传统空间布局，在绿色生态、节能环保、物理低碳等理念上进一步探求图书馆空间生态与读者需求的平衡，如部分公共图书馆就通过增设音乐厅、咖啡厅、商店、静吧、氧吧等服务空间，使图书馆空间更加契合读者的多元需求。

2. 服务思路：从被动服务到智慧化服务

随着现代经济条件的不断改善，国内社会对于图书馆的重视与日俱增，典型的表现就是图书馆空间越来越大，功能越来越多。但是图书馆已有技术与人力资源在读者服务需求逐渐扩大的情况下承受的压力也越来越大，由此而催生了智慧化技术在图书馆空间中的应用。图书馆智慧化服务是现代人工智能、大数据技术在服务环节中的典型应用，通常表现为向读者提供虚拟化服务或智能机器人服务。图书馆空间智慧化服务的关键在于通过各种技术实现图书馆服务高度的感知性、互联性和智能化，智慧空间通过与用户"主动"互动，实现服务功能，如通过人脸识别技术、RFID技术、无线定位技术、语音与表情识别技术、眼球追踪技术等，使空间能明确地感知用户信息和基本需求或行进方向，实现图书馆服务的快速化与精准化。例如：图书馆门禁系统通过人脸识别技术进行用户信息采集与比对，实现用户管理功能；用户入馆后通过无线定位技术对用户行进路线进行感知与预判，实现空间精准导航；应用RFID技术定位并引导用户查找文献；运用大数据系统分析用户心理和阅读行为；等等。此后，智能设备和智能机器人的进一步发展将有望使图书馆空间服务摆脱人力与服务时间的限制，实现图书馆空间的"无人值守"，助力图书馆空间的智慧化发展。从图书馆空间智慧服务的发展现状来看，当前运用较为广泛的图书馆空间智慧融合服务是RFID及其相关导航服务，这两者都是图书馆空间智慧服务融合的典型实例。也有部分图书馆开始采用人脸识别，并尝试机器人导航服务，以及运用机器人进行的图书自动存取等服务，虽然机器人大量运用于图书馆实体空间服务目前还不现实，但随着人工智能的发展，以机器人为代表的人工智能服务或将成为未来图书馆空间服务的主要表现形式。

3. 空间功能：从资源收藏到美学引导

早期的图书馆空间往往有着严格的功能划分，加上"重藏轻用"的理念，厚重的墙体、密闭的单间等是其主要特点。虽然西方早期部分采用罗马、哥特风格建设的图书馆往往以穹顶画、壁画作为图书馆空间美化的主要方式，在美学引导的具体实现上表现为对整体阅读空间环境的美化，但对整个空间的细节处理、美化处理较少，图书馆空间功能更多的还是对资源的收藏与保存。国内的藏书楼则更是注重室内空间的收藏作用，空间美化除字画、建筑形态美化外，更是较少涉及对室内大部分空间的美化处理。现代环境下，图书馆空间的美学引导得到了越来越多的运用。当前图书馆的各种空间结构和服务设置总体上反映出"以人为本"的设计理念，同时这种"以人为本"的设置方式既体现了人性化关怀的理念，也将图书馆从以资源收藏和知识出借为主的形式转化为以美学展示、价值引导为主的形式，这是图书馆空间功能从资源收藏到美学引导的重要转变。通过馆舍周边环绕的绿植和水体，宽阔的休闲空地，内部轻松宜人的氛围，在保证适宜的空气、采光、温度和舒适的桌椅用具的同时，图书馆给读者提供安静、赏心悦目的阅读环境，有助于加深读者对图书馆的认同感。所以，图书馆应当注重室内空间形式对美学规律的应用，包括室内的交流空间、个性空间、创新空间以及人员行进路线等方面的布景与色彩选择，应当遵循有秩序、比例合理、均衡与稳定、协调和对比、节奏与韵律、个性与共性的原则，避免借空间美化之名进行艺术品堆叠和空间无序化设置，并注重规律、创新、实用等理念的融合。此外，当前部分图书馆在空间再造过程中，也注重对空间元素的有效运用，特别是在对线（竖线、平行线、斜线）、面（曲面、平面）、体（三维造型、球体、柱体、重叠造型）等元素的应用上显得更加灵活和多元化，近年来图书馆空间体量的增大、楼层空间的增高、空间的连通设置也多基于空间美化的设计思路。

4.服务视角：从被动式藏书到引导式育人

传统的图书馆空间中，书占主导地位，不论是从图书的采编典藏还是从借阅的角度来讲，传统的图书馆空间流动的主体是书而不是读者，图书馆对于书的空间和读者的空间有着明确的划分，这也是传统图书馆空间较为明显的特点。传统图书馆的空间划分都是根据明确的图书加工流程来设计的，这就使图书馆的空间如同标准化工厂一样进行流水线设计，整个空间是以书作为产品的工业流程所要求的标准化模式，图书仅在图书馆加工完成后才能得到读者的有效利用。而在现代图书馆条件下，书与人的关系得到了进一步改善，图书馆的育人理念不仅体现在资源的收集、整理和传播上，也体现在以空间环境所展开的美育教育和引导教育上。例如，通过名言、警句、创新案例展示、实践活动展示等多种形式进行图书馆空间教育职能构建，引导读者学习与自我反思。除传统的藏、借、阅空间外，交流空间、亲子空间、绘本空间、创客空间、游戏空间等都可以成为图书馆育人的空间模式。因此，打破图书馆对于知识的限制性认知，根据本馆资源和服务特色，用光照、颜色、地面和墙面美化甚至艺术线条设计，体现空间特点并调动用户的探索兴趣，进而从生活、需求的角度构建图书馆的育人空间是图书馆空间演进的重要方向。

5.价值体现：从注重效率到注重用户体验

作为社会信息服务机构之一，图书馆因在早期受限于技术条件，其服务能力提升缓慢，服务效率难以提高，各种图书分类法、卡片目录等图书馆行业产物都见证了图书馆在一定社会条件下对于效率的关注。发展到现代社会，各种馆藏资源的数字化进程不断加快，特别是在公共图书馆评估的推动下，各种新技术、新设备的运用既提升了图书馆的工作效率，也使用户体验到了文化服务与信息技术的有效融合，促进了图书馆的空间转型、服务转型，使图书馆所关注的内容愈加趋向于用户空间体验。现代图书馆需要为读者打造一个恬静且富有创造力、想象力的空间，从而激发读者的信息需求和交流意愿。当前部分图书馆在新馆建设或空间再造过程中注重对公共空间服务场景的创设，通过文化元素或休闲元素使读者改变认为图书馆枯燥、单调的主观认知，使其获得归属感与价值感，激发用户获得包括情感体验、社交体验、创新体验、行动体验在内的全方位多层次体验，引导用户对图书馆空间的利用。所以，现代图书馆在营造空间的过程中通常会表现出以下特点：一是"合理浪费空间"。图书馆的空间除用于藏书、阅览外，也可以用作展览、演示平台，如郑州大学西亚斯国际学院新图书馆的玻璃通道和超大滑梯造成了一定的空间浪费，但带来的用户体验却能大大提升图书馆对用户的吸引力。因此，图书馆要合理地在前厅、中庭等地"浪费"空间以提升用户体验。二是创新建筑形制与空间格局。如天津滨海新区文化中心图书馆的设计立意"滨海之眼"和"书山有路勤为径"，则使图书馆空间又具有了科幻色彩。因此，可以打造具有服务用途的图书馆外形、楼顶空间、天台、空间连接处，提升和丰富用户的到馆体验。三是营造个人归属空间。图书馆空间体验的改善需要建立在提升用户归属感之上，"以多种舒适家具为特色的非正式空间能够突出图书馆作为人的场所的基本属性"，能使人获得归属感，"闲适如家而引人上进"是图书馆空间所需体现的最终效果。

第八章　公共图书馆智慧服务发展的多元化途径探索

第一节　面向未来的公共图书馆包容性发展

一、面向未来的公共图书馆包容性发展

从目前我国的发展实际情况来看，未来一段时期内，社会主义初级阶段的现实不会改变。不少图书馆虽然已经取得了大的进步，但发展失衡仍然是一个十分突出的难题，其制约着图书馆的长远发展。图书馆要在发展的过程中坚持博大的胸怀，将包容性作为重要的原则坚持下去。也就是要真正意识到文化传承的一个重要目标是为现实的发展所服务，致力于探索更加科学的、更加多元的图书馆建设新格局。要让每个读者都真切地感受到他们拥有平等的读书权利。努力实现公共图书馆资源分布的平衡化、综合化、系统化和全面化，使公共图书馆发展迈上新台阶。要不断提升广大读者的自身修养，让他们能够掌握新技术，适应新变化，为和谐包容的发展格局做出不懈的奋斗，促进均等化目标的早日实现，确保所有读者都能够享受到公共图书馆所提供的良好的资源与服务，使公共图书馆建设事业能够进一步健全。当前的文化制度，促进城乡之间差距的缩小，是公共图书馆在高质量发展的轨道上迈出的最坚实的一步。

二、公共图书馆包容性发展的路线图

怎样确保公共图书馆建设具有极强的包容性特征，我们应该着眼全局，从短板入手。要摆明目标，明确可能的结果，搭建起以未来发展为导向的，具有创新性、开拓性、发展性、针对性的持续发展的新格局。

（一）进一步发挥国家图书馆和省市公共图书馆的统筹协调功能

要确保包容性的高质量实现，就必须牢牢坚持政策的发展性，增强公共图书馆的自身建设能力，探索出更多的发展思路。要以更加积极的态度强化落实，确保公共图书馆的发展能够统筹协调，让图书馆领域拥有更强的发展活力，使其在包容发展的路上走得更远。

1.在公共图书馆的空间布局上向深度均等化方向发展

在过去，公共图书馆发展一直致力于研究均等化目标的早日实现，不管是在空间的架构还是在其他方面都取得了丰硕的成果。城乡全面覆盖的图书馆机制已经成为我国文化发展过程中一道亮丽的风景线，不过，我们应该更加充分地认识到均等化依然是未来一段时期内需要强化发展的一个重要方面。全国各级图书馆要把握好当下发展的现有基础，强化创新思维，深化运用创新方式，使技术、人才、政策、社会服务等各个领域的发展都能够获得能力的提升。此外，要将政策适当地向基层倾斜，让基层享受到更加高质量的资源，让空间的均等化早日实现。杭州市在这一方面就做得很好，其图书馆基本上是分馆进行建设，缩小了城市图书馆与乡村图书馆发展之间的差距，可以说是图书馆建设的一大创新，是值得其他地区广泛借鉴的一个举措。这是对资源优化布局的一个崭新探索，也意味着我国的公共图书馆建设在资源融合、空间布局方面迈出了坚实的一步。读者的需求得到了最大化的满足，他们能够接触到更加多元、新颖、新鲜、独特的文化资源。从2011年开始，我国便不断推进文化机制的健全和体制的建立，它将公益、均等、发展、人文、方便等作为基本的发展理念，使公共文化发展机制更加健全，体系更为完善。目前，不少地区都大力深化示范区建设，公共图书馆获得了前所未有的发展空间。2019年，我国根据已经完成建设的图书馆项目确定了其基本的等级，其中江西九江、北京怀柔、湖南郴州、海南省、安徽省图书馆都获得了较好的名次。西部地区的一些图书馆也被评定为优级。可以说，它们是我国公共文化建设中的佼佼者，它们对全国的图书馆建设起到了良好的示范作用。可以预测的是，在未来的一段时期内，公共图书馆建设将会开启深化发展、千馆竞争的良好态势，从而开创综合发展的崭新格局。

2.在公共图书馆的人员培训上向全员化方向发展

要想进一步促进图书馆建设在包容性方面迈出重要的一步，就需要充分发挥好人的作用。不管是哪一级都加大资源投入力度，特别是要重视人力资源的价值。对相关从业人员进行专业培训，使全体工作者都能够向着专业化的目标奋进。全员培训是确保相关人员拥有较强的专业素质，使他们在工作中能够充分调动自身的创造性，促进均等化目标早日实现的必由之路，也是进一步推进"机器换人"，应对外界纷繁变化的关键举措。要将人才资源的引进作为图书馆建设中的一个重要模块，积极开展图书馆从业人员素养培育活动，开设各种学习班，搭建起依托网络平台的各种专题学习体系，积极进行志愿者在线训练，拓宽境外学习交流渠道，确保所有图书馆馆员都有广阔的学习途径。此外，也可以针对当地的发展情况开展丰富多彩的网络培训，让专业的图书馆工作人员都能通过网络享受到高质量的培训课程，以网络的形式进行经验的交流和共享，确保一线的高质量资源能够被充分利用，使资源的效益能被最大化激发出来。

3.在公共图书馆的资源配送上向平台化方向发展

随着数字化趋势的日益明显，智能化成为全球发展的一大趋势。要想进一步提升服务思维和探索创新的途径，就需要发挥平台的重要价值和作用。近几年，不少省市都充分利用云平台来建设高质量的电子图书馆。从国家的角度来说，随着数字图书馆、文化资源建设库、经典古籍和善本存储体系的不断健全，文化与大众的生活越来越近，我国的资源平台力量更加强大，能够查询的信息类型更加丰富，规模化的资源机制更加完善。当下需要解决的难题是，随着云计算、职能建设、数据网络、移动终端等的发展，之前的传统平台与发展的技术之间存在极大的矛盾，读者的需求更加多元化，这就需要技术不断地更新，但是技术更新又需要付出较高的成本。对公共图书馆而言，需要不断地推进思维的创新，要牢牢抓住新时代的发展与改革机遇，着力推进新时期"现象级网络平台"与图书馆建设的完美融合，要将资源分散、数据差异等问题解决；需要充分发挥5G通信的重要价值，实现技术的及时更新，使之前难以解决的问题得到破解，真正彰显资源联动的重要价值，使不同时空之内、不同平台之上的资源能够实现整体呈现和分享，使资源的获取破除原有的障碍，实现资源的驱动与智能的融汇，使云计算成为公共图书馆建设中的一个亮点。在管理方面，要打通各个环节，实现区域的整合管理，从横向与纵向两个角度进行资源的互通，为深化不同区域之间、城乡之间的高效整合起好步，确保其同频共振。这样一来，就会有更多的读者能够享受到公共图书馆发展的红利，享受到其优质的资源与服务，实现增长极的更新与升级。

（二）进一步把握新科技革命群体迭代的发展机遇

1.把握前所未有的创新生态新趋势

科技革命是全球发展的一个竞争点，正因为如此，全球具备了新的发展生态环境。对于广大的公共图书馆而言，要进一步完善其包容性构建，将包容性建设作为一个重要的发展势头来为公共图书馆发展添砖加瓦，真正创建出公共图书馆发展建设的新格局；在科技不断更新与发展的过程中，在技术更迭的次序中，为读者提供丰富多样的读书资源，使读者享受到更加多元的服务，公共图书馆需要开辟更加多元的渠道，与外界的发展相适应，更新自身固有思维，主动顺应潮流，实现跨界沟通；进一步推进图书馆在建设中将读者的阅读诉求与图书馆所能提供的资源相互融合，使创新建立在更加坚实的基础之上，让每个读者都能感受到智能阅读带给自己的快乐；把可以提供的多元化服务送出去，使读者得到精准服务，读者可以在其空间内获得精神的享受，体味到图书馆服务带给自己的快乐。

2.智能技术的泛在化和全程化

目前，公共图书馆之所以能够获得较快的发展，就在于互联网在其中发挥了重要的作用，其内在驱动力是强大的。不管是通过智能的方式进行哪种类型的读书选择，还是进行哪种类型的查询，不管是为了实现智能环保的目的还是更好地进行数据驱动，都需要充分发挥智能技术的重要价值。也就是说，在顺应科技发展的格局中，要把握好群体更迭的重要意义。公共图书馆也不能一味地只关注物质的领域，更应该将人的发展作为一个重要的着力点，尊重人的生命价值，对其予以关怀。不管从哪个角度而言，包容性都应该关注人的发展问题。关注读者的自身诉求，和他们同呼吸、共命运，这是需要全体工作者努力的一个方向。在职能技术的不断普及过程中，不管是扩大读者的阅读面还是实施全域阅读的普及，都需要充分发挥智能化的作用使媒体的互动项目得到丰富和拓展。此外，还应该始终为读者考虑，将为读者考虑作为管理的重点来进行强化，将其需求放在第一位，拓展多元化途径，了解他们的诉求。要实施多元化的便民措施，让读者在阅读过程中对数据有较好的敏感性。在自我满足的同时也能够使公共图书馆在发展和建设的过程中提升服务感、获得感与幸福感。在这里，包容性的范围是较为广泛的，它不仅是指要将"人的发展、人的自由"作为一个先决条件，更要在发展的过程中树立"文明传承、基层服务"的基本诉求，这是公共图书馆建设的原则和宗旨，也是开辟更加广阔发展空间的基本步骤。在未来的发展中，要牢牢把握包容的思维理念，在提升质量的同时追求发展的均等化，引导公共图书馆在发展的过程中获得更加强大的内生力，为实现均等化、公益化、丰富化、多元化的目标而不懈奋斗，促进文化的繁荣，为打造中国精神、中国智慧作出力所能及的贡献。

第二节　公共图书馆智慧服务品牌建设

一、公共图书馆服务品牌

服务品牌是指以品牌的形式展现出来的项目内在价值，即在公共图书馆建设中所表现出的服务特色、服务理念以及优势，通过这些优势来体现服务高质量的基本形式。服务品牌所包含的内容十分丰富，主要包括基本策划、服务内容、用户体验、推广情况、宣传情况、优化创新、技术升级等种种要素。通过服务品牌，我们能够清楚地看出图书馆给读者留下的深刻印象。品牌其实是图书馆外在形象的最好体现，有时甚至是城市外在形象的代名词。品牌是一个图书馆为外界所知的最好标志，其中蕴含着图书馆的内在文化底蕴和内在价值，真正彰显图书馆在其建设的过程中所体现出的文化思维能力和文化价值，是着力促进图书馆服务能力提升的根本抓手。品牌更深层的意义就在于能够展示其服务的重点，最主要的是通过扩大品牌的影响力来提升知名度，最终实现文化增值的根本目标。

二、公共图书馆服务品牌的方法

随着我国图书馆事业的不断发展，一些深层的问题值得我们去思考：在其建设的过程中应该怎样去把握规律，怎样去进行科学的认知和品牌生命力的延续，通过怎样的方式才能真正将品牌的打造与创新发展相互结合，进而彰显中国智慧和中国力量。上述这些问题可以联想到20世纪50年代闻名全球的"两化理论"。这一理论对哲学家提出了基本需求，要求通过理论的方式来不断进行思维更新。这个理论在刚刚提出时仅是针对哲学家来说的，然而随着发展的深化，其逐渐扩展到品牌建设等各个领域。它要求我们将现实的经验转化为本质的规律，进而在未来的实践中对理论进行深化运用，这样才能破解服务品牌建设过程中碰到的一些难题，探索出创新的形式和渠道。服务品牌可从以下几个方面来进行科学归纳。

（一）服务品牌高度的文化

公共图书馆品牌建设过程中，文化是一个重要的核心，它是所有要素中最主要的一个方面，为服务品牌的发展提供了健康成长的环境。文化与品牌之间的关系十分密切，二者之间是相互联系与促进的，文化为品牌增添了一份厚重的力量，品牌也因为文化而获得了更高的知名度，其中所蕴含的深刻意味值得我们深思。中华文化的根基中，传统文化是命脉，其中所彰显的思维理念、文化精神、道德行为与选择都彰显出我国人民厚重的文化思维，是我国人民精神的重要体现，它对人类问题的解决作出了不可磨灭的贡献。21世纪初期，我国在图书馆领域首次建设"志愿者服务"品牌，从中能够看出浓厚的文化思维与文化诉求。对于广大的志愿者而言，他们的根本原则就是公益、奉献，他们坚持要为图书馆事业的发展作出一份力所能及的贡献，将志愿者团队的精神与图书馆事业的发展紧密联系在了一起，这其实也是对志愿者"无私、奉献、公益"等理念的践行，这也满足了众多的相关从业人员和专家渴望进行实践深化，希望对社会有所回报，做一些力所能及贡献的基本愿望，他们也因此获得了众多的社会文化服务的机会，引导更多的基层志愿者带着他们的爱心与责任心参与到一线志愿服务的过程之中。这一活动备受各界关注，原文化部也因此对志愿者进行了嘉奖，这项活动被确立为科协师范教育活动典范，还被授予了文化创新的奖项，这也是对图书馆志愿者工作的高度肯定。我国之所以能在服务品牌的建设过程中保持较快的发展速度，不断进行自我突破，其中一个重要的原因就在于品牌建设的高质量化，上海所创建的"文化教室"就是一个典型代表。此外，广州大力推行的"凝聚智慧，你我阅读"也是一个美好的建设愿景。上述品牌是图书馆领域的航向标，它们已经不再是一个简单的品牌称号，而成为推进未来品牌文化振兴，持续促进服务品牌优化转型，厚植文化底蕴的代名词。

（二）服务品牌力度的技术

近年来，人工智能的发展获得了较大的空间，以其为依托的大数据也因此获得了崭新的发展，这些也为图书馆服务品牌建设增添了新的活力，是实现图书馆转型的必由之路。深圳图书馆在文化品牌创建与技术的融合方面做出了巨大的探索。该图书馆所出版的《深圳模式——深圳"图书馆之城"探索与创新》一书，可谓从宏观的角度科学阐释了"技术创新"的内在意蕴。该图书馆在提供综合服务的同时实现了将技术与文化底蕴的高度融合，其中一些奇思妙想让人叹为观止，使读者从中真切感受到了服务品牌的内核所在。从普及"图书馆24小时对外开放"到实现多部门资源整合与服务建设；从打造科学的城市图书馆电子网络平台到不懈探索"数字图书馆综合系统"，深圳图书馆敢为人先，将品牌建设与技术挖掘相互结合，在全国范围内产生了十分深远的影响，其服务质量节节提升，读者的阅读热情也被前所未有地调动起来。这是中国图书馆建设对世界的卓越贡献，也是中国品牌自主创新、自主研发的品牌印记。同时，"图书馆24小时对外开放"获得了原文化部极高的赞誉，业内对其高度的技术创新予以高度肯定，这一行为也先后被城市宣讲并进行了推广。东莞图书馆之所以能够获得较快的发展，就在于其把握了技术这一核心竞争力，它所打造的"协同发展体系"成为其服务模式之中的一个亮点。正是因为服务品牌技术的不断完善与更新，技术与图书馆的联系更加紧密，公共图书馆在其引导下获得了广阔的发展空间，真正实现了宽领域、层次化、低门槛、针对性、创新性、交流式发展新模式，读者从中获得了更好的服务体验。

（三）服务品牌宽度的融合

当前，经济发展呈现明显的融合特色，不管是互联网领域、文化与信息领域、电子领域还是智能化领域，纷繁复杂的事物已经成为事物之间相互关联、彼此沟通的一种重要方式。多学科的交叉、社会诸多领域的协同、行业之间联系的日益紧密，使社会中表现出越来越明显的彼此互通有无、相互交织的态势。馆际之间的交流越来越频繁，它们的信息交流使公共图书馆服务呈现日趋完善的崭新发展趋势。详细分析服务品牌之间的关系，促进其多元拓展与交融，全面推进品牌宽度交流，一个重要的方面就在于大力实施文化共享建设，它从本质上说也可以被看作一个互相融汇的新系统，以国家的力量来带动其他各级部门进行文化服务的完善与建设，真正打造"高效协同，统筹规划"的综合化新格局。此外，各有关部门也应该调动来自各界的力量，使其凝聚起来，为文化共享奠定扎实的根基，使其成为一个强大的力量融合体。协同模式划分为内、外、上、下几大领域。"内"突出强调的是文化系统之间所开展的一种彼此交流；"外"侧重不同行业之间所开展的彼此交流；"上"强调的是从上级的角度出发所进行的政策支撑；"下"则是指要将群众的诉求作为深化拓展的根本宗旨，层层推进，全面协同。

此外，从技术角度来说，文化共享其实包括万象，其中不仅蕴含着网络技术、电子技术、信息技术以及软件技术和计算机技术等多元化途径，也包含上述这些载体相互融合的一种多元化信息渠道。这些技术的融合恰恰是在结合当地实际的基础上所开展的一种因地制宜地选择，这一选择符合我国文化服务品牌建设的基本诉求，与我国的实际发展相互契合，是一种崭新的发展样态。此外，通过多领域的创新"混搭"能够为各种品牌增添崭新的内涵，这也越来越成为品牌建设的一个核心要义，使人们在差异化技术和内容相互融合的过程中获得了新的体验与感悟。早在2018年，上海图书馆就极富创意地指出：要充分重视读书日这个特别的日子，打造充实而又令人难忘的"上图之夜"。这一活动将多种元素相结合，发挥了绘画、展览、讲座、阅读与诵读等要素的作用，将各种样式模式混合搭配在一起，实现了不同领域之间的元素互通。它将各种展览品牌的常见款式进行了融合，推出了时尚款。从品牌自身的创新点来看，不少特色的产品都具有自身的"兴奋点"，将不同性质的元素进行混搭，即将差异化元素进行搭配，找到能够让读者有兴趣的特殊点。这种形式打破了时空的限制，真正体现出服务设计对于开展阅读的意义。同时，我们也能从中感悟到服务品牌近些年来所进行的探索和发展趋势，从中感受到了品牌自身所具备的宽容、多元、新奇、拓展、深化、协调的新态势。

第三节　中国特色公共图书馆新型智库建设的定位与发展

一、中国特色公共图书馆新型智库建设的定位

（一）中国特色新型智库建设意见的发布

2013年开始，我国的社会主义民主政治制度就突出强调了完善咨询政策的重要性，提出了要将智库建设作为一个重点来深化发展，这是一次历史性的变革，也充分体现了党中央对完善咨询政策的高度重视。2015年，国家在原有政策的基础上颁发了《关于加强中国特色新型智库建设的意见》。其中，明确了要十分重视智库建设的关键意义、基本思路、总体原则、根本目标和基本的建设规划。新型智库是我国民主政治建设和发展过程中的根本支撑，面对新时代背景下崭新的改革形势，怎样持续推进改革过程中的诸多要素，将复杂的急难问题一一破解，需要充分发挥新型智库的重要支撑作用。从国家层面来说，新型智库是现代化治理中的重要环节，在我国治理能力稳步提升的时代背景下，更应该将智库建设摆在突出位置。强化决策的科学分析，进行深化论证，实施精准的预判，引导科学决策，进行全面监督，这些都能推进治理能力的进一步完善，使协商民主迈上新台阶。新型智库建设是我国实力的重要体现，它越来越被看作一种重要的实力体现，对于我国的经济建设和国家能力提升具有不可替代的重要意义。智库为我国与世界的接轨提供了一个重要的渠道，它是中华文化影响力不断扩大的载体与平台，也是我国文化与其他文化相互交流的一种联系方式，为国际之间文化交流的密切化，为中国话语权的提升与影响力的扩大提供了基本的指导思路。同时，公共图书馆智库作为我国文化繁荣的一个重要表现形式，它为文化的交互提供了范本，因此它应该成为智库体系中的重要成员，应该起到文献搜集、功能完善与智力支撑的多元化作用。

（二）中国特色新型智库的性质与定位

新型智库在建设过程中充分注重了对于问题的应对能力提升和对于政策的科学调研，其根本目的在于为党和政府的科学决策提供重要的机构支撑。需要注意的是：智库建设的对象范围相对较广，不仅包括战略方面的问题，同样也包括公共政策方面的问题。同时，智库建设应该遵循服务大众的基本原则，促进决策的民主化。另外，新型智库建设的最终目的不是获取利益，而是提供基本的咨询服务。上述几个方面是智库建设中需要重点关注的，要对其有更加明确的认知，及时发现目前潜在的智库建设过程中存在的问题并进行解决，将一些偏差摆正，达

成科学的认知后再持续推进和加强。

（三）公共图书馆智库的定位

公共图书馆是文化资源中的重要组成部分，其发挥着不可替代的平台作用。面对我国智库建设体系的崭新要求，要真正将其作为知识与信息载体的关键部分，使其情报价值充分发挥出来。值得注意的是，我们所强调的它所扮演的文献情况价值，重点针对的是省市级以上的各类图书馆，主要的原因就在于在市级以下的图书馆由于各个方面的配套设施不够完善和健全，要对战略问题进行系统的研究需要有较强的能力和水平，市级以下的图书馆往往没有足够的实力开展。之前，不少市县在进行具体的信息情报工作时并未取得更多用户的信赖。我国相关的图书管理法中，规定了国家图书馆在实施其具体职能的过程中应该将"决策和立法"作为一项重要的职能来予以履行；还明确规定了，政府在设立公共图书馆时应该考虑多方面的因素，将自身实际情况进行充分的考虑，此外也可以增设一些相关的咨询。上述法律细则充分考虑了省级以上级图书馆建设的需求，智库建设正是建立在此基础上的，同样也结合了公共图书馆建设的特色。假如市县图书馆也是一味地盲从，那么就会使原有的咨询工作缺乏相应的层次规范性，必然会导致原有的经济预算发生一些改变，也会适当地造成人力资源的调整，这就会导致公共服务的质量较之前明显下降，从而造成明显的本末倒置问题。我们需要解决当下存在的随波逐流、一味跟风等问题，将本来不属于一体的内容相互区分，这也是规范图书馆智库建设的关键举措。

二、中国特色公共图书馆新型智库建设的未来发展

在以未来发展为导向的咨询服务过程中，在进行智库建设时必须推进其优化升级；要进一步增强改革创新的内在活力，解决智库建设过程中存在的问题，促进公共图书馆在建设过程中实现不断创新与蝶变。

（一）公共图书馆智库建设应实现创新转型

从改革开放走过的历程来看，我国的社会经济发展迈入了一个崭新的快速发展时期，我国的公共事业发展比历史上的每个时期都更加繁荣。为了使我国的智库建设获得更加广阔的发展空间，要着力解决好现实生活中遇到的各项难题，构建选题精准、研究深入、细节到位、探索深化、管理系统的公共图书馆建设新格局。将其中的一些难点、痛点精准定位，针对性解决，进一步推动公共图书馆建设亮点的落地。在公共图书馆智库建设的过程中，要真正树立战略思维、转型思维、综合思维、革新思维、创新思维，推进其优化转型。当下，读者对于阅读的需求更加多元化，技术的革新更是日新月异，各种矛盾相互交织，不确定因素对

公共图书馆建设的影响也越来越大。因此，在推进智库建设时要树立明确的忧患意识，把握历史机遇。在推进公共图书馆智库建设的过程中，要明确政策与战略，在复杂、多变的新的发展背景下，要以主动担当的作为和文明传承的信念为社会服务贡献出自己的力量，将智库建设的创新作为一个重点，推进战略服务的优化升级，将服务的细则具体化，使其研究向更加纵深的方向进行，实现服务的主动化。将公共图书馆原有的机制向着融会贯通的方向协作推进，将原有的单体机构向机构的综合化方向推进，真正打造出数字化、电子化、智能化、网络化等方向一体的综合机构，与世界发展的潮流相适应，使其参与到全球竞赛的过程之中。建设出符合中国特色的图书馆，将智库的能量充分释放出来，推进我国公共图书馆建设与世界文化体系的协同发展，促进治理体系的完善与健全。

（二）公共图书馆智库的发展策略

1.借鉴全球智库发展的普遍经验

要想在纷繁、复杂、多样、参差不齐的信息中筛选出有效信息，就需要借鉴全球发展的新经验。可以不断完善信息情报系统建设，让专人管理数据，监测信息的质量与舆论的来源，将难以搜集的信息进行重组与加工，构建功能多样、资源丰富的信息网络建设平台，提供各种优质服务。此外，也可以设置数据库专题，对其进行系统加工和后期建设，开发出类型多样的产品，为完善情报系统建设作出贡献。

2.充分利用已有制度安排的各类场所与平台

专业化的智库建设人员应该以更加积极的姿态参与到各级、各部门所组织的座谈会和推进会中，要详细解读其中一些重要的文件，了解具体的决策。通过各种渠道来组织差异化的专题研讨，完成上级所交办的命题调研，更加积极地去参与类型多样的专题论坛，进行专门化的学术研讨。组织专人进行文件的整理和归纳，根据各种各样的年鉴内容进行分类，归纳总结数据和各种资料，确保数据管理的系统化、门类化、专业化。

3.防止"近水楼台不得月"现象的发生

不少图书馆在进行公共图书馆建设时都使用了"旋转门"，有些管理者原来担任的是决策管理者，现在成为管理岗中的一员；有些图书馆将原来的基层管理者选派到了更高的部门从事相关的工作；还有些图书馆则是实施了轮岗制度，他们没有脱离原来的岗位，同时参与到了新的岗位中，实施定期的岗位调换，这样就使智库建设体系中的信息流动更为畅通，信息的传递也变得更为快捷，有效解决了决策管理人员不了解基层情况的事实。尽管作为智库建设人员具备了上述种种方面的优势，但是也应该杜绝"近水楼台不得月"问题的频频出现，在遇到问题时争取多元化的解决渠道，调整固有的机制体制，坚决避免由于信息不畅通、决策滞后和表达空洞等问题而引发的各种信息传递难题，坚决杜绝智库建设缺乏科学性，缺乏针对性，尽可能避免政策作用得不到合理发挥。

4.充分利用图书情报的专业优势走进决策层

对于广大智库而言，图书情报是其中一个重要的能力，因此，在对其进行建设时应该广泛汲取来自各方的资讯，关注《人民日报》《中国传媒》以及中央媒体所发布的各种主流信息。同时，也不能忽视境外媒体在相关方面的各种报道，争取做到对于线上和线下的资讯有更加详细的了解，对各种新闻广泛涉猎，对平台信息有高度的敏感性。要关注官方所发布的各种报道，对人大代表、政协委员所提出的议题有较为深刻的认知。通过微信、微博、广播、电视、期刊等对各种讲话、指示、中央所发布的近期要闻多多研究，对中央近期的活动有一定的了解，不能将自己封闭在一个狭小的圈子里。要对各种媒体资讯的信息关联有自我认知，在决策建言过程中，要关注各个领域、关注各个学科、关注不同国家的信息联系与其内在的逻辑，对每个领域的知识都有更加详细的认知，实施更好的动态监测。此外，要对各种数据有敏感的认知，对算法有自身的预判，这样才能推进图书馆智库工作者专业化素养提高，在进行决策时才能够更加理智。在建设公共图书馆和促进其规范化发展的过程中，公共图书馆首先应该对自身有一个明确的认知和定位，对智库的各种功能有详细的了解，在科学发展的过程中提升自身的决策水平，引导文化领域进行政策创新和理论创新、彰显特色，带动公共图书馆向着正规化、科学化的方向发展，营造让人民满意、让政府信任的决策氛围，打造高质量的文献情报库。

第九章 公共图书馆智慧服务的创新

第一节 大数据时代图书馆服务变革与创新

一、大数据与"互联网+"概述

（一）大数据及其特点

随着互联网、移动互联网、物联网的高速发展和移动通信技术的快速进步，人类的知识信息快速增长，大数据概念也应运而生。"大数据"概念将其定义为无法在一定时间内用传统数据库软件工具对其内容进行采集、存储、管理和分析的数据集合。而大数据的4V特征，即Volume（数据体量巨大）、Variety（数据类型繁多）、Velocity（处理速度快）、Value（价值密度低）亦为业界认可。随着大数据的提出及对其认识的逐步加深，世界多国相继将大数据提升至国家战略，国务院印发《促进大数据发展行动纲要》，正式将大数据纳入我国国家战略，大数据在经济、社会、商业等方面的价值亦日益凸显。大数据时代，必须以大数据的战略眼光，重新审视这个世界及我们从事的行业，对行业数据进行深入挖掘与分析，做出更加有效的判断和决策。

（二）大数据与图书馆

图书馆作为人类文化信息的保存地，在保持传统服务模式的同时，很多图书馆亦十分重视信息技术的应用。长期以来，图书馆已进行着大数据的积累，如各种电子资源的积累及智能手机、移动图书馆、微信等的普及，给图书馆提供了海量数据，并呈快速上升趋势，云计算、RFID等新技术的应用和发展，为大数据提供了广泛的来源。大数据的兴起，无疑给图书馆传统服务带来了挑战与机遇，把据机遇，关键在于理念更新、思维变革和服务创新，特别是"互联网＋"的广泛渗入。在变革与创新中求发展，成为当前图书馆面临的重要任务。近年来，各高校及公共图书馆纷纷发布相关大数据，分析读者借阅行为，以数据发声，全面合理配置资源，改进阅读体验，提升服务质量。

（三）"互联网＋图书馆"

互联网的出现是人类通信技术的一次革命，其改变了人类信息文化的传播与交流方式，一直以来虽无"互联网＋"之名，却有其实，如电子商务、互联网金融、在线影视等行业都是"互联网＋"的杰作。"互联网＋"是把互联网的创新成果与经济社会各领域深度融合，推动技术进步、效率提升和组织变革，提升实体经济创新力和生产力，形成更广泛的以互联网为基础设施和创新要素的经济社会发展新形态。"互联网＋"上升到国家战略层面，其对传统行业的影响日益深远。"互联网＋"即"互联网＋传统行业"，而"互联网＋图书馆"正是图书馆这一传统文献信息服务行业与互联网技术的深度融合，为图书馆服务带来了新的发展生态。

二、高校图书馆发展现状与困境

在大数据时代"互联网＋"环境下，高校图书馆自身发展因不同的历史背景，各有差异，重点院校由于经费保证与人才队伍完备，发展程度较高，而一些普通院校，特别是经济欠发达地区的高校图书馆，由于经费限制、观念落后、队伍不健全等因素，发展滞后。其面临的发展困境主要体现在以下几个方面。

（一）供求失衡用户流失

高校图书馆是学校的文献信息资源中心，随着互联网的冲击，其中心地位被动摇。当前，不论是高校图书馆还是公共图书馆，纸质文献借阅率普遍下降已成不争的事实，互联网带来的电子阅读的冲击无疑是重要因素。在"互联网＋"的浪潮下，现代图书馆已步入"图书馆＋"时代，而一些高校纸质文献馆藏紧张，更无暇其他多功能服务拓展，服务水平始终难以提升，只能满足读者基本的借阅需求。

（二）队伍建设举步维艰

高校图书馆，历来是学校各种分流人员的归宿地，因为各种历史原因，图书馆馆员构成比较复杂，学历层次与专业类别各异，大多数没有图情专业背景，而又缺乏系统专业培训，对图书馆专业知识缺乏深层次了解，虽然在数量上目前大多能保证50%的专业馆员要求，但辅助馆员及其质量则差距较大。图书馆馆员整体素质较低，特别是数据素养与互联网思维和技术方面更是薄弱。随着大数据时代的到来及互联网的深度介入，资源优化整理、信息采集加工与精准专业服务，对图书馆馆员综合素质提出了更高要求。目前，图书馆普遍存在图书馆馆员专业技能不足、综合素质欠缺等现象，给图书馆服务的改革和创新带来了很大的阻力。

（三）服务理念未能更新

图书馆存在的意义在于有人阅读，图书馆所有工作的出发点和落脚点应该是人。但长期以来，高校图书馆虽以"读者至上，服务第一"为口号，却秉持着"以书为本"的理念，所有的工作都是围绕着图书来进行的，从文献资源的采购、编目到流通，都以文献为中心。图书馆的传统服务方式以图书外借、室内阅览等为主，每个部室开放时间和服务方式都具有严格的限制，加之服务人员素质参差不齐，久而久之，读者与图书馆馆员、读者与文献资源便产生了距离。"以人为本"的服务理念未能适时应用，制约了服务方式的变革与服务水平的提升。

（四）学术立馆任重道远

高等院校图书馆是学校的文献信息资源中心，是为人才培养和科学研究服务的学术性机构。加强学术立馆，方能提升专业服务水平，增强在学校的话语权。然而，事实情况并不乐观。由于驳杂的专业背景、松散的学术环境、缺乏学术带头人等原因，大部分高校图书馆科研立项与成果产出不理想，难与学院相比，无形中被逐渐边缘化，严重制约了图书馆整体发展和个人进步。

三、大数据时代"互联网＋图书馆"新服务

大数据与"互联网＋"既是传统图书馆的机遇，也是挑战，对传统图书馆而言，在互联网时代，无论怎么喜欢以前的服务方式，都必须做出改变。因此，图书馆人要变革思维，借助互联网技术，全面改进图书馆从资源到读者服务的模式，树立以用户为中心的服务理念，创新服务方式，提升专业化精准服务水平。

（一）树立"以人为本"的全新服务理念

在"互联网＋图书馆"的新理念下，读者获取文献信息的途径多样化，不再局限于图书馆或数据库中，传统的服务方式必须变革，融入用户思维，实现从被动服务到主动服务观念与思维的转变，主动适应并锐意探索"以人为本"的服务方法。一是利用互联网技术，借鉴数据提升销售量的做法，通过读者借阅和浏览的历史数据进行有针对性的图书推送服务，激发阅读兴趣。二是采用O2O模式，实行线上借阅配送，有些公共图书馆已开始尝试，高校可先在教师中试点，由学生助理馆员负责配送。三是升级学科馆员服务，主动融入学院教学科研，利用图书馆与互联网大数据，进行信息数据分析，为教学科研提供专业化服务。四是高校整合现有资源，建立畅通的知识服务渠道，为不同类型读者提供个性化服务，

做到全面专业，让每位读者满意是图书馆人的终极职业目标。

（二）建立以用户为导向的资源建设模式

大数据时代，图书馆要借助互联网技术，变革传统资源建设模式，在合理布局馆藏的基础上，树立以用户为中心的观念，最大限度地满足用户需求。各高校图书馆基本都已开通了线上线下读者荐购模式，电子书商如超星图书系统亦有荐购功能。对纸质图书的采购，在一般读者荐购的基础上，亦可参照绍兴图书馆的做法，与书商、大型书店合作利用"图书馆＋书店"模式，读者直接从书店选书，进入采购流程。对于电子书而言，可采用"用户驱动采购"模式，图书馆提前预设条件，根据读者行为触发订购。同时，作为专业馆员，还要积极挖掘用户借阅信息，分析借阅行为，合理馆藏。如农业大学图书馆近年来通过综合平衡新旧学科分析馆藏资源总量和上几年入藏与借阅数据，参考读者荐购意见，确定下一年各类图书采进量，以平衡读者需求与馆藏的关系，取得了较好的效果。

（三）打造高素质创新管理服务团队

人才是决定图书馆服务的关键性因素，在"互联网＋图书馆"的模式下，要进行服务体系的改革和创新，就必须培养创新型图书馆服务与管理人才。一要变革观念，让每名图书馆馆员认识到在大数据时代下进行图书馆服务创新的重要意义。二要加大对现有图书馆馆员专业系统的培训力度，使广大图书馆馆员掌握互联网新技能，能够适应"互联网＋"新环境的服务方式，并且在不断的实践中更新知识体系，全面提升职业精神和专业水平。图书馆及学校教师培训部门应创造外出系统培训学习的机会，营造和谐的发展环境，拓宽与同行交流的平台。三要引进相关人才，构建管理服务梯队，图书馆管理者要考虑专业或行业背景，保持适当的延续性。四要重视学术立馆工作，以科研促进专业理论水平和实践技能的提升，带动学术团队建设，打造一支数据素养与互联网专业技能过硬的队伍。

（四）加大基础投入实现跨界多元服务

大数据时代"互联网＋图书馆"的发展，首先是技术设备的投入，要加大对存储设备、服务器更新升级及相关技术设备的配套等的投入，如采用 RFID 图书馆智能系统，实现图书的自动盘点、自助借还、区域定位、自动分拣等功能，有效改进图书管理方式，解放人力，提高工作效率，从而使图书馆馆员有精力与时间投入到其他专业技术服务中去。其次是空间环境的投入。"互联网＋"的理念带来了"图书馆＋"的概念产生，即图书馆跨界服务。未来的图书馆将变成集信息服务、学习、休闲与交流于一体的综合性服务机构，如教师项目研讨室、学生读书交流室以及"图书馆＋咖啡""图书馆＋书店""图书馆＋制作室"等服务将在图书馆占有一席之地，只要用户有需求图书馆就应尽力满足，充分体现"以人为本"

的服务理念。

（五）完善数字馆建设实现资源共享

数字图书馆是没有围墙的图书馆，是对传统图书馆的颠覆，只要有网络的地方，就有图书馆，极大地便利了用户阅读，使读者的碎片化时间利用率得以提高。目前，各馆通过自建、购买与共享等方式，积累大量数字资源，而各种新媒体服务的推广应用，更使数字阅读如虎添翼。传统图书馆如果运用互联网思维，将馆藏资源进行数字化转化，把图书馆拓展成为海量的数字文化综合体，就有可能实现从静态到动态、从单向到互动、从平面到立体的转身。利用"互联网＋"的机遇，整合一切资源满足读者需求，共享绿色发展之路。但目前各高校在资源共享方面不能令人满意，资源藏用理念传统，变革数据共享观念迫在眉睫。高校不仅要共享电子文献资源和信息技术，还要共享成功经验，可以借鉴先行者等的共享模式，构建大学图书馆资源共享平台，让资源随时随地都可获取，让阅读无处不在。

（六）开展"数字记忆"存档挖掘服务

大数据时代，图书馆竞争在于数据总量及对数据挖掘和分析应用能力的竞争，因此作为高校文献信息中心的图书馆，要重视挖掘整理潜在有价值的信息，并做好整理归档工作。对于高校而言，每天都在产生大量的教学、科研、管理、宣传等数据信息，如不注意保存，将随时有可能淹没于快速发展的知识洪流中。图书馆应肩负起存档重任，重视大数据的积累、保存与整合利用。这是大数据时代赋予的机会与使命，图书馆人应该有所作为，行动起来，追寻职业价值。

四、基于大数据技术的图书馆服务创新内容

（一）基于大数据技术的图书馆服务内容创新

在大数据时代背景下，图书馆服务较之前发生了极大变化，无论是服务内容还是服务理念都有了较大调整。在大数据时代不断推进的刺激下，图书馆的服务工作慢慢开始了与其他行业的合作、交流，创新创造新的服务形式与运营机制，尤其是在服务评价体系的创新提升，促进了图书馆服务水平与服务质量的大幅提升，而且还从传统的单一图书馆拓宽成为知识范围较广的知识服务型机构。基于大数据技术对现代图书馆的发展与建设，实现了传统实体化图书馆的数字化、电子化转变，除原来的纸质图书外，电子图书、有声图书及影像资料等也成为图书馆服务的重要内容。此外，大数据背景下的当代图书馆还集图书、资料信息的收集、处理、整合、组织、应用等功能于一体，可以根据用户的需要定向推送相应的知识服务，进一步提升图书馆的服务质量与水平。

（二）基于大数据技术的图书馆服务模式创新

大数据时代的更高要求也为图书馆的发展带来诸多挑战，使图书馆在发展方面引进了更加先进的服务理念。目前，图书馆在实现数字化服务转化的进程中，所提供的图书、资料信息存在极为明显的异构性与离散性。鉴于此，图书馆首先要明确认识自身的时代特征，结合图书馆的服务标准构建新的服务理念。其次，结合大数据技术实现图书馆个性化服务的创新创建，使服务理念与服务模式更为大众化、时代化。此外，图书馆服务内容的创新实现必须依靠大数据技术及其他新兴技术，实现各图书馆的资源共享，建立高效的信息检索平台，为用户提供更加丰富、人性化的远程服务。

（三）基于数据技术的图书馆服务技术创新

图书、资料等信息资源的收集、整理、检索、存取等个性化需求无法在传统图书馆服务中得到较好实现。大数据技术在图书馆发展中的应用不但能够有效实现这些功能，而且还可以在此基础上对图书资源进行进一步的分析、挖掘、预测、管理，大大提升图书馆服务水平与质量，更好地满足了用户的个性需求。在现代化生产与服务效率的提升方面，大数据技术发挥了不可忽视的重要作用，在图书馆服务的创新发展中也得到了较好的体现。

五、大数据技术时代图书馆服务创新策略

（一）图书馆服务类型的创新

随着大数据时代的到来，图书馆在运营服务方面必须进行一定转变才能更好地满足快节奏下用户对于快速、便捷型知识服务的需求。信息化时代，人们更倾向于使用电子资料，用户需求的改变要求图书馆的服务类型也要进行相应的改变。在大数据背景下，图书馆必须与用户建立良好的、高效的服务与互动联系。这就要求图书馆必须对用户档案管理体制进行改革、完善，使用户的资料管理变得更加规范、有序。除了要完善传统的资料查询功能，图书馆还应开通个性化的服务通道，有针对性地为不同要求的客户提供服务。大数据技术可以在为用户提供服务的过程中，自动收集客户信息，对用户的历史数据进行存档，通过互联网或App软件客户端实现与客户的实时交流，为客户提供书籍资料的检索、查阅服务，此过程中与图书馆同步完成对用户信息的收集，为客户提供个性化、特色化服务。

（二）图书馆的数字化发展

大数据时代的到来，为图书馆提供诸多机会，图书馆可以优化其服务，提升竞争力。社会信息化发展使各种类型的信息出现爆炸性增长，图书馆也增加了许

多获取资源的途径、方式，在丰富图书资源的同时也导致用户获取图书信息的流程变得更加复杂。因此，在大数据背景下图书馆除了要大量丰富图书资源，还要利用现代化手段实现对图书资源的有效管理，根据用户的偏好、需求进行深层的数据挖掘，为用户提供个性化服务。对大数据技术进行有效利用可以顺利推进图书馆服务的数字化、电子化发展，为用户提供丰富多样的图书、资料，通过互联网技术的应用，使用户突破地理限制，随时随地检索，阅读图书馆资料，且可以实现一书多借，进一步提升图书馆的服务质量与水平。

（三）构建图书馆服务共享平台

在大数据时代背景下，鉴于图书馆服务的特殊性，图书馆应着力打造大数据信息共享平台，并在科学的服务体系保障下广泛收集图书馆的资源、服务信息等。然后根据图书馆服务决策体系构建的实际要求，在共享平台上对异构资源进行集成化管理。在图书馆的发展过程中，区域联盟极为有效的发展模式，能够有效联合区域内的图书馆管理机构、单位，为用户构建更加广泛、实惠的图书馆服务平台，通过各大图书馆之间的联合组织、联合管理、联合服务等，更好地为用户提供优质的知识服务。在推动图书馆服务模式创新转变方面，大数据技术提供了强大的技术动力与理念支持。

（四）构建图书馆信息资源的云服务模式

同步大数据技术发展的还有计算机技术、移动互联网技术及云计算等新兴技术，共同构成了大数据时代的支撑技术。这些技术在各个行业都有着不同程度的应用，可有效实现对海量数据的收集、整理、分析、运输、管理及循环利用，形成了一条完整的数据信息链。这些技术在图书馆发展与提升中，进一步促进了图书馆管理、服务的数字化、信息化，并且实现了远程管理与远程服务。云服务技术则是在基于图书馆服务信息化的基础上逐渐产生的，有效拓宽了图书馆的服务渠道。基于云服务技术的"云图书馆"，对图书馆服务联盟进行了进一步升华，"云图书馆"的服务理念与服务模式是大数据时代背景下，提升图书馆服务水平的有效途径，使图书馆信息资源的服务更加丰富、多元化、具备可持续性。因此，可在提升图书馆各项硬件条件后，创新、优化图书馆的大数据服务，打造图书馆信息资源的云服务模式，提高信息共享水平，实现图书馆服务的进一步建设与发展。

（五）提升图书馆工作人员综合素质

大数据时代，图书馆不仅书籍资源向着网络化发展，其服务工作也应向这一方向靠拢。首先，图书馆管理者要充分结合本馆信息化建设项目情况及时组织馆员进行相关在职教育培训工作，这样能够让其第一时间掌握相应的信息化技能，为读者提供更好的服务。其次，图书馆要加强读者服务信息搜集，定期汇总，针对工作中的问题提出改善措施，以此达到提升图书馆服务质量及工作人员综合素质的目的。基于大数据时代背景，图书馆服务的创新发展应首先提升对大数据技术的应用程度，进而实现图书馆服务内容的创新，其次要有效探索优化服务质量的建设路径，搭建一个高效的图书馆服务共享平台，以建设图书馆区域联盟的形式大范围整合图书资源，实现图书资源信息的规模化管理，并在此基础上有效结合云服务技术，构建图书馆的云服务模式，进一步实现图书馆服务的创新发展。

第二节　新技术在图书馆服务中的应用

一、网络挖掘技术的应用

在新的转型变革期，图书馆信息化、知识化服务的本质并未发生根本性的变化，变化的只是服务的模式和路径，图书馆需要以网络化、数字化的方式渗透到满足用户信息化、知识化需求的方方面面，从而推动整个社会的文明化进程。网络是图书馆情报服务的主战场，完善基础设施建设、构建信息互联互通的传导机制、扩大信息交流面、提升服务效率是数字信息化时代图书馆创新服务的基础。数据是图书馆资源的基本类型，包括两层含义：一是电子数据成为图书馆知识化服务的主要载体内容，电子书、电子期刊、数据库在馆藏中的比例将呈现不断攀升的趋势；二是与用户相关联的数据同样是图书馆资源的重要组成部分，图书馆应该能够应用大数据、云数据、数据挖掘技术充分挖掘其价值，探索新的服务创新契机。在公共图书馆服务中的具体应用表现为三个方面：①构筑高速的信息服务网络，以图书馆门户网站和信息系统作为用户服务的主要平台；②以文献目录数据库为基础，建设知识服务数据库，统筹自有和共享数字资源，提升知识服务能力；③以原来的读者数据库为基础，挖掘用户阅读偏好和使用习惯，形成读者大数据，一方面便于图书馆开展资源建设，另一方面利于图书馆进行用户精准服务，提高信息服务水平。

二、Beacon技术的应用

智慧图书馆预示着图书馆信息知识服务的智能化发展，智能化、智能型将是图书馆转型发展的核心任务，LBS地理位置服务则是智能图书馆建设的基础。LBS通常包括两个步骤：一是图书馆利用智能定位技术精准地确定移动终端设备或用户所处的地理位置，提取用户相应的需求信息；二是图书馆依据所提取的用户需求信息为其提供个性化的服务。由此可见，LBS的顺利实施通常需要以下条件：

①移动终端设备的普及和移动网络的全覆盖；②基于用户地理大数据的挖掘和服务创新。Beacon技术则是LBS地理位置服务实现的有效技术，其通过配置的低功耗蓝牙（BLE）通信功能的设计使用BLE技术向周围发送自己特有的ID，接收到该ID的应用软件会根据该ID采取一些行动，可用于室内定位、馆内导航、个性化位置推送等。Beacon技术应用于图书馆服务带来的显著变化就是可以实现读者基于地理位置的个性化信息服务。例如，根据读者所在的空间进行智能化检索和推荐、进行定制化信息推送、联系附近的图书馆馆员寻求帮助等。

三、AR技术的应用

随着计算机图形图像技术和空间定位技术的发展，以及部分移动终端上全球定位系统、重力加速计和电子罗盘等功能模块的实现，增强现实（Augmented Reality，AR）技术日渐成熟，应用场景和领域也越来越广泛，随着将AR加持到用户移动终端已成为现实，图书馆能利用AR技术开展用户阅读和使用体验，让用户对图书馆空间和资源都有更直观的了解，这是互联网背景下图书馆强调用户体验、注重用户服务的典型案例。具体而言，AR技术可前期应用在图书馆阅读体验、图书推荐和体验游戏三项工作中。①AR图书最大的特点就是场景的真实性，流动的河流、立体的房屋、逼真的人物，将抽象的实物生动展示，把枯燥的知识变得生动而有趣。AR图书可以放在图书馆展示厅，一方面充分展示图书馆引用前言科技的态度，另一方面也有效地激发读者的好奇心，提升用户的阅读体验。②AR技术可以支持用户实时地查阅阅读评论，用户扫描该书时，其就能查看前面读者的阅读心得和评论，随着越来越多评论的产生，用户就能更全面地了解此书，这种用户之间隐性知识的交流有助于读者产生更多创造性的理解和知识。③游戏服务已经得到了越来越多图书馆人的关注，AR技术则能让图书馆的游戏服务更加生动和逼真，通过游戏让读者了解图书馆、关注相关资源并接受信息素养培训。

四、3D打印技术的应用

近年来，3D打印技术作为新工业革命的代表技术得到了飞速发展，被广泛应用于多个领域。3D打印技术有效地支持了创意的可视化，通过原型制作助力技术创新，而在教育领域，由于3D技术支持用户自主创意和创新，在创新意识和技能培训中备受欢迎，创客教育已将3D打印技术列为基础支持技术。随着全社会对创新的推崇，包括图书馆在内的知识服务机构也越来越多地开展或从事创客教育，越来越多的国内外图书馆均建设了创客空间，推动创客教育，引导和鼓励用户开展创新。具体而言，一方面，图书馆可建立专门的创新创意工坊，让读者通过3D打印机等设备将自己的创新创意想法变成可视化实物，逐步帮助学习者培养以解决问题为导向的创新思维模式；另一方面，图书馆可借助 3D 打印技术，方便图书馆馆员和图书馆志愿者开展图书馆服务设计、空间再造等工作，充分挖掘隐藏在个体中的隐性知识，促进隐性知识的社会化与显性化，从而让图书馆更有力地承担起知识服务的责任与使命。科学技术是第一生产力，信息技术的迅猛发展推动着经济革新、文化革新、教育革新的进程。科学与信息技术的飞速发展极大地改变着公共图书馆服务的外部环境，重塑着公共图书馆新的服务发展趋势。图书馆是一个生长着的有机体，这就意味着，公共图书馆只有能动地随着外界环境的不断变化，灵活调整、转变其固有的结构形态、服务模式，积极应对先进科学技术为其带来的挑战，才能真正成为不断成长的有机体。公共图书馆在关注这些技术发展的最新趋势时，必须明确技术是一种手段、一种工具，技术只有在与具体解决方案、服务内容相结合时，才能真正地发挥其效用。因此，图书馆在服务创新的过程中，需要能够将这些技术灵活运用于具体服务实践中，提升服务效率，拓展服务领域，丰富服务内容，优化服务体验，强化服务效能，确保图书馆对所有用户深层次需求的满足。

第三节 图书馆服务创新动力机制

一、服务创新动力机制的理论

（一）服务创新的基本动力理论

在技术创新领域，对于技术创新的动力已经有很深入的研究，比较重要的驱动力包括技术推动力、需求拉动力、政府行为推动力、企业家创新偏好等。然而，技术创新学说一般只强调某一种驱动力的作用，对于其他的驱动力却有所偏废。在服务创新中，发现服务创新的不同动力之间存在交互作用。服务企业的创新实际上是四处发生的，有关新产品和服务改进的创意和新知识更多地可以来自研发部门以外的其他员工、顾客甚至是竞争对手。欧盟社会经济研究规划资助的欧洲服务业创新系统研究项目在服务创新动力方面做了大量研究。提出了服务创新驱动力模型，认为驱动力主要分为外部驱动力和内部驱动力两种，外部驱动力主要包括轨道和参与者，内部驱动力主要包括管理和战略、创新和研发部门、员工。在动力模型基础上，根据不同动力要素的组合提出了 R&D 模式、服务专业模式、有组织的战略模式、网络模式四种典型的服务创新模式。目前，服务创新的发展趋势呈现战略导向性和系统性特征。系统论原理指出，任何系统的良好运行和发展演进都必须获得足够的动力和科学的动力机制。图书馆服务创新首先要明确其动力和动力机制问题。

（二）图书馆服务创新的动力理论

图书馆服务创新动力主要表现在两个方面，即内源动力与外源动力。内源动力是一种自发的内在力量，存在于图书馆系统内部，产生于图书馆参与市场竞争和进行自我发展的内在需要，以及图书馆对服务创新工作社会、经济利益最大化的追求。具体来说，图书馆服务创新的内源动力是指图书馆服务在新技术的作用下，产生更高质量的服务创新理论、服务创新内容、服务创新模式等，使图书馆的发展优势更加明显。外源动力是指图书馆建设和发展所赖以生存的外部环境对图书馆的作用力，主要来源于图书馆与社会需求的交互过程中，以及政府有意识地对文化产业的规划和行为。社会需求和政府行为是影响图书馆外部竞争优势的重要因素，还有社会经济的发展、文化进步等因素衍生出的社会关系，形成了图书馆服务创新的外源动力。

（三）图书馆服务创新的动力机制类型

1.服务利益驱动机制

人的行为动力来源于个体满足"自我"和社会的利益，没有某种利益就不会产生某种行为。图书馆服务创新利益是通过服务创新行为所能够获得的各方面的满足。包括图书馆通过服务创新对社会带来的公共利益和社会对图书馆的利益回报。服务利益的大小具有诱导和进一步激励图书馆从事服务创新工作的双重功能。只有当服务创新能给图书馆和社会带来实实在在的好处时，图书馆才有足够的动力去进行服务创新。这是图书馆服务创新的根本动力。

2.社会需要拉动机制

推动创新首要的是对市场的关注，以及通过教育和帮助加强用户参与。客户密集度和参与度是影响服务企业创新模式的两种主要的市场驱动力之一。社会成员和政府组织的信息需求能够形成图书馆服务变革和创新的强大动力。这种需求拉动机制的形成需要一定的社会经济条件，并因这种条件的不同而表现出明显差异的作用效果。

3.技术进步推动机制

推动创新的关键因素之一是和外部技术组织的良好交流。信息技术是服务创新的关键驱动力。建立在网络基础上的图书馆信息服务，由于其软硬件系统、服务模式与服务手段、服务资源等更是与计算机网络技术密切相关，服务创新所涉及的因素更多、更复杂，因此技术进步的作用机理和作用程度也更加独特。

4.政府支持促进机制

政府的一个重要角色就是服务创新的触发器。这个角色非常重要，可能直接促进某种创新，也可能导致新规则的产生。这两种因素都可能是服务创新的动因。由于图书馆服务效益显现的长期性，决定了短时期内无法直接观察到图书馆服务在经济社会发展中发挥的作用，因而在文化建设中往往被忽视。政府的介入可以运用公共财政来保障公共文化服务，也就是保障了人民群众对公共文化产品的需求，从而促进图书馆服务创新快速发展。这就是政府支持的促进机制。

上述四种动力机制不是相互孤立、独自发挥作用的，相反，它们之间是相互依存、紧密联系的。只有当四种机制相互配合、共同发挥作用时，对图书馆服务创新的巨大推动作用才能清楚显现出来。此外，动力机制不是自生、自发的，而是需要一个不断培育和优化的过程。在这一过程中，政府责无旁贷。图书馆则应该从塑造共同愿景、追求长远目标、担负社会责任等方面去培育相应的动力机制。

二、图书馆服务创新的对策

随着科学技术的发展和信息载体两个要素对促进图书馆发展作用的日益突出，图书馆工作的重心已经由原来的追求藏书数量转移到服务质量上，服务质量提高的关键是图书馆的服务创新能力。作为信息服务业发展核心源泉的服务创新已经成为图书馆界关注的焦点。然而任何一项事物在其发生、发展、壮大的过程中都会遇到各种阻力。目前在我国，制约图书馆服务创新的因素较多：一是基础薄弱。表现为：创新理念相对落后，多数人员对图书馆服务创新的内涵和作用认识不清；服务设施和技术相对落后；人才严重短缺；信息源危机。二是管理机制滞后。我国图书馆大多属于事业单位，有各级政府和上级主管部门主办或主管，业务工作脱离经济主体，形成了图书馆之间条块分割、各自为政的管理特点，造成宏观管理上的无序，导致图书馆事业发展缺乏生机和活力。三是图书馆服务需求不足。一方面是由社会信息化程度发展不均衡、公众图书馆观念淡薄、图书馆精神缺失造成的；另一方面，是由服务宣传力度不够、服务内容单一、用户满意度低等造成的。针对这些问题，根据图书馆服务创新动力机制的要求，可从以下几个方面寻求突破。

（一）通过市场细化，奠定图书馆服务创新的市场基础

现代服务业发展，首先取决于市场需求的驱动。图书馆要注意分析现有的信息服务环境，寻找与本馆的任务、目标、资源条件等相一致的细分市场，及时进行市场营销研究和信息收集、市场测量和市场预测工作，要在制定图书馆服务创新规划、树立图书馆服务创新理念、选择服务创新模式等各个方面下功夫。充分利用图书馆信息资源的特有优势，并通过馆内机构改革和业务重组，积极开发个性化服务、集成化服务和特色化服务等新型服务项目。加快培育和拓展信息市场，

以最大限度地实现图书馆的根本目标，提高自己的服务竞争力。

（二）通过现代技术运用，形成图书馆服务创新的技术基础

图书馆的发展是与信息技术密切相关的，信息技术不仅决定着社会信息量的大小和信息载体的物理形态，而且决定着图书馆进行信息加工和开展服务所能采取的方式。对图书馆来说，当前的主要任务是及时引入新技术。最为关键的技术是数字图书馆技术，是信息技术在图书馆应用的集中体现。依托图书馆现有的信息平台资源、网络资源以及信息服务技术的应用基础，充分利用资源数字化技术、超大规模数据库技术、多媒体信息技术、数据压缩技术、存储技术、迁移技术、安全技术、数据仓库技术、挖掘技术、自然语言检索技术、网络传输技术等现代数字技术，为图书馆提供一体化的信息服务创新解决方案，逐步将图书馆公共信息平台打造成与国际接轨的信息服务引擎和枢纽。

（三）通过合作共享，优化图书馆服务创新的资源基础

一是我国图书馆界要做好集约经营、系统调控，充分利用各馆在服务、技术、产品、市场上的优势，建立以效率为核心的共享合作机制，从而发挥聚集优势、竞争优势和规模优势，全面提升图书馆服务水平。二是加强与世界各国图书馆在信息服务方面的合作，把各级各类图书馆打造成国际信息服务平台上的一个节点。三是开展与相关信息服务商的跨界合作。这种合作就是考虑与Google、Yahoo等搜索引擎的跨界合作，让用户能够直接获取网站中知识性、学术性内容而不局限搜索引擎的表层链接。这种跨区域跨界的合作共享将成为图书馆服务创新的新内容和新推动力。借助网络信息技术，图书馆和信息机构及组织之间的业务关系日趋融合，为在合作中促进服务的创新和质量的提高奠定坚实的信息资源基础。

（四）通过网络化架构，培育图书馆服务创新的组织基础

一是加大图书馆培育和引进外部人才的力度，并制定相应的措施，如建立人才分享技术开发成果的奖励制度、提供必要的国内外培训机会等留住人才。二是培养和造就有服务创新能力的图书馆管理者。图书馆服务创新的创造性、不确定性决定了其管理本质上是一种非程序化的决策。这就要求作为图书馆信息服务主体管理者的图书馆长必须有眼光、有胆略、有管理能力，善于运用和组织社会资源，实现服务创新要素的有效配置。三是充分发挥各级图书馆协会的协调、组织、服务、监督等方面的作用，注重协调发展，完善现代图书馆的社会化网络关系，通过组织行业性活动提高图书馆服务创新整体水平和竞争能力。

（五）强化图书馆服务创新发展过程中政府的作用

政府在图书馆事业发展中的重要作用就是制定保障图书馆事业发展的完善的

图书馆法律，制定并实施科学、合理的产业政策，更好地引导图书馆的外源动力机制与内源动力机制相配合。在制定推动图书馆事业发展相关政策的过程中，要认真进行行业诊断和政策评价，辨识图书馆服务中的优势和不足，研究图书馆发展的动力机制及作用规律。要建立科学的政策评价体系，根据评价结果针对图书馆发展中的不足进行调整、补充和完善。从政府的政绩观和满足人民群众基本文化需要的紧迫性出发，政府主导下的图书馆服务创新一般都会以一种非常快的速度推进，在较短时间内达到一定的规模、质量。图书馆服务创新不是盲目地改革和变动，而是有深刻的实践动因，必须以相关理论为指导，有的放矢地讲创新，才能使图书馆服务创新更科学、合理，更能体现其实用价值。

第四节　图书馆空间再造创新服务

一、图书馆空间创意化

随着图书馆与"创客空间"的社会价值日趋统一，图书馆成为"创客空间"的理想平台，"创客空间"逐渐在美国图书馆界兴起。为了拓展自身的业务范围，如克利夫兰图书馆成立了创新型技术与学习中心且成为"创客空间"的典型范例。该空间改变了原有图书馆的空间规划，将开放区域变成创客空间并进行了功能规划，其面向发明者、手工制作者、艺术家以及青少年、大学生等群体，提供信息技术中心、新科技基地、学习服务台、智造工作坊、创客线下小聚、创想马拉松、青少年创意中心七类服务。创客空间的开放使克利夫兰图书馆的利用率大大提高，图书馆和图书馆馆员真正融合到了人们的学习、工作、研究中去，成为知识交互网络上不可或缺的重要节点。传统意义上讲，图书馆是读者获得文献与信息的地方，但图书馆不仅是人们获取信息的场所，也是一个公共空间场所。其在满足人们获取知识、信息需求的同时，也将其转化为社会可创造价值，因为人们可以在此交流、创建新的关系，甚至激发新的灵感，从而创造更多的社会资本。简言之，图书馆空间创意化，不仅能让人们从中获得信息资源，更能感受文化的场所氛围，体验一种新兴的生活方式，从而让人们爱上图书馆，使图书馆成为人民生活中一个必需的场所。

二、图书馆空间再造机制与策略

空间作为一种社会关系，不仅被其支持，也生产和被其生产，且当空间被定义为一种使用价值时，社会的转变就已预设了空间的拥有与集体管理。对公共图书馆物理空间的去中心化，以反对数字图书馆时代虚拟服务空间的单一化等现象与问题的揭示，使有关公共图书馆空间再造的思考与探讨成为一种可能性，乃至必要。

（一）虚拟空间与实体空间相结合

依据现在科技发展的趋势，图书馆界也提出了"图书馆泛在化"的理念，其最明显的特征是不受空间的约束，服务无所不在。因此，图书馆为用户提供的服务项目和服务手段乃至服务场所在不断拓展。如无线上网的自由空间、智能互联的泛在阅览、24小时的自助借阅、智能载体的现场体验、数字媒体的融合平台大屏触控的信息幕墙等。图书馆可以通过虚拟的网络化的方式随时随地为用户提供服务。在"互联网＋"、云媒体下，图书馆之间的合作也不再有地域之分，源建设和服务都是可以共享的，用户可能在不知不觉中就享受到了图书馆的数字文献保障服务。现在的读者到图书馆已经不仅为了借书、看书而来，可能只是想利用一下图书馆的无线网抑或做一些智能体验等，这些都体现了图书馆的价值，成为吸引用户来利用图书馆的一个理由。

（二）分众细化，开设个性化的交流空间

作为一种现代网络环境下的新型图书馆服务机构，图书馆可以设置家庭作业区、学前儿童托儿所、不同类别的教育和职业培训课程，打造各类用户需求的个性化场所。例如，伦敦的"概念店"，不仅强化了社会教育这一主要目标、主要职能，还根据不同人的不同需求细化服务模式，利用图书馆这一拥有大量的信息资源、教育设施和舒适环境的理想场所为民众提供不同的服务。由此可以延伸出更多的个性化交流空间，如老年人阅览区、少儿体验区、数字化服务区等。另外，近几年渐渐普及并有所延伸的共享空间，为读者提供场地、网络及工具，让兴趣相投的读者聚到一起，激发其创意设计的灵感，读者也可以将各种创意工具带到图书馆进行交流、切磋。美国费城的天普大学图书馆新馆设计改变了以往图书馆仅是书本和文献存放地的传统观念，而是设计了更多的用户交流思想的社交空间，即用户可以一起交流合作、知识分享的多样化空间。无论是新馆空间设计还是旧馆空间改造，要建造成新型图书馆，都应该是利用现代化的科学技术条件，分众细化服务模式，以人为本，为读者提供更加人性化的服务。

（三）体验互动，引入VR技术拓展现实空间

体验互动理念与第三空间理念是相互联系的，是在"互联网＋"的新环境下产生的一种新的认知，需要一定的技术作为支持。新技术不仅让图书馆在服务内容和服务方式上有革命性变化，也加深了用户的参与程度，而互动空间更是强调一种图书馆与用户的交流，图书馆不仅给用户提供信息，并可以从用户那里实时得到信息反馈。体验互动空间不仅可以让用户有舒适感、归属感，还可以自由、

平等地提供各类新科技体验。图书馆不仅能提供现实空间中的讲座、展览、研讨、竞赛、共同阅读、自助服务、志愿服务等的体验互动，还能提供网络空间的数字冲浪、微信接力、粉丝点评、远程咨询、个性推送、视频欣赏、图像传递、网络直播、多屏融合等的体验互动。近年来，虚拟现实技术与各种现有的多媒体技术进行有机结合，发展迅速。基于网络环境的虚拟现实图书馆是虚拟图书馆的延伸，作为新技术在图书馆应用后形成的新形态，延伸了图书馆网络服务，拓展了图书馆的现实空间，是图书馆虚拟信息资源馆藏建设的组成部分。得克萨斯州大学已经建立了基于虚拟现实的引导和查询系统。VR技术等通过有机组合形成了虚拟现实图书馆特有的三维可视化实时控制的最终结果，可用于图书馆管理、图书馆第二课堂教育、图书馆学科馆员制度等方面。

三、图书馆新空间未来可发展的趋势与思考

未来图书馆服务将从单一借阅空间向交流分享空间转变，从产品思维向用户思维转变，从被动服务模式向主动服务模式转变。未来，用户来到图书馆，不仅因为它是一个场所，更重要的是因为图书馆为他们提供了一个既可以阅读又可以与人分享、交流的场景，以及场景中自己浸润的情感，用户的需求大多也都将来自于场景。因此，如何为用户提供需求的场景将成为图书馆未来空间规划的侧重点。

（一）图书馆空间再造变化趋势

1.更加注重人的需求

未来图书馆将更加注重人的需求，从过去为藏书、设备及其相应设施而设计向为人、社区及其交流创新而设计的方向发展。图书馆的空间再造要以人为本，将服务定为立馆之本。图书馆融入社区也是一个趋势，图书馆与社区资源相融合，促进社区的知识分享、情感交流，激发社区的活力，归根结底还是在图书馆所在的辖区内为更多人提供服务。被提名"世界最佳公共图书馆奖"的丹麦图书馆，其创新在于馆舍设计与周围环境相融合，其户外游乐场延展了实际的馆舍空间，将传统的图书馆融入社区人民生活中。另外，灵活的内部空间可以根据个人研究和团队工作的特点自由转换，使图书馆功能得到延伸。这些都值得国内图书馆借鉴。

2.更加关注技术与服务的有机融合

纸质图书馆的原始形态是古代的"藏书楼"，"藏书楼"仅是建筑学概念上的"馆舍"，主要功能体现在以藏为主，和公众见面的概率很低，强调的是图书馆的典藏与记忆功能。现代图书馆的功能从储藏、流通到发布等均有质的飞跃，最为

突出的是典藏与信息的传播功能得到了重大的提升，强调的是公众阅读获取信息资源的次数和信息在使用过程中的价值增值。"互联网＋"新技术的出现更加强调的是信息被广大读者最有效地利用，如VR技术充分调动了人机互动、可视化操作中人的主导作用和兴趣，发掘人主动思维的潜能。3D技术的应用可模拟出虚拟场景，只要有互联网，人们可不受时空限制，体验到像在真正场景中游览一样，查看周围的环境信息。另外，通过VR技术等现实科技让中华古籍能够化藏为用，产生更大范围的影响。因此，在"互联网＋"背景下，依托新媒体等新技术，提供各种学习空间，让民众享受更多的文化便利，方便民众自主学习是未来图书馆空间再造的一个重要立足点。就技术发展而言，从基础的数字图书馆，到App自媒体平台，再到线上教育等学习平台，技术手段的革新也催化了图书馆空间的变革，图书馆最终成为一个独特的文化频道与学习交流平台。

3.更加注重图书馆的可获取性和可接近性

图书馆的建设应该放到大的社会背景下，作为城市基础设施的一部分。这样图书馆的活动空间会大很多，相应的职责也随之变化，不会像以前藏书楼时代，只有保存、收藏功能。因此，图书馆必须转型，要为每个市民和每个组织提供城市发展所需要的知识和信息，并且激发市民的创造力，为城市经济发展增添动力。如芬兰赫尔辛基市图书馆的"城市办公室"的成功设立，为赫尔辛基市图书馆新馆建设做了很好的实验。该新馆计划呈现为大空间格局，区域之间流线通畅，馆内设有音乐制作室、创客空间、游戏角、研讨室、联合办公空间等，理念是让读者在体验和制作中学习，使广大民众投身其中创造出更高的社会价值，并为推动城市的经济发展作出贡献，体现出城市的活力与多样性。

（二）图书馆新空间可发展的思考

对图书馆的转型和再造，国内不少图书馆已经在进行尝试与探索，但还未在图书馆界形成普遍共识。如何为用户提供思想交流、激发创意、支持创新的空间是当前及未来支持社会创新系统优化和公共服务建设任务中的题中之义。

1.搭建多元化学习平台

从阅读学习场所提升为社会学习平台是图书馆的服务转型中很重要的一步，未来图书馆的发展应体现出更大的社会包容性，在包容性服务上创新发展，如开设各类职业培训公益讲座等各类开创性服务。接受过图书馆信息素养教育的学生在学习能力上超过未接受该课程的学生，经常利用图书馆服务的学生优于不利用图书馆服务的学生，信息素养教育有利于提升学生查询能力和解决问题的能力。由此可见，为众多用户提供多元化的学习平台是图书馆空间再造可挖掘的重要改造方向，亦是图书馆在提供创新服务方面值得思考和探索的。

2.服务和管理模式的转变

图书馆建筑要适应当代社会变革的需要，重心由收藏书籍变为交流与分享。图书馆建筑设计的一个国际化趋势是从为藏书、设备和相关物理设施而设计转移为向更加注重为人、社群效应、经验和创新而设计。在这种趋势下，图书馆不仅是为读者提供阅读和自修的场所，更多的是提供人际交流和知识创造的空间。图书馆建筑要顺应这一变化趋势，图书馆的服务和管理模式也要跟着发生转变。评价一个图书馆的绩效应该不再是以借阅量指标为主，推广活动、数字阅读、数字咨询等也与之并列。空间再造对图书馆来讲是一场革命，就是要对原来的信息组织、管理方式、服务方式和流程进行反思和再造，这是图书馆界面临的一个重要问题。空间再造是一个艰难的过程，也没有一个成熟的套路可走，但首先应该考虑的是如何打破原有的思维模式，转变服务理念和管理模式。

3.资源整合，提高服务效能

"互联网＋"和大数据的时代，每天都会产生大量的数据信息，如图书馆系统内本身的数据资源及读者产生的信息资源等，可以说资源无处不在。如何将这些资源进行整合，从而提高图书馆的服务效能是值得思考的。资源整合即充分利用图书馆自身的资源同时注重开发新的资源并将两者有机结合。图书馆的空间再造就是将馆内资源与馆外资源整合、交换，实现共建共享的过程。馆内资源整合包括图书馆项目、活动的策划，信息资源的共享以及内部管理的整合等。开发新资源主要是积极主动引进外部的资源并整合，以解决图书馆空间再造与服务拓展中的经费、人员、活动创意与策划等问题。如深圳图书馆在空间再造时，主动引进政府机构、文化团体、专业协会、公益组织和文化志愿者等方面的力量，在丰富新空间服务内容与手段的同时，也为各相关各方提供了宣传场所和服务市民的机会，达到了互利双赢的效果。

参考文献

[1] 蒋丽.新形势下数字图书馆资源建设再思考[J].情报探索,2014(5):74-76.

[2] 姜辉.关于数字图书馆管理的理论探索[J].科技信息(科学教研),2008(20):639.

[3] 蓝维晖.数字时代文献资源的特点与建设思路探析[J].厦门城市职业学院学报,2016,18(2):93-96.

[4] 李冶.图书馆特色数字资源组织与建设问题研究[D].长春:东北师范大学,2006.

[5] 李小青.网格环境下的数字图书馆资源管理研究[J].图书馆论坛,2009,29(1):94-97.

[6] 李晓明,姜晓曦,韩萌.数字图书馆推广工程数字资源共建共享模式探析[J].国家图书馆学刊,2012,21(5):20-26.

[7] 刘哲.数字图书馆资源建设与管理系统功能初探[J].图书馆学刊,2003(4):24-25.

[8] 程显静.图书馆建设与发展研究[M].北京:华龄出版社,2018.

[9]《图书情报工作》杂志社.智慧城市与智慧图书馆[M].北京:海洋出版社,2018.

[10] 吴博.智慧图书馆信息资源建设研究[M].长春:吉林人民出版社,2018.

[11] 谢薛芬.浅谈高校图书馆工作[M].杭州:浙江工商大学出版社,2018.

[12] 陆丽娜,王玉龙.智慧图书馆[M].哈尔滨:东北林业大学出版社,2017.

[13] 李耀华.创新公共服务空间湖北省图书馆"智慧型图书馆"模式研究[M].北京:国家图书馆出版社,2017.